ESSAIS HISTORIQUES SUR LE BIGORRE.

TOME SECOND.

ESSAIS HISTORIQUES

SUR

LE BIGORRE,

ACCOMPAGNÉS

DE REMARQUES CRITIQUES,
DE PIÈCES JUSTIFICATIVES,
DE NOTICES CHRONOLOGIQUES
ET GÉNÉALOGIQUES,

PAR M. A. DAVEZAC-MACAYA,

ASSOCIÉ CORRESPONDANT DE L'ACADÉMIE ROYALE DES SCIENCES, INSCRIP-
TIONS ET BELLES-LETTRES DE TOULOUSE, DE CELLE DES SCIENCES,
BELLES-LETTRES ET ARTS DE BORDEAUX, DE LA SOCIÉTÉ ROYALE D'OR-
LÉANS, DE L'ATHÉNÉE DE VAUCLUSE, ETC.

Rerum cursum, quamquàm nullâ verborum jactantiâ.
TACIT. VIT. AGRIC. XXXIX.

TOME SECOND.

BAGNÈRES,
IMPRIMERIE DE J. M. DOSSUN, ÉDITEUR,
RUE DE LA COMÉDIE, N° 2.

M.DCCC.XXIII.

TRAITÉ THÉORIQUE

ET

LA PRATIQUE

DES MALADIES

DE LA PEAU (PARTIE CRITIQUE),

PAR M. A. DAUVERGNE-DIACAYA,

Lorem ipsum dolor sit amet, consectetur adipiscing elit.
Lorem. Virg. Aenid. xxxx.

TOME SECOND.

BAGNÈRES,
LIBRAIRIE DE J. M. DOSSUN, ÉDITEUR,
RUE DE LA COMÉDIE, N° 2.
M.DCCC.XXIII.

# ESSAIS HISTORIQUES

SUR

LE BIGORRE.

LIVRE CINQUIÈME.

PRÉCIS DES ÉVÈNEMENS DEPUIS LES QUERELLES DE LA SUCCESSION DE PÉTRONILLE JUSQU'A LA LEVÉE DU SÉQUESTRE DES ROIS DE FRANCE.

CHAPITRE PREMIER.

Gaston de Moncade dispute le Bigorre à Esquivat de Chabannes : arbitrage du comte de Foix.— Mariage d'Esquivat. — Il succède en Conserans. — Hommage immédiat du Bigorre acquis à la France. — Cession simulée du comté à Simon de Montfort. — Règlement politique de Bagnères. — Hospitaliers de Saint-Jean à Aureïllan. — Les droits de Montfort passent à la Navarre. — Mort et testament de Mathe. — Esquivat acquiert la vallée de Barèges. — Anecdote du tems. — Mort d'Esquivat : son testament.

L'EXÉCUTION du testament de Pétronille éprouva de grandes difficultés lorsque Esquivat prit possession du Bigorre; le turbulent Gaston VII prétendit lui enlever l'héritage que lui laissait la comtesse : il fondait son droit sur l'illégitimité de la naissance d'Alix, mère d'Esquivat; cette princesse était le fruit du troisième mariage de Pétronille, contracté du vivant de Nugne-Sanchez d'Aragon, son second mari, dont elle s'était séparée sans aucune formalité; de là Gaston, déclarant Alix adultérine, concluait qu'elle ne pouvait transmettre à son fils le droit qu'elle n'avait pas elle-même (1), et que le testament de Pétronille ne pouvait être reçu, en ce qu'il frustrait de son héritage Mathe, fille légitime de la comtesse, en faveur d'une branche illégitime; et Gaston prit les armes pour faire valoir ses raisons. Esquivat se trouva ainsi deux ennemis sur les bras : Gérauld V, avec lequel il guerroyait pour maintenir les droits de sa femme sur l'Armagnac et le Fezensac, et Gaston, son compé-

---

(Note 1.) C'est en invoquant le même principe, que la mère n'ayant pas le droit de succéder le fils ne peut le recevoir d'elle, que Philippe de Valois fut reconnu roi de France à la mort de son cousin Charles le Bel, à l'exclusion d'Henri III, roi d'Angleterre, qui était fils de la sœur du monarque décédé; mais la mère d'Henri III n'avait pas droit de succession, parce que, comme le déclarèrent unanimement les États de France de 1317, « les lois et la coutume inviolablement observées parmi les Français excluent les filles de la couronne »; tandis que la mère d'Esquivat ne pouvait être exclue à cause de son sexe, mais seulement parce que sa naissance était illégitime.

titeur au comté de Bigorre, qui n'était pas le moins redoutable.

Cependant, comme Gaston avait repris les armes contre le roi d'Angleterre, il ne pouvait diriger tous ses efforts contre Esquivat, et celui-ci se trouvait ainsi aidé d'un secours puissant, qui bien que conduit par d'autres motifs, n'en contribuait pas moins au soutien de sa cause ; mais un traité de paix ayant été conclu en mai 1254 entre le monarque anglais, le roi Alphonse de Castille et le vicomte de Béarn, la position d'Esquivat allait devenir très-désavantageuse : ce prince, déjà occupé en Armagnac, sentit qu'il ne pouvait seul opposer une résistance assez puissante aux armes de Gaston ; il songea dès-lors aux moyens de se conserver un appui qui lui était si nécessaire ; le meilleur était d'attacher l'intérêt du roi d'Angleterre au sien propre ; c'est ce qu'il fit en se reconnaissant vassal du monarque, lui apportant ainsi un hommage que jamais les ducs de Guienne n'avaient eu (2), mais qui avait seulement appartenu, sous la mouvance de la couronne de France, aux rois de Navarre, puis à ceux d'Aragon. Aucun hommage

1254

(Note 2.) Quoique Henri III prétendît prouver dans la suite que le comté de Bigorre se trouvant dans les limites du duché de Guienne, devait être assujéti à l'hommage.

n'avait même été rendu depuis les fiançailles de Pétronille avec Gaston de Moncade son premier époux, et l'on en pouvait regarder la redevance comme tombée en désuétude. Quelques traces d'assujétissement féodal semblaient seulement subsister dans la rente annuelle de soixante sous morlans que faisaient les comtes de Bigorre à l'église de Notre-Dame du Puy, rente instituée, ainsi que nous l'avons remarqué en son lieu, à titre de donation pieuse, par le comte Bernard Ier : mais l'ignorance profonde où se trouvaient alors de leurs droits les parties intéressées, faisait regarder l'évêque du Puy et son chapitre, sinon comme les seuls seigneurs directs du Bigorre, du moins comme en possession de quelques vestiges de suzeraineté. Aussi Henri, en agréant l'hommage d'Esquivat, crut-il à propos de traiter avec l'église du Puy, et d'acquérir tous ses droits sur le Bigorre, droits parmi lesquels il ne comprenait cependant point l'hommage de la part des comtes, ainsi qu'on le peut voir dans les lettres qu'il fit expédier lorsqu'il reçut celui d'Esquivat (3) : Henri, par la grâce

---

(Note 3.) M. de Marca nous a donné de ces lettres la traduction suivante :

« Henri, par la grâce de Dieu, roi d'Angleterre, seigneur d'Irlande, duc de Normandie et d'Aquitaine, comte d'Anjou, à tous ceux qui

de Dieu roi d'Angleterre, seigneur d'Irlande, duc de Normandie et de Guienne, comte d'Anjou, déclare qu'il a reçu d'Esquivat de Chabannes comte de Bigorre, hommage-lige de la terre de Bigorre, dont l'église du Puy lui a cédé et transporté la seigneurie, et promet qu'il n'exigera du comte ni de ses successeurs aucune autre redevance que celles dont les comtes précédens étaient tenus envers l'église du Puy, sauf l'hommage, que se réserve le monarque pour lui et ses successeurs, de la part d'Esquivat et de ses hoirs à perpétuité. De son côté il s'engage à

---

ces présentes lettres verront, salut. Comme ainsi soit que notre cher et féal Esquivat de Chabannes, comte de Bigorre, ait reçu de nous le comté de Bigorre avec ses appartenances, pour les tenir, lui et ses hoirs, de nous et de nos successeurs à perpétuité; et que du consentement exprès de l'évêque et chapitre du Puy, ci-devant seigneurs directs dudit Esquivat et de ses prédécesseurs comtes de Bigorre, qui ont cédé à nous et à nos hoirs la seigneurie qu'ils avaient sur ledit comté, ledit Esquivat nous ait fait hommage-lige d'icelui pour soi et ses hoirs; nous promettons de bonne foi, octroyons et protestons par ces présentes que nous ni nos successeurs n'exigerons dudit Esquivat ni de ses hoirs, autres coutumes ni services que ceux que les comtes de Bigorre avaient accoutumé de rendre à l'église du Puy; sauf toutefois à nous et à nos héritiers l'hommage dudit Esquivat et de ses hoirs pour raison dudit comté; et lui promettons de lui faire tous les devoirs que l'église du Puy faisait aux comtes de Bigorre; et assisterons et défendrons ledit Esquivat comte de Bigorre, et ses hoirs, comme notre homme-lige. En témoignage de quoi nous avons fait expédier ces lettres patentes, témoin moi-même. A Saint-Macaire, le 15 juin, l'année 28 de notre règne. »

remplir envers eux les devoirs d'un bon et loyal suzerain.

Malgré l'appui du roi d'Angleterre, la guerre n'en continua pas moins entre Esquivat et le vicomte de Béarn; mais le premier se trouva délivré du poids de la guerre d'Armagnac par l'accommodement que des amis communs ménagèrent en 1255 entre Gérauld et lui. La mort de Maskarose, arrivée peu de tems après, sans qu'elle laissât d'enfans de son mariage avec Esquivat, vint enlever à ce prince les domaines qu'elle lui avait portés en dot. Gérauld succéda sans contradiction à sa cousine dans les comtés d'Armagnac et de Fezensac; et Esquivat, libre de souci de ce côté, put employer toutes ses forces à la défense de ses droits contre les prétentions de Gaston. Celà n'empêcha pas le vicomte, qui avait dans son parti un grand nombre de seigneurs tant du Bigorre que des comtés voisins, de s'emparer de la ville de Castelnau-Rivière-Basse, et de contraindre tout le bas comté de Bigorre à lui rendre hommage. Esquivat demanda la paix, offrant de remettre la décision de la querelle au jugement des cours réunies de Bigorre et de Béarn, ou à celui du roi d'Angleterre ou du roi de France: mais Gaston, sûr de sa supériorité, rejeta ces propositions, et continua les hostilités.

1255.

Il fit de tels progrès qu'Esquivat, vivement pressé, adressa tant en son nom qu'en celui de son frère Jourdain de Chabannes, de l'évêque Arnaud-Raymond de Coarraze, de toute la cour de Bigorre et des bourgeois de Tarbes, à son grand oncle le comte de Leycester, une lettre où il réclamait avec instance son secours contre les armes de Gaston, se chargeant de payer tous les frais de la guerre sur sa terre de Bigorre ou sur celle de Chabannes, qu'il offrait de remettre entre ses mains jusqu'à son entier remboursement (4).

Mais cette grande querelle s'accommoda en 1256 par l'entremise de Roger, comte de Foix et vicomte de Castelbon, allié de la maison de Béarn, et qui songeait à unir sa fille Agnès au comte Esquivat. Les deux parties s'en remirent à son arbitrage, promettant, Esquivat pour sa part et celle de Jourdain son frère, et Gaston pour la vicomtesse Mathe sa femme, de se soumettre en tout point à la sentence qu'il prononcerait ; et pour gage de son obéissance, chacun d'eux remit au comte de Foix deux de ses places fortes et plusieurs otages qui s'obligèrent per-

1256.

___

(Note 4.) D'où l'on peut conclure que l'occupation du Bigorre par le comte de Leycester, dont il est fait mention au testament de Pétronille, avait cessé à la mort de cette princesse.

sonnellement à demeurer à leurs propres dépens en tel lieu qu'il plairait au comte de Foix d'indiquer. L'inexécution de quelqu'une de ces dispositions devait faire encourir une amende de mille marcs d'argent payables au comte, pour être employés à sa discrétion : quant à l'observation de la sentence, la partie qui n'y obtempérerait pas et persisterait pendant un an dans sa désobéissance, perdrait tout son droit; ses places et ses otages seraient livrés à la partie obéissante. Gaston donna les villes de Castelnau et de Vic (5), et les seigneurs Garcie-Arnaud de Navailles, Bernard de Coarraze, Guillaume-Raymond de Boast, Raymond-Arnaud de Gerderest et Raymond de Miossens pour ses cautions : Esquivat de son côté livra les châteaux de Mauvezin et de Maubourguet, et pour otages, Raymond-Garcie de

(NOTE 5.) Ces villes étaient du comté de Bigorre; mais Gaston s'en était emparé, et comme il ne reconnaissait point le droit qu'Esquivat y avait, il les livrait comme étant de son domaine, de même qu'Esquivat livrait Mauvezin et Maubourguet, sur lesquelles Gaston avait cependant des prétentions. Pour manifester notre façon de penser toute entière sur cette querelle, nous dirons que nous n'y voyons Gaston que le droit du plus fort : le bon droit lui eût peut-être appartenu sans l'existence du testament de Pétronille, vu l'illégitimité de la naissance d'Alix; mais le testament de la comtesse corrigeait ce que la naissance de sa fille aînée avait de défectueux. On verra que le comte de Foix regarda comme également fondées les prétentions des deux concurrens, et qu'il leur divisa la succession par portions à peu près égales.

Lavedan, Arnaud-Guillaume de Barbazan, Raymond de Barèges et Jean de Lord. Six jours après Roger prononça, dans le château d'Orthez, la sentence arbitrale dont nous allons transcrire les conditions (6).

(Note 6.) « In nomine domini nostri Jesu-Christi, amen. Anno incarnationis ejusdem M.CC.LVI. Nos Rotgerus Dei gratiâ comes Fuxi et vicecomes Castriboni, compromissarii seu arbitratores vel amicabiles compositores à nobilibus viris domino Gastone vicecomite Bearnensi ex unâ parte et domino Eschivato comite Bigorritano constituti ex alterâ, super omnibus discordiis et controversiis quæ motæ fuerunt hactenùs inter ipsos vel ex nunc moveri possent inter ipsorum hæredes in posterùm successuros, nostrum arbitrium habito bonorum virorum consilio taliter promulgamus. In primis dicimus et arbitramur quòd dictus dominus Eschivatus pro se et suis hæredibus natis et nascituris, quitet et absolvat domino Gastoni et dominæ Mathæ uxori suæ et eorum hæredibus eis legitimè successuris omnimodam jurisdictionem, quam habet vel habere debet in totâ terrâ et dominio vicecomitatûs Marciani. Item dicimus et promulgamus quòd dictus Eschivatus pro se et suis hæredibus natis et nascituris concedat, quitet et absolvat dicto domino Gastoni et dominæ Mathæ uxoris uæ et eorumdem hæredibus natis et nascituris totam villam et locum de Malborguet cùm vineis, terris, possessionibus et terminis quæ nunc tenent et possident homines qui modò inhabitant locum illum infrà terminos ejusdem villæ, et absolvat perpetuò omnes homines ipsius villæ ab omni dominio quod habet vel habere debet ibidem et à juramento fidelitatis quo sibi hactenùs tenebantur. Item dicimus et arbitramur quòd eodem modo concedat, quitet et absolvat totam terram et villas et castra et dominium, milites et militias et omnia jura quæ comes Bigorræ habet vel habere solet vel debet, dicto domino Gastoni et dominæ Mathæ uxori suæ et eorum hæredibus natis et nascituris, à dicto loco Malborguet usque ad interiorem vel ulteriorem terminum comitatûs Bigorræ quæ versùs partes extendantur Armaniacenses; et hæc omnia supradicta quitet et

Esquivat doit d'abord faire cession entière et complète de tous ses droits de juridiction sur la

absolvat ab omni quæstione seu petitione quæ moveri possent adversùs eos vel eorum hæredes; ità quòd nunquàm ipse vel hæredes sui moveant contra dictum dominum Gastonem et dominam Matham uxorem suam amodò aliquam quæstionem nec contra eorum hæredes natos vel etiàm nascituros. Item dicimus quòd dictus dominus Eschivatus faciat hæc omnia et singula domino Jordano fratri suo concedere et laudare. Item dicimus et arbitramur quòd dictus dominus Gasto et domina Matha uxor sua pro se et hæredibus suis natis et nascituris quitent pariter et absolvant dicto domino Eschivato et hæredibus suis natis et nascituris omnimodam jurisdictionem et totum dominium quod habent vel habere debent vel possent quâlibet ratione vel jure in præsidi parte comitatûs Bigorræ, quomodo habet tenet vel possidet vel habere tenere et possidere debet dictus dominus Eschivatus vel antecessores sui hactenùs habuerunt et tenuerunt vel etiàm habere et tenere debuerunt; à dicto loco de Malborguet usque ad superiores vel ulteriores ipsius terminos comitatûs. Item dicimus et arbitramur quòd supradictus dominus Gasto et domina Matha uxor sua pro se et hæredibus suis natis et nascituris quitent perpetuò et absolvant dicto domino Eschivato comiti Bigorræ et hæredibus ejus natis et nascituris omnimodam jurisdictionem et dominium quod habent vel habere debent vel possent in totâ terrâ castris et villis de Chabanesio et de Cofoleus et pertinentiis eorumdem ab omni quæstione seu petitione quæ moveri possent adversùs eum vel hæredes ipsius; ità quòd nunquàm ipsi vel hæredes eorum contra dominum Eschivatum vel hæredes suos natos vel nascituros amodò moveant vel moveri faciant aliquam quæstionem. Item dicimus quòd supradicti dominus Gasto et domina Matha uxor sua quitent penitùs et absolvant omnes milites et alios homines in comitatu Bigorræ à dicto loco de Malborguet usque ad superiores ipsius comitatûs terminos, eximentes ab omnimodâ obligatione seu homagio vel juramento quòd eis vel eorum alteri occasione quâlibet præstiterunt. Item dicimus et promulgamus quòd dominus Eschivatus pro se et hæredibus suis natis et nascituris absolvat quitet et remittat domino

terre et vicomté de Marsan en faveur de Gaston, de Mathe son épouse, et de leurs hoirs à perpé-

Raymundo de Antin, Bernardo de Baseliaco, Augerio des Angles et Bernardo de Cugurol et complicibus eorum, quandò ad ipsius dominium et homagio reversi fuerint, cum terris castris et possessionibus quas ab ipso et antecessoribus suis tenent et tenuerunt et tenere debent, omnes injurias et omnia maleficia et damna quæ occasione guerræ in ter ipsum et dominum Gastonem habitæ, dicto domino Eschivato et suis modis quibuslibet intulerunt : et dictus dominus Eschivatus resti tuat eis terras et castra et possessiones eorum quæ occasione nominatæ guerræ superiùs occupavit; et ipsi milites absolvant quitent et remit tant dicto domino Eschivato et omnibus valitoribus suis omnes injurias damna et maleficia quæ per eumdem dominum Eschivatum et valito res suos ipsis vice versà illata fuerint; et in testimonium factæ quita tionis absolutionis et remissionis patentes litteras sigilli sui munimine roboratas, et iidem milites dent eidem vice versà suas quitationis abso lutionis et remissionis patentes litteras sigillorum suorum vel aliarum authenticarum personarum si propria sigilla non habent munimine roboratas. Item dicimus et arbitrando firmiter promulgamus quòd do minus Eschivatus pro se et suis quitet remittat pariter et absolvat om nes injurias damna et maleficia quæ occasione præmissæ guerræ eidem per dominum Gastonem et valitores suos fuerunt sibi et suis valitoribus irrogata, dicentes etiàm pari modo quòd dominus Gaston pro se et suis quitet omnes injurias damna et maleficia per dictum dominum Eschi vatum et valitores suos sibi et suis illata remittat similiter et absolvat. Et super his omnibus universis et singulis firmiter observandis sæpefati domini Gasto et Eschivatus corporalia juramenta præstent cùm à nobis super hoc fuerint requisiti. Item dicimus et promulgamus quòd dictus dominus Gasto et domina Matha uxor sua pro se et hæredibus suis natis et nascituris quitent totaliter et absolvant dicto domino Eschivato et hæredibus suis natis et nascituris totum dominium et omnia jura terras villas et castra milites et militias et breviter quæcumque spectant et pertinent ad dominium ipsius comitatûs, illis exceptis quæ sæpèdicto Gastoni et dominæ Mathæ uxori suæ et hæredibus suis natis et nasci-

tuité : il doit leur céder en outre la ville de Mau‑
bourguet avec toutes ses appartenances et tous

turis à dicto loco de Malborguet usque ad inferiores partes ipsius co‑
mitatûs per nostrum dictum vel arbitrium sibi concessa. Item si pars
domini Gastonis et pars domini Eschivati aliqua super facto Couve‑
ram vel aliquorum debitorum vel aliorum quæ in hâc chartâ non sunt
scripta quidquam voluerint proponere coràm nobis, nos super omni‑
bus illis universis et singulis retinemus dicendi arbitrandi et pronun‑
ciandi plenariam potestatem. Item dicimus et mandamus quòd dominus
Gasto et domina Matha uxor sua recipiant in plenum amorem et veram
amicitiam dominum Eschivatum, et idem dominus Eschivatus recipiat
eos in eumdem amorem et amicitiam vice versâ ; ità quod si aliqua
contentionis occasio inter ipsos in posterùm forsitan oriatur alter non
veniat contra alterum nisi sibi justitiam penitùs denegaret; et si dominus
Gasto castra vel possessiones aliquorum valitorum domini Eschivati
occasione præmissæ guerræ hactenùs occupavit illa omnia eis plenarie
restituat indilatè. Item dicimus et mandamus quòd omnia prout supe‑
riùs expressa firmiter à partibus in perpetuum observentur et super hoc
partes renuncient coràm nobis ne in contrarium aliquo tempore ve‑
niant, omni juris auxilio et beneficio tam divino quàm humano, nec
aliqua pactio vel obligatio publica vel privata inter dictas partes habita
vel habenda scripta per quam dictum nostrum vel arbitrium lædi vel
rumpi posset amodò aliquam obtineat firmitatem. Actum apud Ortho‑
sium in castro quod dicitur nobile, die sabbathi post festum exaltatio‑
nis sanctæ crucis anno Domini quo supra, præsentibus et adstantibus
Bertrando Dei gratiâ Lascurrensi, Raymundo Olorensi, Navarro Ac‑
quensi episcopis; Guillelmo-Odone de Andons, Bernardo domino de
Caudarasa, Raymundo-Garcia de Levitano, Arnaldo-Guillelmo de
Barbazano. Et ad majorem firmitatem dicimus et mandamus domino
Gastoni et dominæ Mathæ uxori suæ et domino Eschivato ut sigilla
sua propria præsentibus apponi faciant ; qui omnes sigilla sua appo‑
suerunt et hæc omnia concesserunt et approbaverunt, et præstiterunt
juramenta cum requisitâ solemnitate. »

Il paraît que, malgré cet accommodement les mêmes difficultés

les droits seigneuriaux qu'il y peut prétendre; il doit enfin leur abandonner et leur céder toutes les terres, villes, châteaux, chevaliers, milices, droits seigneuriaux et tous autres sur la partie du comté de Bigorre nommée Rivière-Basse, qui s'étend au nord depuis Maubourguet jusqu'aux frontières de l'Armagnac (7); il renoncera pour toujours à toute prétention sur ces domaines, et il fera ratifier ces diverses concessions par son frère Jourdain. Gaston et Mathe de leur côté doivent faire cession entière et

---

représentèrent dans la suite entre Esquivat et Gaston; du moins est-il vrai que parmi les titres bigorrais conservés à la tour de Londres se trouvent des lettres du roi Édouard Ier, données à Abbeville le 2 juin 1279, par lesquelles ce monarque s'institue l'arbitre des différends qui étaient entre les deux compétiteurs sur les terres de Bigorre et de Chabannes.

(Note 7.) La vicomté de Montaner, qui relevait du comté de Bigorre, était comprise dans la Rivière-Basse; ainsi l'on peut regarder cet abandon de tous droits seigneuriaux sur cette partie, de la part d'Esquivat, comme la remise faite à Gaston de l'hommage qu'il aurait dû, pour le fief de Montaner, à Esquivat; qui conservait le titre de comte de Bigorre et la terre à laquelle ce titre était particulièrement affecté. Nous devons cependant convenir que nous n'avons trouvé aucune trace d'hommage des seigneurs de Béarn pour Montaner depuis que cette vicomté était devenue leur domaine; la redevance en étant ainsi tombée en désuétude, Gaston n'avait guères besoin d'un titre qui lui en conférât l'immunité. Malgré la cession de la Rivière-Basse au Béarn, les comtes de Bigorre y conservèrent néanmoins ou y acquirent de nouveau bientôt après quelques places et l'hommage de quelques fiefs, ainsi que nous l'observerons dans la note 1, chap. 4 de ce livre.

complette pour eux et leur postérité, en faveur du comte Esquivat et de ses hoirs, à perpétuité, de toute la juridiction et seigneurie qu'à quelque titre que ce fut ils pourraient avoir sur le reste du comté de Bigorre, depuis Maubourguet jusqu'aux Pyrénées : ils feront pareil abandon de tous les droits qu'ils pourraient avoir à la seigneurie ou à la juridiction de toutes les terres, villes et châteaux de Chabannes et de Confolens (8); ils renonceront pour toujours à toutes prétentions sur ces domaines. Quant aux discussions qui pourraient s'élever entre Esquivat et Gaston, sur leurs droits respectifs à la succession de Comminges, Roger se réserva le droit de les juger en dernier ressort. Raymond d'Antin, Bernard de Bazilhac, Auger des Angles, Bernard de Cuguron et quelques autres seigneurs, vassaux naturels d'Esquivat, avaient pris dans cette guerre le parti du vicomte de Béarn, et s'étaient rendus coupables de félonie envers leur seigneur : ils avaient encouru la confiscation de leurs fiefs ; mais Roger ordonna à Esquivat, par sa sentence arbitrale, de leur pardonner

―――――――――――――――――――

(NOTE 8.) Non seulement comme prétendans à la succession de Bigorre, mais encore comme seuls héritiers du comte Boson de Marsas, qui avait droit à quelques répétitions sur cette seigneurie, comme on l'a pu voir dans le testament de Pétronille.

leur crime lorsqu'ils retourneraient à son hommage, et de leur rendre leurs biens, sans être cependant tenu des dommages que lui ou ses troupes y auraient faits pendant les hostilités. Toutes ces conditions furent acceptées et jurées par les parties, et l'acte qui les renfermait scellé de leurs sceaux, en présence de Bertrand de la Mothe évêque de Lescar, Raymond évêque d'Oloron, Navarrus de Miossens évêque de Dax, Guillaume-Othon d'Andoins, Bertrand de Coarraze, Raymond-Garcie de Lavedan, et Arnaud-Guillaume de Barbazan.

Quinze jours après cet accommodement, fut conclu au mois d'octobre le mariage d'Agnès de Foix (9) avec Esquivat : Roger, père de la

---

(Note 9.) La maison de Foix tire son origine de Bernard-Roger, premier comte de Bigorre de la seconde maison de Carcassonne, dont nous avons donné la généalogie dans la note 1re du chapitre 2 du livre IV. Roger Ier, son fils puiné, ayant eu en partage la terre de Foix, la gouverna avec le titre de comte ; il eut pour successeur en 1064 son frère Pierre, troisième fils de Bernard-Roger. Pierre, mort en 1070, fut père de Roger II, mort en 1124, qui eut pour fils Roger III, mort vers 1149 : Roger-Bernard Ier, fils de Roger III, mourut en 1188, et fut père de Raymond-Roger qui mourut en 1223, laissant le comté de Foix à son fils Roger-Bernard II, surnommé le Grand, déjà vicomte de Castelbon par son mariage avec l'héritière Ermessinde. Roger IV, son fils, comte de Foix et vicomte de Castelbon, mort en 1265, eut entr'autres enfans : 1.° Roger-Bernard III, qui fut comte de Foix, vicomte de Béarn et de Castelbon, et continua la maison de Foix ; 2.° Agnès, femme d'Esquivat de Chabannes.

L'écu de Foix est d'argent à trois pals de sable.

princesse, lui donna en dot une somme de vingt-cinq mille sous morlans, reversible à lui ou à ses successeurs en cas de décès d'Agnès sans postérité. Esquivat donne à sa nouvelle épouse vingt mille sous morlans d'agencement, hypothéqués sur le château et viguerie de Mauvezin avec ses appartenances, dont elle aura la jouissance, en cas de prédécès du comte, qu'il laisse ou non de lignée, jusqu'au remboursement des quarante-cinq mille sous stipulés, sans que les fruits puissent être précomptés au capital; et ce, du consentement de Jourdain, frère du comte : Esquivat déclare en outre solennellement qu'il veut et entend que les enfans qui proviendront de son mariage avec la princesse de Foix, lui succèdent au comté de Bigorre.

Vers la fin de la même année, Esquivat se trouvant en son château de Lourdes avec son beau-père Roger de Foix, et Arnaud-Raymond de Coarraze, évêque de Bigorre, et voulant engager les habitans des domaines circonvoisins à aller peupler le lieu de Vidalos, affranchit ceux qui voudraient s'y établir, de toutes redevances et corvées, moyennant un cens de deux sous morlans par maison et jardin, payables chaque année à la Noël. Quelques mois après,

1257. il accorda les privilèges de commune au lieu de Cieutat de Navarest : il permit aux habitans de se choisir annuellement des juges (10) pour décider tous leurs procès, sous la présidence du bailli ou viguier du comté, chargé de prélever tous les droits comtaux.

La vicomté de Conserans (11), qui faisait

(Note 10.) Esquivat les établit « à la charge que les demandeurs porteraient leurs plaintes au bailli du comte, qui leur ferait rendre justice par appellations, donnant plein pouvoir à son bailli d'y pourvoir, et de recouvrer les droits comtaux, y procédant avec saisie, s'il est besoin ; ordonne que l'élection de ces juges se ferait par la communauté, chaque année, avec son consentement, ou de son lieutenant, et que les juges nommés prêteraient serment de bien exercer leurs charges et d'être fidèles au comte. Il fit sceller les lettres de son sceau et de ceux de la comtesse Agnès sa femme, et d'Arnaud-Raymond, évêque de Bigorre. » La charte fut octroyée le samedi 7 avril 1257.

(Note 11.) Le Conserans portait jadis le titre de comté ; il était uni au comté de Comminges. Arnaud, fondateur de la seconde maison de Carcassonne, ainsi qu'on l'a vu note 1, chapitre 2, livre IV, était comte de Comminges et de Conserans lorsqu'il épousa Arsinde de Carcassonne. Il eut trois fils : le premier, Roger, fut en 957 comte de Carcassonne, d'une partie du Comminges et du Conserans ; le dernier, Raymond, fut comte de Comminges, et ses descendans eurent des prétentions sur le Conserans ; ce comté resta néanmoins à la branche aînée. Roger le transmit en 1012 à son second fils Bernard-Roger, comte de Bigorre, mort en 1038 ; celui-ci le laissa à son fils puîné Roger, premier comte de Foix, auquel il paraît qu'il fut enlevé par Pierre-Raymond comte de Carcassonne, fils de Raymond, frère aîné de Bernard-Roger. Pierre-Raymond, mort vers 1060, le laissa à sa seconde fille Ermengarde, vicomtesse d'Alby, qui le céda en 1068, à Raymond-Bérenger Ier, comte de Barcelonne : ce pays ne porta plus dès lors que le titre de vicomté. La maison de Comminges avait toujours eu des prétentions sur le Conserans : Bernard III, arrière-

autrefois partie du comté de Foix, avait passé de la maison de Barcelonne à celle de Comminges en faveur de Roger comte de Pailhars, frère de Bernard IV, bisaïeul d'Esquivat; la lignée des vicomtes descendans de Roger ayant manqué, cet héritage revenait de droit à la branche aînée de Comminges, représentée par Esquivat, à qui sa tante Mathe disputait, comme nous avons vu, ce droit (12). Bernard VI, petit-

petit-fils de Raymond, oncle de Bernard-Roger comte de Bigorre, les fit valoir par les armes; son petit-fils Roger, comte de Pailhars, ou quelqu'un de sa race, reçut l'investiture de ce fief des comtes de Barcelonne, rois d'Aragon, et le transmit à sa descendance, éteinte en 1257 dans la personne du vicomte Roger, d'où il passa à Esquivat de Chabannes. « De sorte, dit Marca, qu'il le possédait entièrement, excepté le château et cour d'Esque, ainsi qu'il assure dans un acte par lequel il requiert le comte de Comenge de lui rendre ce château, ou bien de le remettre en main du comte de Foix. Il n'explique pas plus précisément s'il avait été remis en possession du reste du vicomté par le jugement du comte de Foix, qu'il semble reconnaître pour arbitre de ce différend. Aussi avait-il été choisi par Roger de Comenge, fils de Roger comte de Paliers, et Gaston de Béarn, pour vuider les prétentions de Mathe sur la terre de Conserans, à raison de la succession de la comtesse Pétronille. Roger de Comenge ayant cependant promis de ne faire aucun traité avec Esquivat, et Gaston lui ayant aussi donné parole de le protéger, comme il appert par acte reçu l'an 1256, présens Géraud comte d'Armagnac et de Fezensac, Garcie-Arnaud de Navailles, et Bernard de Coarraze. Il est vrai que Mathe eût pour sa part, dans la succession de Comenge, Saint-Gaudens et les seigneuries d'Aure et de Nébouzan: le comté de Comenge resta à Bernard VI. »

(NOTE 12.) D'abord comme se prétendant seule héritière légitime

fils de Bernard IV, et de Comtors de la Barthe, voulait, malgré l'illégitimité invoquée par ses compétiteurs de la naissance de son père, que le véritable droit fût de son côté. Toutes ces prétentions diverses semblaient devoir amener des querelles funestes ; mais le comte de Foix, qui s'était réservé la décision de toutes les discussions qui surviendraient au sujet de la succession de Comminges (13), interposa sans doute l'autorité arbitrale que les parties lui avaient déférée. Quoi qu'il en soit, la vicomté de Conserans échut à Esquivat, et il ne paraît pas qu'il fut troublé dans la possession de ce fief.

Nous ne devons pas omettre de parler ici d'un traité conclu le 11 mai 1258, entre le roi de France Louis IX, et Jacques le Conquérant, roi d'Aragon, au sujet de la suzeraineté de chacun des deux monarques sur des fiefs enclavés dans

1258.

---

de la mère Pétronille de Comminges, et encore comme ayant reçu par acte authentique, que nous avons rapporté dans la note 13 du chapitre 5, livre IV, donation de tous les droits que Pétronille pouvait prétendre à la succession de Comminges.

(Note 13.) « Item, dit-il dans la sentence arbitrale que nous avons transcrite dans la note 6 de ce chapitre, si pars domini Gastonis et pars domini Esquivati aliqua super facto Convenarum, vel aliquorum debitorum, vel aliorum quæ in hâc cartâ non sunt scripta, quidquam voluerint proponere coram nobis, nos super omnibus illis universis et singulis retinemus dicendi, arbitrandi, et promulgandi plenariam potestatem. »

les états de l'autre (14). Louis céda tous les droits de souveraineté qu'il avait sur le Roussillon et divers autres comtés au delà des Pyrénées, en échange de tous ceux que le roi d'Aragon prétendait sur divers comtés et seigneuries de deçà les monts : quoique le Bigorre n'y soit point dénombré, il n'y est pas moins implicitement compris, par l'intention dans laquelle fut rédigé le traité ; du moins est-il vrai que les rois d'Aragon n'ont jamais réclamé depuis cette époque l'hommage de ce fief (15). Les rois de France devinrent par ce moyen suzerains immédiats du comté de Bigorre, dont les rois

---

(Note 14.) Voici, d'après l'Art de vérifier les dates, le précis des conditions de cet important traité : « Louis céda au roi d'Aragon à perpétuité tous les droits de souveraineté qu'il avait sur les comtés de Barcelonne, d'Urgel, de Bézalu, de Roussillon, d'Ampurias, de Cerdagne, de Conflant, de Gironne, et de Vic. Jayme à son tour céda au roi de France tous les droits qu'il prétendait sur les villes et pays de Carcassonne et Carcassez, de Rasez, de Lauraguais, de Termenois, de Béziers, de Fenouillèdes, de Pierre-Pertuse, de Sault, d'Ag- de et d'Agadois, d'Albigeois, de Rouergue, de Quercy, de Narbonne, de Grèze au vicomté de Gévaudan, de Milhaud, de Nîmes, de Toulouse et du comté de Toulouse, de Saint-Gilles, et enfin sur tous les domaines qui avaient appartenu au feu Raymond comte de Toulouse. »

(Note 15.) Il paraît même que depuis l'hommage-lige de 1193 que nous avons rapporté dans la note 2 du chapitre 5, livre IV, aucun hommage n'avait été fait à la couronne d'Aragon ; et que cette puissance n'y avait plus songé.

d'Aragon, qui à leur tour relevaient pour ce fief de la couronne de France, avaient jusqu'alors été les seigneurs directs.

Mais si l'on voulait se prévaloir de l'hommage rendu précédemment au roi d'Angleterre par Esquivat, on n'y pourrait voir que la nouvelle mutation d'un fief en arrière-fief (16), dont la suzeraineté ne pouvait être enlevée par ce fait

___

(Note 16.) Une pareille mutation avait été faite, il est vrai, lors de l'avènement d'Ignigue au trône de Navarre : il avait mis entre le comte de Bigorre et son suzerain le roi de France, un suzerain intermédiaire le roi ou le duc de Navarre; mais cette mutation était faite d'après un principe tout différent : Ignigue sousinféodait, et il le pouvait, pourvu qu'il *n'apétiçât* pas, comme dit Beaumanoir, le fief de son suzerain; c'était le comte de Bigorre qui, s'étant agrandi, gouvernait par un lieutenant pris dans sa famille le fief qu'il possédait et qu'il faisait servir par ce lieutenant, demeurant lui-même redevable de l'hommage à la couronne de France, pour ce fief; tous les offices étant inféodés, son lieutenant en Bigorre était son vassal, et le domaine auquel était attaché cet office étant son fief, fut ainsi arrière-fief de la couronne de France; cette mutation avait au reste eu lieu dans un tems où les lois féodales n'étaient point encore établies, et auquel d'ailleurs de pareilles inféodations, nommées depuis concessions en frérage, étaient usitées, à ce que nous dit le président de Montesquieu. La démarche d'Esquivat au contraire était illégale, en ce qu'elle apétiçait le fief ; car le comte de Bigorre, homme-lige du roi de France, devenait homme-lige du duc de Guienne, lequel à cette époque ne devait pour ce duché que l'hommage simple, puisque ce ne fut que par le traité d'Abbeville de 1259, que le roi d'Angleterre devint l'homme-lige du roi de France. Celui-ci perdait donc, par la démarche d'Esquivat, une partie de ses droits, ce qui était contraire aux lois constitutives du régime féodal.

au seigneur naturel; cet hommage, s'il eût été valable, n'eût fait qu'imposer au monarque anglais l'obligation de se reconnaître vassal de la couronne de France pour la terre de Bigorre, ainsi qu'il l'était déjà pour celles de Normandie, de Guienne et d'Anjou : mais Esquivat ne pouvait reconnaître un seigneur intermédiaire entre son suzerain et lui, sans la volonté de ce suzerain; d'un autre côté l'église du Puy n'avait pu transmettre à Henri III des droits de souveraineté qu'elle n'avait pas, et auxquels elle ne prétendit même que plusieurs années après, comme la suite le fera voir : le prince anglais ne pouvait donc avoir, de droit, aucune prétention sur l'hommage du Bigorre. Au reste, Esquivat ne s'était reconnu vassal d'Henri que pour se procurer un appui formidable contre le vicomte de Béarn, dans la querelle qu'il démêlait alors avec ce prince; et il avait eu lieu de s'apercevoir du peu de secours qu'il en avait à retirer.

Soit inconséquence qui le portât à céder trop facilement aux désirs et aux adroites insinuations du comte de Leycester, soit reste d'inimitié contre la maison de Béarn, et qu'il voulût la priver de la succession du Bigorre, dont le testament de Pétronille lui laissait l'expectative en cas de décès des deux princes de Chabannes sans postérité, Esquivat se trouvant à Paris mit à exécution, en faveur de son grand oncle le comte de Leycester, les offres qu'il lui avait faites, lorsque, réduit à de fâcheuses extrémités par les armes de Gaston, il avait imploré son aide : il lui fit par contrat entre-vifs donation simulée du comté de Bigorre et de la vicomté de Marsan (17), s'obligeant à lui délivrer sur le champ les forts de Lourdes et de Mauvezin. Simon nomma incontinent pour son lieutenant son cousin Philippe de Montfort (18),

(Note 17.) Dont cependant il avait fait cession pleine et entière à la maison de Béarn, en adhérant à la sentence arbitrale de Roger de Foix ; mais Simon, qui dictait la donation, comptait assez sur ses forces pour croire qu'il n'avait pas besoin de titres bien légitimes. On peut augurer que le comte de Leycester agissait au nom du roi d'Angleterre, puisqu'on conserve dans la tour de Londres une convention de l'an 1258 entre le monarque et son agent, relative à la possession du comté par Henri III.

(Note 18.) Il ne sera pas hors de propos de donner un aperçu généalogique de la maison de Montfort, et de présenter ainsi le tableau synoptique de tous les princes de cette famille célèbre qui ont figuré dans l'histoire de Bigorre.

On les fait descendre des anciens comtes de Flandres. Amauri Iᵉʳ, petit-fils du comte Baudouin-Bras-de-Fer et de Judith de France, fille de Charles-le-Chauve, fut père de Guillaume, qui épousa l'héritière de Montfort et d'Epernon. Amauri II, leur fils, baron de Montfort, vivait en 1028, et eut pour successeur son fils Simon I.ᵉʳ; celui-ci mourut en 1087, laissant entr'autres enfans : 1.° Amauri III, le Fort, baron de Montfort, décédé en 1089 ; 2.° Richard, successeur d'Amauri III, mort en 1092 ; 3.° Simon II, le Jeune, baron de Montfort, décédé vers 1104 ; 4.° Amauri IV baron de Montfort et comte d'E-

comte de Squillace et seigneur de Castres, qui envoya prendre possession en son nom des châteaux qui devaient lui être remis. Esquivat se repentit alors de la démarche inconsidérée qu'il avait faite; troublé dans la possession de ses domaines dont il avait entendu jouir comme par le passé, il voulut s'opposer aux prétentions du comte de Leycester; celui-ci n'en voulut pas démordre; les deux princes prirent les armes et se firent rudement la guerre : Leycester se rendit maître de Lourdes et de Tarbes : Gaston de Béarn, dont les intérêts en cette circons-

---

vreux, qui mourut en 1137, laissant plusieurs enfans, entr'autres: 1.° Amauri V comte d'Evreux, baron de Montfort, mort en 1140; 2.° Simon III le Chauve, successeur de son frère, mort en 1181. Simon III eut trois fils : 1.° Amauri, comte d'Evreux, puis de Glocester, mort après 1200 sans postérité; 2.° le fameux Simon IV comte de Montfort, chef de la croisade contre les Albigeois; 3.° Guy, seigneur de la Ferté-Alais et de Castres, tué en 1228, père de Philippe comte de Squillace et seigneur de Castres, mort vers 1273. Simon IV, tué en 1218 au siège de Toulouse, fut père de quatre fils : 1.° Amauri VI comte de Montfort, connétable de France, mort en 1241; 2.° Guy, comte de Bigorre, tué, comme nous l'avons dit, au siège de Castelnaudary en 1226; 3.° Robert, mort sans alliance après 1226; 4.° Simon qui, n'ayant pu épouser Jeanne comtesse de Flandres et de Hainaut, passa en Angleterre, y devint comte de Leycester, et fut massacré en 1265 à la bataille d'Evesham, laissant pour son successeur un fils nommé Simon comme lui.

Les armes de Montfort étaient un lion rampant d'argent, à la queue fourchée et passée en sautoir, en champ de gueules.

tance étaient opposés à ceux du comte Simon, se déclara pour la cause d'Esquivat. Après avoir guerroyé deux ans, les parties conclurent en 1260 une trève (19), dont les principales con-

1260.

(NOTE 19.) Nous allons transcrire cet accord, tel qu'il a été traduit par le président de Marca :

« Le second jour d'octobre 1260, en présence de nous Guillaume, par la grâce de Dieu évêque de Lectoure, et Compaing, par la même grâce évêque d'Oloron, et autres nobles et témoins bas-nommés; sur les dissentions et guerres qui étaient entre monseigneur Simon comte de Licestre, d'une part, et monseigneur Esquivat de Chabannes comte de Bigorre, d'autre, touchant le comté de Bigorre; trèves furent arrêtées et confirmées par les seigneurs Geoffroi de Lusignan, Guillaume de Valence, Dracon de Barent sénéchal de Gascogne, Philippe Marmon et Théophile de Pinéléfron, de la part du comte de Licestre, et le seigneur Gaston vicomte de Béarn, de la part du comte Esquivat, en la forme suivante, savoir : que le seigneur comte de Licestre tiendra et possédera paisiblement jusqu'à la fête de Noël de l'année prochaine 1261, le château et le bourg de Lourde, qu'il tenait au tems de la conclusion de cette trève, avec les terres, vignes, moulins, péages, marché, et terres labourables appartenantes au corps du château et bourg; à la charge qu'aux gentilshommes, bourgeois et autres qui se sont jetés du parti du comte de Licestre pour la défense du château et bourg, soient rendues quittes toutes les maisons, terres, vignes et rentes en quelque part de Bigorre qu'elles soient situées, et que le semblable soit gardé par ceux qui sont rentrés au parti du comte Esquivat, s'il leur a été rien ôté par les gens du comte de Licestre : sur quoi, en cas de dispute, sera faite soigneusement enquête par des prud'hommes qui seront choisis du consentement des parties. Le même comte de Licestre tiendra et possédera pacifiquement jusqu'audit jour de Noël, les bourgs et les nobles hommes bourgeois de Tarbe, avec toutes les terres, maisons, vignes, rentes, redevances, péages et marché appartenans auxdits bourgs et bourgeois; en telle sorte que lesdits bourgeois aient une pleine disposition et ad-

ditions furent les suivantes : que le comte de Leycester garderait en sa puissance le château et le bourg de Lourdes, avec toutes ses appartenances, jusqu'à la Noël de la prochaine année

ministration de tous leurs biens meubles et immeubles par tout le comté, et qu'ils aient liberté de trafiquer et porter leurs marchandises partout, et recevoir les étrangers jusqu'audit jour de Noël, et que le même soit loisible aux marchands qui résident dans le district du comte Esquivat. Et que néanmoins cette trève, concernant les hommes de Tarbe, soit gardée, sauf, si dans le jour de mardi prochain jusqu'à trois heures après midi ils se rangent du côté d'Esquivat, et le reçoivent pour seigneur ; ou bien que le seigneur Esquivat ait en quelque possession dans les termes et limites des bourgs de Tarbe, depuis que la garnison du seigneur Edouard arriva en la ville, ou bien que les jurats et communauté, ou la plus grande partie des bourgs aient reconnu et juré pour leur seigneur ; à quoi procurer le seigneur Gaston ne donnera aucun secours ni conseil. Aussi le seigneur Pierre d'Anton avec tous ses châteaux, terres et possessions, et les autres gentilshommes, bourgeois et soldats, et tous autres qui ont été ci-devant du parti du comte de Licestre, et ceux qui jusqu'à la confirmation de cette trève, voudront se joindre à lui, seront compris avec tous leurs hoirs, dans cette trève. Il a été aussi arrêté que le comte de Licestre pourra mettre des munitions, des vivres, et autres choses nécessaires dans le château et bourg de Lourde et les bourgs de Tarbe pendant la trève, à la charge que ceux de son parti pourront faire la même chose ; à la charge aussi qu'à la fin de la trève le château de Lourde demeurera garni de pareil nombre et de condition semblable de soldats qu'ils sont présentement, et non au delà, étant loisible cependant d'y substituer ceux qu'il sera besoin, de semblable dignité et condition, et en nombre égal. Quant aux maisons du seigneur évêque de Tarbe, ou de l'élu confirmé, il a été ordonné que ledit seigneur, après être confirmé, recevra à son premier avènement ses maisons librement et sans aucune condition, et que ledit comte les rendra à l'évêque futur, qu'il garderait pareillement la ville de Tarbes avec toutes ses appartenances, ses chevaliers et ses bourgeois, à moins qu'avant la signature de la trève elle ne se déclarât pour le comte Esquivat, auquel cas le comte de Leycester n'y aurait plus rien à prétendre; que les seigneurs qui resteraient dans le parti de Simon auraient la libre jouissance de tous leurs biens de Bigorre; et que si le baron Pierre d'Antin et d'autres seigneurs, qui avaient embrassé la même cause, voulaient rentrer en grâce auprès du comte leur seigneur, celui-ci leur rendrait, avec sa bienveillance, tous leurs châteaux, domaines, chevaliers, milices et paysans; que les parties ne pourront subir jugement sur le fait de Bigorre, qu'en la cour d'Edouard d'Anjou, fils

---

que si quelqu'un refuse de la lui rendre, ou à Raymond d'Asté, viguier de Tarbe, il y pourra être contraint par l'ordonnance du seigneur Edouard, ou de son sénéchal, et ce fait, ledit comte sera quitte; que si le comte même était refusant, il pourra être contraint à la restitution desdites maisons par le seigneur Edouard ou son sénéchal, les trèves demeurant en leur force, nonobstant cette contrainte. Il a été aussi arrêté que durant ces trèves ledit seigneur Esquivat ne sera contraint à répondre ou subir jugement sur le comté de Bigorre, ni sur ce qu'il possède audit comté, sinon en présence du seigneur Edouard. Mais pour ses autres terres, il sera tenu de répondre par devant le sénéchal, comme font les autres barons de Gascogne, à la charge néanmoins que pendant ces trèves Edouard ne pourra rien entreprendre en la propriété du comte de Bigorre, au delà de ce qu'il y a présentement. »

d'Henri III; mais que pour ses autres terres, Esquivat sera justiciable de la sénéchaussée de Gascogne, alors occupée par le seigneur Dracon de Barent.

Avant la signature de la trève, Tarbes se déclara pour Esquivat, de sorte qu'il ne resta au comte de Leycester, dans le Bigorre, que le château et le bourg de Lourdes avec ses dépendances. Gaston, dont les intérêts avaient été compromis dans cette querelle, qui y avait pris le parti d'Esquivat, et lui avait procuré la trève dont nous venons de rappeler les conditions, exigea sans doute du comte de Bigorre une assurance de ne rien entreprendre contre son droit à sa succession: Esquivat lui promit solennellement, et par écrit, en présence de Garcie Arnaud d'Asté, de ne rien vendre, permuter ni aliéner que de son exprès consentement, et de celui des Etats de Bigorre.

Il nous reste encore de l'an 1260 un acte en langue vulgaire, qui à certains égards est explicatif et modificatif de la charte d'érection en commune donnée en 1171 à la ville de Bagnères par Centulle III; c'est un règlement de justice arrêté par les jurats de cette viguerie, avec l'autorisation du comte Esquivat. Il ne sera point oiseux d'en rapporter quelques dispositions; c'est dans de tels monumens qu'on aime à étudier les mœurs de nos ancêtres (20). Nous y voyons d'abord que les communes avaient un conseil municipal ; tout membre de ce conseil

---

(NOTE 20.) Voici ce réglement : on y verra quel était le romane-bigorrais au treizième siècle :

« In nomine domini nostri Jesu Christi, amen. Conoguda causa a totas personas qui aquesta present carta beïran ni aüdiran legir, qu'aquestas son leis è daünizias è peches è justizies è fors è costumas quels ix. juradz de Banhéras au establidas per toz temps per lor medis è per tota la beziau de Banhéras ab boluntal de mo senhor lo comte de Begorra è de tota la beziau de Banhéras. En primèr comensament que si per abentura negun bezii de la biela ni dels juradz arniazè que no aras al cosseilh à qui or hom lo mauare, que III. sols lo costas es merced. E sils juradz auièn cosseilh que anasen esforciüemenz ab delatira beziau, p'el dreit sostié d'augun lor bezii, aqued qui ar-mangos que no fos à lor adjutory, si no pode mostrar razo qu'els juradz conogossen que armazeder èra, que x. sols lo costas, e que ezii de la biela miéy an, e que no entras denz los dex de Banhéras entoü lo temps auè cumplid, è si denz lo temps tournaüa quel temps cumplis de cabuaü ; è si dels juradz èra, que mais no tengos laug de jurad, mais que hom ny metos autre en soo laug ; è aqued que hom auré getad, que armangos premer, e que pagas lo sober dita léi dels x. sols ; è si no la pode pagar tota qu'en pagas los que podère, è que no tornas en la biela t'où lo tot auè pagad, o neüè féit à boluntad dels juradz ; è si estaua forciüemenz que so que da ant dit es no bolos cumplir arequest agud dels juradz, que v. sols sen daünas cada dia, è de viu. dias enlà que hom fes de soo cos cum d'enemig conogud. E mais que si dels daüant dits juradz descobriüan cosseilh qui entre lor es dit ni emprees, aqued qui ag farè, que mais no tengos laug de jurad, è quen pagas x. sols de Morlas, è que mais no fos crezud de nulh testimoniadge que portas ; è sober tot aiso, que exis II. an et I. foras los padoenz de Banhéras ; è pos hom l'agos araquest de sa brida, de xv. dias enlà que sen daünas cada dia IIII. sols de Morlas ; è de xv. dias enlà que hom fes de soo cos cum d'enemig conogud si no

qui après la convocation légale ne se rendrait point à l'assemblée, serait passible d'une amende de trois sous morlans : s'il arrivait à un membre

ag cumpliüa. E si per abentura endebia que nulh bezii de Banhèras aücigos nulh autre soo bezii de Banhèras n.aa irada solement que defenen soo cos o sas caüsas que hom lo toros malignament no ag agos feit o ab beziaü, si hom lo podè atenhe ni aüer, que deius lo mort fos mes ; è sober tot aiso lo senhor els amigs del mort que tragossen de las suas caüsas la colonia, segont lo for è la costuma de la terra ; que fossa pagada adès ; è si per abentura l'omecidan sen fuge que hom nol podos atenhe ni aüer, lo senhor els amigs traits lors dreits de las suas caüsas adès com diit es, caüque hom lo podos atenhe ni aüer, que deius lo mort fos mes : empero aquest caas no es entenud diit per nulh home estrani qui no fos bezii de Banhèras per raso que nulh bezii de Banhèras ne fos mort sil bezii de Banhèras l'aüè mort, mais en oütra maneira, que fos determinad segont l'autre usadge de la terra. E mais que si nulh home metè ni amperaüa nulh autre qui tort sabud agos à nulh bezii de Banhèras si ab boluntad no ly metè d'aqued à cui lo tort agos, que aqued qui metud l'y agos sen abenges ab lo clamant a sa boluntad ; è si abier no sen poden, que sen abenges gossan per garda dels juradz. E mais que si degun home menaça mal nulh autre per fait, ni laidament per peraüla, è nulh autre bezii ag hezè ni ag aüdiüa, e que no i fes so que de lui si i tangos afar, que sen daunas cascun per conoguda dels juradz. Encora an establid feit emprees per toz temps que de tot malbad feit que hom agos feit nejtaüment ne de dias, so es à saber : de mort, o dè plagua, o d'aütre mal batement, o de petiar binha o bergè, o bladz talar, o d'aütre caüsas qui d'aquesta semlansa podosen este, quels juradz nampassen cosseilh beziaüment, e que fassen jurar de loos beziis e de lor medis e segont que trobasen en sabensa ni en testimoniadge qu'els dits juradz tengosen per abundant, qu'en fassen so quils semblare que miels ne fos feit segont droit ; e aquedz quils ségrament prenen, que fossen entou x. dels juradz ; è que gardasen las personas qu'il maüfaitor proüaren que no fossen enemigs d'aqued a cui la mala feita darta

de dévoiler une délibération que le conseil aurait décidé de tenir secrète, il serait déchu de sa dignité comme indigne de foi, paierait une

que per mala boluntad quils i portas ag dixosan; e après que fos judjad segont lo merjd de la mala feita; è aquedz quils segraments prenerẽ, que jurasen prumeremenz sober senz, que no descobrisen . . . temps aquedz quil testimoniadge portaren contra dels mau faitos . . . que diit i agosan; mais los dauant dits x. que dixosan la sabensa . . . testimoniadge leiaumentz segont que audid l'agosan sober loos se- . . . ; è sin descobrijuan negun, que la léi qui establida es pagasen, que cumplisen so qui dauant dit es dels autres greus. E mais que . . . bezii de la biela no sia razonador ni coselher contra dels dauant . . . juradz ni de la beziau; è si per abentura ag era, que la lei que . . . dita es dels x. sols pagas, è las autres greiigas qui sober escriutas . . . , que cumplis. E si per abentura nuls hom se tie per trop fore . . . dels dauant dits juradz per razo que dixos que id nol auẽn me- . . . segont los establimenz d'aquesta carta, quen passas judjament . . . coneguda dels judges. Totas las sober ditas peraulas cum sober . . . son an autreiad los dauant dits juradz è la dauant dita beziau per loro, per loos per nascudz è per aneixe per toz temps que bolen . . . agosan balor è fremesa durabla; empero la dita beziau sa arten- . . . plener pode en toz los establimenz è en totas las ditas peches è . . . daunizias d'aquesta carta, de creixe o d'amegu sina o del tot . . . segont la boluntad de la dita beziau. Item, è que bolen que . . . sober ditas leis è daunizias è peches que tengossan ij. prodhomes . . . borg e de la biela, è que fossan mesas a las cantas beziaus. De totas . . . peraulas cum sober escriutas son, son testimonis en Sanz d'en . . . Fillie, en Sanz d'Argelees misa contas, è Doad de Carrera, Arnaut de Bive, è Per de Medos, è trops d'autres qui ad aquesta . . . son nomeadz, è aperadz per testimonis, è io Sanz Cato escriua jurad de Banheras qui ab autrei de la dita beziau è delz dauant dits juradz aquesta carta escriscu, è i pausè mon sephal. Actum fuit . . . ij. die in fine madii, anno Domini м.cc.lx. Domino Esquivato . . . dominante, episcopatu vacante.

amende de dix sous morlans, et aurait à subir un exil d'an et jour. S'il eût été arrêté en conseil que la force armée dût être employée contre un bourg-voisin pour exiger réparation de quelque tort, tout Bagnérais appelé par les jurats, devrait prendre les armes ; s'il s'y refusait, il aurait à payer une amende de dix sous, et à s'exiler pour six mois de la ville, sous peine de recommencer son ban s'il rentrait avant l'expiration du terme fixé : que s'il voulait s'exempter de la peine prononcée contre lui, il aurait à payer, par jour de délai, cinq sous d'amende pendant les huit premiers jours, sauf, après ce terme, à être traité en ennemi déclaré. Tout meurtrier sera enseveli vivant sous le cadavre de sa victime ; le comte et les proches du mort se paieront de leurs droits sur les biens du coupable : ce supplice, ordonné seulement en certains cas par la charte de 1171, est ici ramené à une exécution générale.

Le comte de Leycester, qui tenait toujours le château de Lourdes, n'abandonnait pas ses prétentions à la propriété du Bigorre : nous le voyons en 1262, deux ans après la signature de la trêve avec Esquivat, faire déposer par son lieutenant sur le maître-autel de l'église du Puy, la rente de soixante sous morlans, dont était tenu le comte de Bigorre envers cette église.

Bernard de Montfaucon et Géralde sa femme donnèrent vers cette époque à l'ordre hospitalier de Saint-Jean de Jérusalem (21), divers riches.

(NOTE 21.) L'origine de cet ordre fameux se perd dans la nuit des tems. On prétend que les premiers chevaliers furent des frères-lais de l'ordre de saint Benoît, soumis à l'abbé de Sainte-Marie latine de Jérusalem, et qui desservaient un hôpital fondé dans la même ville sous l'invocation de saint Jean l'Aumônier. Devenus guerriers par nécessité, les chevaliers se choisirent un chef militaire, et ne reconnurent plus d'autre supérieur : ils quittèrent même la règle de saint Benoît pour embrasser celle de saint Augustin. Leur premier chef militaire ou prévôt de l'hôpital fut Gérard, que ses vertus ont placé au nombre des bienheureux ; il obtint en 1113 du pape Paschal II, la confirmation de l'institution de son ordre ; il mourut vers 1121, et eut pour successeur Raymond du Puy, chevalier languedocien, qui fut remplacé en 1160 par Auger de Balban, gentilhomme dauphinois : ses successeurs furent Gilbert d'Assaly en 1161 ; Castus en 1169 ; Joubert de Syrie en 1170 ; Roger de Moulins qui remplaça Joubert de Syrie en 1177, est le premier qui porta le titre de grand-maître, au lieu de celui de prévôt ou de gardien de l'hôpital. Les grands-maîtres de l'ordre des hospitaliers furent, après Roger de Moulins, Garnier de Naplouse en 1187 ; Ermengard d'Aps en 1191 ; Godefroi de Duisson la même année ; Alphonse de Portugal en 1202 ; Geoffroi le Rath, tourangeau, en 1204 ; Guérin de Montaigu, auvergnat, en 1208 ; Bertrand de Taxis en 1230 ; Guérin en 1231 ; Bertrand de Comps, dauphinois, en 1236 ; Pierre de Villebride en 1241 ; Guillaume de Châteauneuf, français, en 1244 ; Hugues de Revel, auvergnat, en 1259 : c'est sous le magistère de ce dernier que fut érigée la commanderie d'Aureillan, qui s'accrut successivement de divers domaines, tels que l'église de Saint-Jean de Bagnères, les dîmes de Campan, Gerde, et Asté, les églises de Saint-Barthélemi de Soyaux, Sainte-Foi de Laslades, Saint-Barthélemi de Boulin. L'ordre acquit dans la suite en Bigorre d'assez grandes possessions pour en former une seconde commanderie, celle du Luc, dont dépendaient les églises de Saint-Blaise du Luc, de Saint-

domaines à Aureillan Fort-Aner et Auger de Montfaucon, enfans de Bernard, confirmèrent en 1264 la donation faite par leur père à cet ordre illustre, dont Hugues de Revel était alors grand-maître; Gauceran de la Tors fut pourvu avec le titre de commandeur, de ce nouveau bénéfice.

1264.

Sur ces entrefaites le comte de Leycester, à la tête des barons révoltés, provoquait en Angleterre la création des communes, et faisait la loi à la famille royale ; mais il trouva le terme de son insolence à la bataille d'Evesham, où il fut tué avec son fils Henri. Simon de Montfort, son fils aîné, héritier de tous ses droits, céda, de concert avec sa mère Eléonor, toutes ses prétentions sur le Bigorre à Thibaud II roi de Navarre et comte de Champagne, et lui remit le

1265.

Paul de Villepinte, de Saint-Pierre de Ponsac, de Saint-Jean d'Armau ; de Saint-Jacques d'Arriagosse, de Saint-Laurent de Ger, de Saint-Pierre de Ger : le premier commandeur du Luc fut Bernard de Montlezun, seigneur de Lorenties, en 1480, sous le magistère du brave Pierre d'Aubusson.

Les commanderies n'étaient dans leur origine que des obédiences dont les titulaires, révocables à la volonté du grand-maître, devaient rendre compte des revenus qui leur étaient confiés, et fournir des contributions qu'on nommait responsions.

L'habit de combat des chevaliers était une dalmatique rouge, avec une grande croix blanche sans pointes, devant et derrière. Ils portaient habituellement sur la poitrine une croix de toile blanche à huit pointes. La croix d'or émaillée et fleurdelisée paraît d'institution plus moderne.

château de Lourdes, dont ce prince nomma châtelain Garcie-Arnaud de Volente. Thibaud se crut, en vertu de cette cession, redevable de l'hommage envers l'église du Puy, et il écrivit à l'évêque et au chapitre pour leur offrir de remplir cette obligation : leur réponse nous indique bien clairement combien peu ils se croyaient en possession de la suzeraineté sur ce pays : ils lui écrivirent qu'ils étaient disposés à recevoir son 1267, hommage, lorsqu'il serait dit que le château de Lourdes et le comté de Bigorre relevaient et étaient tenus en fief de leur église : déclaration remarquable, et qui nous prouve évidemment que l'ignorance seule ou la mauvaise foi des parties intéressées créa les prétentions de l'église du Puy, consacrées ensuite comme des droits.

La commanderie d'Aureillan s'enrichit dans le cours de l'année 1268, de diverses donations 1268, qui furent faites par le vicomte Bernard d'Asté, et par le jeune Bernard d'Aure, son fils, au commandeur Raymond, successeur de Gauceran; elle acquit par ce moyen les dîmes de Campan, Gerde et Asté.

Mathe de Bigorre-Matas mourut deux ans 1270, après, laissant de son union avec le vicomte de Béarn quatre filles, Constance, Marguerite, Mathe et Guillelmine, auxquelles elles fit par testament la distribution de tous ses biens, de la manière suivante. Elle lègue à Constance la vicomté de Marsan, les châteaux de Maubourguet et de la Devèze, avec toutes leurs appartenances dans le bas Bigorre, et enfin tous les droits qu'elle peut prétendre sur le reste du comté. Elle laisse à Marguerite la ville de Saint-Gaudens, le château de Miramont, et la suzeraineté d'Aure et du Nébouzan, avec toutes leurs dépendances et domaines, qui lui étaient échus de la succession de son aïeul le comte Bernard IV de Comminges. Elle assigne à Mathe une somme de six mille sous morlans, à prendre sur les terres de Rivière-Basse et payable par Constance (22). Enfin elle institue Guillelmine

(Note 22.) Mathe était mariée à Géraud V, comte d'Armagnac; elle n'adhéra point à ce testament, et voulut avoir le Marsan, ce qui fut dans la suite le sujet de longues querelles entre la maison de Foix, héritière des droits de Constance, et celle d'Armagnac ; elles éclatèrent à la mort de Gaston VII, père de ces princesses, en 1290. Les dispositions du testament de ce comte étaient conformes aux dernières volontés de la comtesse sa femme, et à la résolution de Constance, de substituer sa sœur Marguerite à ses droits. Bernard VI, fils de Mathe de Moncade, accusa Roger-Bernard III de Foix, d'avoir falsifié ce testament : de là duel entre les deux comtes à Gisors, en 1264, en présence du roi Philippe-le-Bel, qui sépara les combattans, et leur ordonna de surseoir à la poursuite de leurs prétentions. La querelle fut terminée pour un tems en 1329, par jugement arbitral de Philippe, roi de Navarre; entre Gaston II de Foix, petit-fils de Roger-Bernard III, et Jean Ier, fils de Bernard VI d'Armagnac. La Rivière

héritière de tous les droits seigneuriaux et rentes qu'elle avait à Saragosse, en Aragon.

Vers la même époque mourut aussi le roi de Navarre Thibaud II, sans laisser de postérité : son frère Henri, comte de Rosnai, qu'il avait déclaré son héritier, lui succéda dans le royaume de Navarre et le comté de Champagne, et en même tems dans ses prétentions au comté de Bigorre, et dans l'occupation du château de Lourdes.

La maison vicomtale de Lavedan était la plus puissante du Bigorre (23) : elle y avait de vastes

---

Besse et d'autres terres furent adjugées à Jean; Gaston eut le Gabardan et le reste de la succession de Constance. Mais les démêlés recommencèrent avec une nouvelle fureur, et ils ne furent enfin apaisés solidement que le 3 avril 1379, par la médiation du duc d'Anjou, entre Jean II, le Bossu, fils de Jean Ier d'Armagnac, et Gaston-Phébus, fils de Gaston II de Foix. Le mariage de Béatrix, fille de Jean II, avec le fils de Gaston-Phébus, en fut le gage assuré.

(Note 23.) Le château de Beaucens était le séjour ordinaire des vicomtes. « Ce que l'on peut dire en gros de cette maison, écrit l'avocat de Mazières, est qu'elle a fleury depuis cinq cens ans, et tenu le second rang après la maison du seigneur comte dans le pays de Bigorre; et tout ainsin que les rivières croissent par le concours de l'eau de plusieurs fontaines et ruisseaux, et diminuent aussi par la séparation d'icelle en divers canaux, cette maison a esté relevée par l'accessoire d'un grand nombre de terres et seigneuries qui lui sont escheues de divers endroits, et s'est abbaissée par la distribution desdites seigneuries entre les puisnés et légitimaires. En Bigorre elle a eû la valée de Barège, contenant dix-sept vilages, comprins le bourg de Luz, les châteaux de Beaussen, Géu et Castet-Loubon avec une vintaine de vi-

possessions, entr'autres la vallée de Barèges qui comprenait dans ses limites dix-sept bourgs ou villages; Esquivat traita en 1272 avec le vicomte Raymond-Garcie, de la cession de ce domaine

1272.

lages, le chasteau et seigneurie de Barbezan-debat avec six ou sept vilages, et depuis avoir fait delaissement de la valée de Baretge en faveur du seigneur comte de Bigorre, elle a joui du chasteau et seigneurie d'Andrest, avec les lieux de Bajes, Vier, Preschac et Forgues, qui lui furent baillés en récompense. »

Les premiers seigneurs connus de Lavedan sont Anermans et Aner, vivait en 945, et mentionnés avec le titre de vicomtes dans une charte de l'abbaye de Saint-Savin, que nous avons rapportée: Fort-Aner, qui vivait en 960, eut deux fils, Garcie-Fort et Guillaume-Fort, souscrivit avec eux la charte de fondation de Saint-Pé, vers 1039. Guillaume-Fort fut père d'Arnaud, abbé de Saint-Savin; Garcie-Fort eut pour fils Raymond-Garcie I.er, vicomte de Lavedan et de Castelloubon, qui vivait en 1090; Arnaud I.er, fils de celui-ci, se trouva en 1118 au siège de Saragosse, et fut ricombre d'Aragon; il fut père de Raymond-Garcie II, qui vivait en 1145 et eut pour successeur Fort-Aner II qui vivait en 1175; celui-ci fut remplacé par Raymond-Garcie III, qui vivait en 1216: Pérégrin de Lavedan, exécuteur testamentaire de Pétronille, vivait en 1251; après lui vient Raymond-Garcie IV qui en 1272 fit cession à Esquivat de la vallée de Barèges; Fort-Aner III fut en 1283 exécuteur testamentaire d'Esquivat, conjointement avec Garcie de Lavedan qui peut-être était son frère; Bernard et Pérégrin II sont dénombrés parmi les barons de Bigorre dans l'enquête de 1300: Arnaud II vivait en 1342: il eut deux fils, 1.º Raymond-Garcie V, qui survécut peu à son père; 2.º Arnaud III, vicomte de Lavedan et de Castelloubon, sous la tutelle de sa mère Béatrix, héritière d'Esparros, acquit en 1350 la terre de Siarrouy de Bernard de Cuguron: alors vivait aussi un Fort-Aner de Lavedan, seigneur de Beaucens. Arnaud III, mort après 1363, fut père de Raymond-Garcie VI, qui vivait en 1390, et eut pour fils Arnaud

important, et il conclut avec lui, en présence d'Arnaud-Guillaume de Bazilhac, de Pierre d'Antin, et de Raymond de Bénac, un contrat d'échange, par lequel Raymond-Garcie abandonne à Esquivat la vallée de Barèges avec toutes ses appartenances, en compensation de laquelle le comte lui fit cession des terres de Préchac, Bagès, Vier, Andrest et Troignan, et lui constitué une rente annuelle de soixante-trois sous morlans (24). Esquivat, deux ans après, donna 1274.

---

mort vers 1437; celui-ci servit en 1404, avec vingt-cinq voyers, sous les ordres de Jean de Bourbon, comte de Clermont, dans la guerre contre les Anglais. Il eut trois femmes, Cécile de Coarraze, Brunissende de Gerderest, et Mathe d'Astarac, qui le firent père de cinq fils, savoir : 1.º Raymond-Garcie VII, vicomte de Lavedan; 2.º Raymond-Arnaud, chanoine de Tarbes; 3.º Bernard, seigneur de Soues, Azun et Horgues; 4.º Pérégrin, seigneur de Siarrouy; 5.º Jean, chevalier de Saint-Jean de Jérusalem. Raymond-Garcie VII épousa Belesgarde de Montesquiou, dont il eut deux filles; l'aînée, Jeanne, son héritière, porta la vicomté de Lavedan à la maison de Lyon, par son mariage avec Gaston de Lyon, seigneur de Bézaudun.

Si l'on en croit l'ancien livre terrier de Castelloubon, cette terre avait titre de vicomté, et formait l'apanage du puiné des vicomtes de Lavedan; cette observation nous indique la cause naturelle de l'application qu'on a pu remarquer dans quelques chartes du titre de vicomte à deux princes de Lavedan à la fois.

(Note 24.) «Ce Raymond-Garcie, dit Mazières, vendit la valée de Baretge à n'Esquivat comte de Bigorre, et receut en contre-eschange d'icelle les vilages de Preschac, Bages, Vier, Andrest et Troygnan, et 2300 sols de Mourlans de sontes, pour laquelle somme ledit seigneur comte promit paier annuellement au seigneur de Lavedan la rente de 63 sols de Mourlas, ainsin que plus amplement est

à Raymond-Garcie la terre de Horgues en paiement du capital de cette rente, en présence de Guillaume de Barbazan, d'Arnaud des Angles, de Pierre d'Antin, de Raymond de Bénac, d'Arnaud le Bon de Castelloubon, de Pérégrin de Lavedan et d'autres seigneurs.

Henri le Gras, roi de Navarre, ne jouit pas long-tems de la brillante succession de son frère Thibaud : il mourut quatre ans après l'avoir

---

dans le contract d'eschange inséré audit censuel, au feuillet nonante, en date de l'an 1272, XIII kal. novembris ; et au feuillet 52 du même censuel se trouve un acte postérieur en date, sçavoir, de l'an 1274, VIII. idus augusti, duquel résulte que ledit n'Esquivat ou Assivat de Chabannes comte de Bigorre bailla la place et seigneurie de Horgues audit Raymond-Garcie, seigneur de Castel-Loubon, en solution desdits 2300 sols de bons morlans, et amortissement de la rente de 63 sols de bons morlans : et pour assurance dudit entrent, pleiges et cautions dudit seigneur comte, Arnaud-Guillaume de Barbazan, Arnaud des Angles, Pierre d'Antin, Raymond d. Bénac, et Arnaud-Loubon de Castel-Loubon, et parmi les témoins numéraires du contract est nommé Pélégrin de Lavedan. »

Les dix-sept villages compris dans la vallée de Barèges étaient distribués en quatre vics, ainsi qu'il suit : 1.º le vic du Plan qui renfermait Luz, Esquièze, Vielleneuve, Sère, Visos, et la moitié d'Esterre; 2.º le vic Debat, contenant Saligos, Chèse et Viscos ; 3.º le vic de Darrélaigue, où se trouvaient Sassis, Sazos et Grust ; 4.º le vic de Labadsus, où étaient situés Viella, Betpouey, Sertz, Vic, Saint-Martin, et l'autre moitié d'Esterre.

La lettre n qui dans le passage rapporté ci-dessus précède le nom d'Esquivat est une abréviation de la particule honorifique romane, équivalente au don des Espagnols et des Portugais, et s'employant de la même manière : au lieu de en, on se servait au féminin de na,

recueillie, ne laissant qu'une fille nommée Jeanne, âgée de deux ans, pour héritière de tous ses biens, parmi lesquels il comptait le Bigorre, en vertu de la transmission faite à la couronne de Navarre, de toutes les prétentions de la maison de Montfort sur ce pays.

C'est ici le lieu de rapporter une anecdote de ce tems qui, défigurée par le merveilleux peu gracieux de la mythologie moderne, se conte encore de nos jours, et se transmet de père en fils chez les habitans des campagnes, comme se transmirent les premières histoires. Bos de Bénac était du nombre des seigneurs croisés qui suivirent le roi Louis IX dans l'expédition où ce prince trouva le terme de sa glorieuse carrière : en partant pour aller combattre les infidèles il laissa une épouse jeune et belle dans les larmes. Fait prisonnier par les Musulmans, le baron passa sept années à gémir dans les fers ; mais après ce terme, ayant échappé à sa cruelle captivité, il revint dans sa patrie défiguré par la souffrance et le malheur (25). Nouvel Ulysse, 1278

(Note 25.) C'est Lucifer qui d'après la tradition transporta le baron au milieu des apprêts du second hymen de son épouse; le démon pour son salaire avait exigé de Bos, l'abandon de son âme : elle est à Dieu, répondit le chevalier. — Eh bien ! donne-moi ton cœur. — Il appartient, dit le preux, à mon roi. Lucifer dut se contenter des restes du souper de noces. Bos, reconnu de son vieux palefroi et de son levrier, méconnu dans ses propres domaines, il ne trouva que son levrier de fidèle, et, comme le roi d'Ithaque, il eut à chasser de son château l'amant de sa femme, le baron des Angles, qui s'apprêtait à recueillir, en épousant la baronne, la succession d'une maison dont Bos était le dernier rejeton (26). Le baron de Bénac, rentré

ne le fut de sa femme que lorsqu'il lui montra la moitié de l'anneau nuptial; les convives, parmi lesquels se trouvait l'évêque, furent congédiés, et le démon payé d'un plat de noix. Un poète du siècle postérieur consigna le retour du paladin dans les vers suivans, qui furent gravés sur la cheminée de la grande salle du château de Bénac.

 Ayant resté sept ans captif en Terre-Sainte,
 Le démon à Bénac en trois jours m'a porté;
 Mais déclarant mon nom, on me taxe de feinte
 Pour courir à l'hymen : quelle déloyauté !
 Je fais voir mon anneau, mon levrier j'appelle,
 Et c'est le seul témoin que je trouve fidèle.
 Démon, ce plat de noix payera ton transport;
  Et je vais dans la solitude
  Me guérir, songeant à la mort,
 De ce que ton emploi me fait inquiétude.

(NOTE 26.) La maison de Bénac est une des plus anciennes de Bigorre. Le premier seigneur de ce nom qui nous soit connu est Raymond-Guillaume, qui céda au duc de Gascogne une partie du terrain sur lequel fut fondée l'abbaye de Saint-Pé vers 1039. Guillaume-Auriol de Bénac, son fils, qui épousa Marie de Lavedan, fille de Raymond-Garcie I.er, vivait vers 1080 : il eut deux fils : 1.° Raymond I.er, baron de Bénac; 2.° Othon, abbé de Saint-Pé. Raymond I.er fut père d'Othon I.er, qui vivait vers 1050, et eut pour successeur Bernard I.er, baron de Bénac, qui assista en 1096 à la dédicace de l'église de Saint-Pé; celui-ci eut pour successeur son fils Raymond II, qui fut de la première croisade et mourut en Palestine; son fils Othon II vivait en 1140; Dolt, successeur d'Othon, vivait en 1146. Ici se trouve une

en possession de ses domaines, déposa son armure dans l'église des Cordeliers de Tarbes, et l'y consacra au dieu des batailles.

Quelques années après, les carmes appelés par le baron Vital de Bazilhac, bâtirent dans cette ville un couvent de leur ordre : ce fut du consentement de l'évêque de Bigorre, Raymond-Arnaud de Coarraze, et de son chapitre, que ces religieux s'y établirent : ils se soumirent à la condition de partager avec l'évêque et le chapitre tous les bénéfices casuels, et de se

1282.

---

lacune après laquelle nous rencontrons Raymond III, baron de Bénac, qui vivait en 1272. Son successeur Bos suivit Saint-Louis en Afrique, et mourut après 1300, ne laissant qu'une fille nommée Louise, qui épousa Jean de Montault, et porta ainsi l'héritage de Bénac dans la maison de Montault.

Quant à la maison des Angles, elle est aussi fort ancienne. Auger I.er, baron des Angles, figure en 1097 parmi les seigneurs bigorrais qui approuvèrent la rédaction du For ; il mourut vers 1127. Arnaud-Guillaume, son successeur, qui vivait en 1146, eut deux fils : 1.º Sanche, baron des Angles ; 2.º Pierre, abbé de Saint-Pé. Auger II, baron des Angles, qui avait suivi le parti de Gaston dans sa querelle avec Esquivat, fut amnistié par l'accommodement de 1256 ; il eut plusieurs fils : 1.º Garcie, baron des Angles, qui vivait en 1273, et fut sans doute l'amant de la baronne de Bénac ; 2.º Arnaud, seigneur de Pouzac ; 3.º Guillaume, seigneur d'Odos. Garcie eut pour successeur Thibaud, qui vivait en 1292. La maison des Angles s'éteignit probablement avec lui ; du moins est-il vrai que nous n'en retrouvons que long-tems après le titre, porté alors par Jean de Béarn, fils d'un bâtard de la maison de Foix. La baronnie des Angles passa depuis à la maison de Gramont d'Asté.

soumettre à la juridiction épiscopale, nonobstant tous les privilèges de leur ordre qui les en dispensaient.

1283. Esquivat décéda en 1283, à Olite en Navarre, où il s'était rendu avec quelques compagnies de gens d'armes, pour le service du roi de France Philippe le Hardi. Avant de mourir il fit un testament (27) par lequel il instituait sa sœur Laure de Chabannes, à défaut de son frère Jourdain, prédécédé, héritière universelle de tous ses biens ; il ordonnait que son corps fut transporté au monastère de l'Escale-Dieu pour y être enseveli, et nommait pour ses exécuteurs testamentaires les chevaliers Guipalt de Chabannes, Jourdain de Teisson, Elie de Marmont, et Osset d'Argelès, sénéchal de Bigorre, leur donnant pour aides et conseillers les seigneurs Fort-Aner, et Garcie de Lavedan.

(Note 27.) Ce testament est daté du 15 des kalendes de septembre, c'est-à-dire du 18 août 1283. Esquivat y donne pouvoir à ses exécuteurs testamentaires de payer ses dettes, réparer les torts et dommages, faire des aumônes, et récompenser ses gens d'armes et serviteurs, sur ses biens, à leur discrétion. Cette pièce fut scellée des sceaux d'Esquivat, d'Aimeri de Rochechouart, de Raymond abbé de Saint-Sauveur de Leyra, et de Rodrigue, supérieur du couvent des frères mineurs d'Olite.

CHAPITRE II.

Prétentions de Constance et de Laure. — Décision des États. Démarches de Laure. — Constance remet le comté au roi d'Angleterre. — Elle lègue ses droits à sa sœur. — Six prétendans à la succession de Bigorre. — Discussions sur la suzeraineté. — Constance reprend le comté. — Elle est dépossédée. — Protestations des États.

Dès la première nouvelle de la mort d'Esquivat, on vit arriver à Tarbes le vicomte de Béarn avec sa fille Constance, vicomtesse de Marsan, et héritière des droits de sa mère Mathe au comté de Bigorre. En vertu de la substitution contenue au testament de Pétronille en faveur de Mathe et de ses hoirs, en cas de prédécès d'Esquivat et de Jourdain de Chabannes sans postérité, Constance devait recueillir cette succession : d'un autre côté, le testament d'Esquivat désignait sa sœur Laure pour sa seule héritière.

Le vicomte de Béarn assembla à Tarbes les États de Bigorre, et leur représenta la validité des droits acquis à la princesse Constance par la substitution portée au testament de son aïeule la comtesse Pétronille, et par le testament de la vicomtesse Mathe sa mère. Les états examinèrent scrupuleusement et les représentations du vicomte et les clauses du testament du dernier comte, et après avoir reconnu qu'Esquivat n'avait pu légalement disposer, au préjudice de la substitution antérieure, ils déclarèrent son testament non valable quant à la succession du comté, approuvant d'ailleurs tous les autres articles (1); ils se décidèrent pour Constance, sous la condition qu'elle soutiendrait son droit par devant qui il appartiendrait, contre les prétentions de tous ceux qui voudraient le lui disputer. Constance s'y engagea, et prêta au corps de la noblesse le serment accoutumé d'être bonne et loyale souveraine; elle reçut alors l'hommage et la foi de Garcie de Lavedan, de Pierre d'Antin, de Raymond d'Ossun, d'Arnaud de Baudéan, de Bernard d'Artagnan, de Garcie-Arnaud de Villepinte, et généralement de tous les barons, chevaliers et gentilshommes, en présence de Raymond-Arnaud de Gourraze, évêque de Tar-

―――――――――

(Note 1.) C'est à dire que Laure fut reconnue héritière d'Esquivat dans tous ses domaines autres que le Bigorre, savoir : la vicomté de Conserans et les seigneuries de Chabannes et Confolens; et que l'on convint de payer les dettes du feu comte, de faire des aumônes, de récompenser ses serviteurs, ainsi qu'il l'avait ordonné, et de transporter ses restes à l'Escale-Dieu.

bès, de Pierre, évêque d'Aire, et de Compaing, évêque d'Oloron. Six jours après, sur l'avis de ces prélats, celui d'Arnaud-Guillaume de Bénac, abbé de Saint-Pé, de Guillaume-Garcie de Tusaguet, commandeur de Bordères, et de plusieurs autres savans clercs, qui répondirent sur la perte de leurs âmes de la légitimité des droits de Constance, les députés des communes de Tarbes, Bagnères, Vic et Ibos, reconnurent cette princesse pour comtesse de Bigorre, et, après avoir reçu son serment, lui jurèrent fidélité.

Dans ces circonstances, Laure n'espérant pas ramener à sa cause les Bigorrais, qui venaient de se déclarer pour Constance, se décida à porter sa plainte à Jean de Grailly, sénéchal du roi d'Angleterre en Gascogne, lui observant qu'ayant été frustrée de la succession que lui avait apportée le testament de son frère, par la prise de possession de Constance de Moncade, le roi d'Angleterre devait assigner par devant lui les parties, pour faire droit à leurs réclamations, et au préalable mettre sous sa main, suivant la coutume, les domaines en litige : le sénéchal en écrivit aussitôt à son maître, qui reçut Laure à l'hommage en qualité de comtesse de Bigorre. Constance de son côté se hâta de se rendre en Angleterre pour éclairer la justice du roi; mais le séquestre provisionnel du comté, indiqué par Laure, avait souri à l'esprit du monarque; d'autant plus que l'église du Puy, revenant sur la cession qu'elle avait faite naguères à Henri III, voulait en même tems recouvrer ses droits et obtenir ceux que jamais elle n'avait eus : les supplications de Constance ne purent empêcher Edouard de porter un arrêt de séquestre (2), par lequel il chargeait son sénéchal

1284.

───────────

(Note 2.) Voici cet arrêt, traduit par M. de Marca :

« Edouard, par la grâce de Dieu roi d'Angleterre, seigneur d'Irlande et duc d'Aquitaine, à son amé et féal Jean de Greili, son sénéchal de Gascogne, salut. Comme ainsi soit que vous nous ayez averti dernièrement qu'encore bien que le comté et la terre de Bigorre soit tenue de nous en fief, et que le comte Esquivat étant mort, la première saisie du comté nous doive appartenir, suivant la coutume de ce pays-là; notre chère cousine Constance de Béarn, soutenant que la succession de ce comté lui appartient, a occupé à notre préjudice la possession et saisine de ladite terre; nous vous donnons connaissance que ladite Constance étant venue dernièrement devers nous, et voulant satisfaire en toutes choses à notre volonté, et éviter de nous offenser, nous a délivré de son bon gré la saisine du comté, et promis de nous en bailler la possession corporelle, ou à celui que nous commettrions, sans aucun retardement; comme aussi la même Constance nous a promis de nous satisfaire à notre volonté touchant les excès que son père Gaston ou elle pourraient avoir commis contre nous sur ce sujet. C'est pourquoi nous vous ordonnons que, prenant pour adjoint le révérend père évêque d'Aire et de Sainte-Quitterie, vous receviez en notre nom la possession et saisine dudit comté avec toutes ses appartenances, purement et sans conditions, et que vous fassiez garder ladite saisine sous notre nom; et lorsque nous serons pleinement saisis, vous nous en donniez avis, afin qu'étant certifiés plus amplement

en Gascogne de se saisir en son nom du comté de Bigorre, dont Constance avait consenti à lui faire la délivrance.

Grailly se rendit à Tarbes pour exécuter sa commission ; Gaston de Béarn y ayant convoqué les états, leur ordonna, du consentement de Pérégrin de Lavedan, sénéchal de Constance en Bigorre, et de Pierre de Bégole, procureur spécial de cette princesse, d'obéir dorénavant au roi d'Angleterre, protestant qu'il n'entendait nullement par là préjudicier aux droits de sa fille : le sénéchal de Gascogne déclara que ces protestations n'étaient pas de son fait, mais qu'il recevait au nom de son maître l'obéissance de la cour et la délivrance du comté ; les états y consentirent pourvu qu'ils fussent conservés dans leurs fors et privilèges, ce que Grailly leur promit, en présence d'Amanieu d'Armagnac, archevêque d'Auch, de Pierre de Ferrières, évêque de Lectoure, de Géraud, évêque d'Aire, de Raymond-Arnaud de Coarraze, évêque de Bigorre, de Gaubert, abbé de Saint-Maurin,

---

ment de ces choses, nous puissions vous mander ce qui sera de notre bon plaisir sur cette affaire. Donné à Ham le 16 février, année 12 du règne. »

Édouard donna le 3 mai 1289, à Condom, des lettres par lesquelles il nommait Osset de Bagnères son sénéchal en Bigorre : ces lettres sont du nombre des titres bigorrais conservés dans la tour de Londres.

de frère Bonnel, abbé de l'Escale-Dieu, de Géraud, comte d'Armagnac et de Fezensac, et de plusieurs autres personnages distingués.

Constance, dépouillée de son fief, n'en devint que plus ferme dans la poursuite de ses prétentions; comme elle n'avait point d'enfans, et qu'après la mort malheureuse de son second époux (3), elle s'était consacrée à un éternel veuvage, elle songea à se donner des héritiers qui pussent faire revivre ses droits : dans cette vue, elle constitua à sa sœur Marguerite de Moncade, épouse de Bernard-Roger III comte de Foix, et à leurs hoirs à perpétuité, le comté de Bigorre avec toutes ses dépendances, hors les terres de Rivière-Basse, sous la réserve de

1286.

―――――――

(Note 3.) Constance avait été mariée en premières noces à l'infant Alphonse, fils de Jacques le Conquérant, roi d'Aragon; ce prince mourut en 1260, et Constance, après neuf ans de veuvage, se remaria à Henri, fils de Richard d'Angleterre, comte de Cornouailles et roi des Romains. Henri se croisa en 1268, et alla rejoindre Saint-Louis devant Tunis, avec son cousin Edouard, fils du roi Henri III; après la mort du monarque français, Henri et Edouard passèrent en 1271 en Palestine ; ils se rembarquèrent l'année suivante et arrivèrent en Sicile ; Henri prit le chemin de l'Italie : arrivé à Viterbe, il fut assassiné pendant qu'il assistait à l'office divin dans l'église de Saint-Laurent : son meurtrier fut Guy de Montfort, second fils de Simon, comte de Leycester, qui voulut ainsi venger la mort de son père, mis en pièces par les Anglais à Evesham, d'après l'ordre, disait-il, de Richard père d'Henri. Constance n'eut point d'enfans de ces deux mariages.

la possession et de l'usufruit pour le tems qu'il lui plairait, dans le cas où elle recouvrerait le comté, particulièrement des lieux de la Réule, Baloc, Vic, Azereix, Adé, Odos, Ibos et Juillan, avec toutes leurs rentes et droits seigneuriaux, hors ceux de haute-justice, d'ost, de chevauchée, et d'hébergement; et d'une somme de mille marcs d'argent à prendre sur ces domaines, destinée à couvrir les frais occasionnés par la querelle de la succession de Bigorre.

Constance s'adressa à la cour du sénéchal de Guienne pour poursuivre la restitution du comté de Bigorre : Laure de Chabannes, qui avait épousé en 1284 Raymond VI, vicomte de Turenne, y porta aussi sa requête, et l'on vit alors intervenir au procès trois nouveaux compétiteurs ; c'étaient Guillaume de Teisson, Mathe de Moncade comtesse d'Armagnac, et Mathilde de Courtenai comtesse de Thyet; en sorte que cinq prétendans à la fois réclamaient de la cour 1289. du sénéchal de Guienne, l'héritage de Bigorre.

Constance, s'étayant toujours de l'illégitimité du mariage de Pétronille avec Guy de Montfort, et de la substitution portée au testament de la comtesse son aïeule, réclamait le Bigorre, dont elle avait été reconnue souveraine par les états.

Guillaume de Teisson était le représentant de sa mère Pétronille de Montfort, épouse de

Raoul de Teisson, puissant baron normand; il prétendait que la succession de la comtesse Pétronille son aïeule, avait dû être partagée entre ses trois filles Alix, Pétronille et Mathe, que ces trois princesses se trouvaient représentées alors par Laure, par lui, et par Constance, d'où il concluait qu'un tiers lui était dévolu.

Mathe, sœur de Constance, se prévalant comme elle de l'invalidité du troisième mariage de leur aïeule Pétronille, regardait sa mère Mathe comme seule héritière légitime du Bigorre; mais elle offrait de prouver par témoignage de barons, nobles, bourgeois et clercs, que d'après la coutume de Gascogne, les sœurs puînées étaient censées posséder par le moyen de leur aînée leur quote-part d'un héritage (4) : en vertu de quoi elle réclamait un quart du comté.

La comtesse de Thyet était l'unique fruit du mariage d'Alix de Montfort avec Raoul de Courtenai son second époux : Mathilde prétendait que lors de cette union, sa mère avait reçu,

---

(Note 4.) C'est ce que l'on appelait tenir en *parage*; on tenait en *frérage* lorsque les puînés, réellement apanagés d'une partie du fief paternel, faisaient à l'aîné hommage de leur domaine, qui dès lors devenait arrière-fief du suzerain principal; c'est ainsi que Loup Donat reçut de son frère Ignigue l'Arriscat, le comté de Bigorre en frérage. Mais Philippe-Auguste, par ordonnance du 1er mai 1209, proscrivit le frérage, et les puînés ne possédèrent plus qu'en parage.

du consentement d'Esquivat, né de son premier mariage, constitution de la moitié du Bigorre, et que celui-ci lui avait ensuite fait donation de l'autre moitié.

Laure, s'appuyant du testament de son frère, se prévalait en outre de ce qu'Edouard, roi d'Angleterre, l'avait reçue à l'hommage en qualité de comtesse de Bigorre, et de ce que le roi de France l'avait aussi admise en 1287, comme héritière d'Esquivat, à l'hommage du Conserans qui faisait partie, disait-elle, de la succession de Bigorre (5).

Ce procès traîna en longueur, parce que la cour de Guienne, occupée en même tems d'autres affaires, et non encore assez instruite des droits respectifs des parties, n'osait se décider trop promptement dans une cause de cette importance.

Les cinq prétendans dont nous venons d'in-

___

(Note 5.) On laissa à Laure le Conserans; c'était ne plus se prévaloir de l'illégitimité de la naissance de sa mère Alix, mais seulement de la substitution portée au testament de Pétronille de Comminges, pour lui disputer le Bigorre; car si par sa naissance Laure eût été jugée inhabile à recueillir la succession de Bigorre, elle n'aurait pû par la même raison recueillir celle de Conserans, qui venait à Esquivat de son aïeule Pétronille, et Laure n'aurait eu droit alors qu'aux terres de Chabannes et Confolens, sur lesquelles, par l'accommodement de 1256, les héritiers de Bozon de Matas n'avaient plus de répétition à former.

diquer les réclamations avaient encore un compétiteur dangereux ; c'était Jeanne, héritière de Navarre, qui avait porté en dot cette couronne à Philippe-le-Bel ; elle prenait aussi le titre de comtesse de Bigorre, et occupait le fort de Lourdes par un châtelain à ses gages : elle fondait ses prétentions sur la fausse démarche d'Esquivat en faveur de son grand-oncle le comte de Leycester, dont les droits avaient passé à la couronne de Navarre.

La suzeraineté du comté de Bigorre n'occasionnait pas de moins grandes discussions : l'église du Puy avait assigné le roi d'Angleterre devant le parlement de France, se prévalant de quelque défaut de formes pour faire annuller l'acte de cession de ses droits en faveur d'Henri III. Le roi de France, à qui seul la suzeraineté immédiate appartenait incontestablement, en était si peu instruit qu'il n'y formait ouvertement aucune prétention. La reine Jeanne, qui avait les ses vues, et qui sans doute avait provoqué les réclamations de l'église du Puy, fit juger en faveur de cette dernière son procès contre le
1290. monarque Anglais : le parlement déclara que le roi d'Angleterre avait injustement spolié l'église du Puy de la possession de l'hommage du comté de Bigorre, et le condamna à la restitution sans préjudice de la décision ultérieure de la

question sur la propriété du comté (6). Le séquestre prononcé par le roi d'Angleterre ayant été annullé par cet arrêt, Constance rentra en

___

(Note 6.) L'arrêt du parlement est traduit en ces termes par le président de Marca :

« Comme ainsi soit qu'entre notre cher cousin et féal le roi d'Angleterre d'une part, et notre féal l'évêque, doyen et chapitre de l'église du Puy, d'autre, il y eut procès, pendant en notre cour depuis long-temps, sur ce que l'évêque, doyen et chapitre disaient que le roi d'Angleterre les avait spoliés injustement de la possession de l'hommage du comté de Bigorre, excepté l'hommage du château de Lourde ; recevant à hommage dudit comté, sauf ledit château, Esquivat de Chabannes, qui avait occupé par violence la possession dudit comté, hormis ledit château, après le décès de Simon de Montfort comte de Bigorre ; même que ledit roi les avait troublés en plusieurs façons en la possession de l'hommage dudit château de Lourde, en telle sorte qu'ils ne pourraient jouir paisiblement de ce droit, d'autant que le roi s'était saisi du château, y avait fait démolir quelque muraille, pris et tué quelques hommes, et commis d'autres violences ; quoique l'on avouât que ledit château était tenu et possédé par le roi de Navarre comme sien propre, et qu'il relevait de l'évêque, doyen et chapitre du Puy, comme seigneurs féodaux ; c'est pourquoi ils concluaient à être remis en la possession de l'hommage du comté, à la restitution de laquelle le roi d'Angleterre serait condamné ; sauf et réservé le château de Lourde ; pour raison duquel ils demandaient que défenses fussent faites audit roi de leur donner aucun trouble ni empêchement en la possession de l'hommage dudit château. Le procureur du roi d'Angleterre proposait au contraire que le roi n'avait point spolié ni dessaisi les demandeurs de la possession de l'hommage dudit comté, et qu'il ne les avait point troublés injustement en la possession de l'hommage du château de Lourde, et disait que ci-devant le roi d'Angleterre avait acquis la possession de l'hommage dudit comté et du château de Lourde, de Bernard, évêque, du doyen et chapitre du Puy ; de sorte que c'était du gré et du consentement de l'évêque

possession de son fief; mais les intrigues de Jeanne l'en laissèrent jouir à peine deux années.

Son droit paraissait sans doute trop peu sûr à la reine pour qu'elle réclamât ouvertement de Constance le délaissement du comté; elle eut recours à d'autres moyens, et feignant de croire que par la reprise de possession de la vicomtesse de Marsan, l'arrêt du parlement en faveur de l'église du Puy n'avait pas été exécuté en son entier, parce que cet arrêt portait que l'évêque et son chapitre devaient prendre le lieu et

---

et chapitre du Puy que le roi d'Angleterre tenait et possédait tous les droits qu'il avait sur le comté de Bigorre. Sur quoi, après que les deux parties eurent allégué plusieurs choses; ouïes leurs raisons, vu aussi le titre produit par le roi d'Angleterre, et l'enquête sur ce faite par ordonnance de Louis, roi de France de glorieuse mémoire, notre aïeul : il a été prononcé par jugement de notre cour que le roi d'Angleterre avait injustement spolié l'évêque, doyen et chapitre du Puy de la possession de l'hommage du comté de Bigorre, excepté le château de Lourde; et en outre qu'il avait injustement troublé lesdits évêque, doyen et chapitre en la possession de l'hommage du château de Lourde; et qu'il était obligé à la restitution de la possession de l'hommage du comté, et à ôter et faire cesser tous empêchemens qui pourraient être donnés en la possession de l'hommage du château, réservant audit roi la question de la propriété. »

On ne peut lire cet arrêt sans être frappé des fausses assertions contenues dans la requête de l'église du Puy, dont la substance est rapportée; mais en observant que la reine Jeanne l'avait dictée, on ne sera plus surpris d'y voir que l'on tente d'établir que Simon de Montfort était comte de Bigorre, afin d'étayer les prétentions de l'héritière de ses droits.

place du roi d'Angleterre, et que ce monarque avait la possession du Bigorre à l'époque où la sentence avait été prononcée, elle provoqua un nouvel arrêt du parlement (7), du 1.er novembre 1292, qui ordonnait la complète exécution du premier, c'est-à-dire que l'église du Puy reçût la délivrance réelle du comté.

1292.

Eustache de Beaumarchais, sénéchal du roi de France à Toulouse et Alby, fut chargé de l'exécution de cette sentence : il délégua à cet effet Jean de Longpérier, son lieutenant, qui se rendit à Tarbes avec le doyen du chapitre de

---

(Note 7.) Voici la teneur de l'arrêt :

« Philippe, par la grâce de Dieu, roi de France, au sénéchal de Toulouse, salut. Comme ainsi soit que par arrêt de notre cour il ait été ordonné que l'exécution du jugement donné pour l'évêque et chapitre du Puy contre notre cher cousin et féal l'illustre roi d'Angleterre, serait faite suivant sa forme et teneur, tant pour le regard du fief de tout le comté de Bigorre que pour toutes les choses que ledit roi d'Angleterre possédait audit comté, ou à raison d'icelui, du temps dudit jugement, en telle sorte que ledit évêque et chapitre soient mis au même état auquel était le roi d'Angleterre lors dudit jugement ; que si l'on entre en doute sur quelque chose, l'évêque et chapitre soutenans que le roi d'Angleterre la possédait, et notre chère Constance fille de Gaston, ci-devant vicomte de Béarn, soutenant qu'elle lui appartient, on en saura la vérité : et cependant nous le tiendrons en notre main en qualité de souverain ; et si ledit évêque et chapitre veulent faire justice de leur fief par défaut d'homme, ou pour quelque autre juste cause, nous les défendrons de toutes violences indues. C'est pourquoi nous vous enjoignons de faire observer les choses susdites, et de les mettre à due exécution. Fait à Paris, au parlement de la Toussaint, l'an 1292. »

de Notre-Dame du Puy; ils convoquèrent les états de Bigorre, et ceux-ci s'étant assemblés dans l'église de Sainte-Marie de Séméac, le commissaire du roi leur enjoignit, en vertu de l'arrêt du parlement, de ne reconnaître aucun autre seigneur que l'église du Puy. L'abbé de Saint-Pé, Arnaud-Guillaume de Bénac, prit alors la parole au nom des états pour remontrer à l'exécuteur de l'arrêt qu'il outrepassait ses pouvoirs en dépossédant Constance, qui avait été reconnue pour comtesse légitime, et avait reçu en cette qualité foi et hommage de ses sujets; que l'arrêt qui ordonnait que l'église du Puy fut substituée au lieu et place du roi d'Angleterre ne pouvait regarder la possession du comté (8), qu'Edouard n'avait eue que sous le bon plaisir de la comtesse, et pour le tems qu'elle jugerait convenable, et que Constance désirant maintenant l'exercer par elle-même, il n'appar-

___

(Note 8.) L'arrêt de 1290 ne statuait que sur l'hommage ; celui de 1292 était censé n'en être que l'explication : il ordonnait cependant que l'église du Puy fut mise réellement en possession, et que si Constance réclamait ses droits, le roi de France séquestrerait le comté : ainsi l'on appliquait à la possession ce qui d'abord n'avait été entendu que de l'hommage : Longpérier de son côté, qui avait ses instructions, appliquait à la propriété ce qui ne devait s'entendre que de la possession, lorsqu'il commandait aux états de ne reconnaître aucun autre souveraine que l'église du Puy. On se faisait un jeu de blesser toutes les règles de l'équité.

tenait pas à l'église du Puy de l'y troubler. Longpérier ne voulant pas avoir égard à cette opposition, l'abbé en appela, avec l'approbation unanime des états, à la cour du roi de France, premier suzerain. Constance, qui était aussi présente, répéta au commissaire que l'arrêt n'ayant pu statuer que sur l'hommage, on ne pouvait étendre ses dispositions à la question de la propriété; qu'elle ne refusait point de reconnaître la suzeraineté immédiate de l'église du Puy, et de lui prêter serment de fidélité, s'il était vrai que les comtes de Bigorre fussent dans l'usage de le faire (9) : et elle réitéra l'appel à la cour de France.

Longpérier ne s'arrêta point à ces appellations; il fit de nouveau aux états l'injonction de n'obéir qu'à l'église du Puy; il se transporta ensuite successivement dans les villes de Vic, Tarbes, Bagnères et Mauvésin, et dans la vallée de Lavedan, pour déposséder Constance de ces domaines, et les remettre au doyen de Sainte-

---

(Note 9.) C'était dire assez qu'elle ne se croyait point redevable de cet hommage; il paraît que cette princesse était instruite de ses droits et de ses devoirs; elle avait plaidé, il est vrai, en la cour du sénéchal de Guienne, mais c'était pour obtenir du duc de Guienne, détenteur, la remise de son fief : quant à la question de son droit, elle réclamait d'être jugée par ses pairs, suivant la coutume du pays; nous ne mettons point en doute qu'elle n'entendit parler de la cour de France, à laquelle nous la voyons appeler lors de sa dépossession.

Marie du Puy : Roger-Bernard, comte de Foix, vicomte de Béarn et de Castelbon, beau-frère et procureur de Constance, renouvela son opposition en chacun de ces lieux, et ayant été à chaque fois évincé de vive force, il protesta de violence contre le commissaire Longpérier.

Les états de leur côté ne s'en tinrent pas à leur première opposition, les corps de la noblesse et du clergé réunis adressèrent leurs réclamations à Philippe-le-Bel, le suppliant de maintenir Constance de Moncade dans la possession du comté, dont la propriété lui était dévolue, ajoutaient-ils, tant par droit héréditaire que par les clauses du testament de Pétronille. Raymond-Arnaud de Coarraze, évêque de Tarbes, Arnaud-Guillaume de Bénac, abbé de Saint-Pé, Auger de Bénac, abbé de l'Escale-Dieu, Fort-Aner d'Arcisans, abbé de Saint-Savin, et Pierre de Gabanet, commandeur de la milice du Temple de Bordères, furent les interprètes du clergé. Raymond-Garcie de Lavedan, Pierre d'Antin, Bos-de-Bénac, Bernard de Coarraze, Thibaud des Angles, Arnaud-Guillaume de Barbazan, Arnaud Raymond de Castelbajac, Raymond-Aimery de Bazilhac, Pérégrin de Lavedan sénéchal de Bigorre, Bernard d'Asté et Raymond-Arnaud de Cucurco, souscrivirent au nom de la noblesse.

CHAPITRE III.

L'église du Puy en possession du Bigorre. — Réclamations de Constance. — Opposition de ses compétiteurs. — Délais. — Protestation du comte de Foix, procureur de Constance. — Le comté remis aux procureurs de la reine Jeanne. — L'hommage immédiat revient à la couronne de France.

En vertu de l'arrêt du parlement, et par la dépossession de Constance, l'église du Puy se trouva avoir sous sa main le comté de Bigorre, ainsi que la suzeraineté immédiate de ce fief, sous la mouvance de la couronne de France (1); mais il paraît qu'elle n'entendait le posséder que par voie de séquestre, car nous la voyons assigner peu de tems après par devant elle toutes les parties qui prétendaient avoir quelque droit à la propriété du comté.

Constance se fit représenter par son beau-

(NOTE 1.) Les églises n'étaient assujéties qu'au serment de fidélité, et point à l'hommage pour leurs fiefs, quoiqu'elles dussent d'ailleurs remplir tous les devoirs du vasselage.

frère le comte de Foix : ce prince défendant la cause de la vicomtesse de Marsan par les moyens qu'elle avait déjà exposés à Edouard lorsque ce monarque avait mis le Bigorre sous le séquestre, prétendait, en outre, incidentellement que la possession actuelle de l'église du Puy n'était point un séquestre (2), mais simplement une concession de Constance pour le tems qu'elle jugerait convenable ; de ce principe il concluait que le comté devait être remis à cette princesse dès qu'elle le réclamait. Mais les autres compétiteurs, et surtout la reine, représentée par ses procureurs l'archevêque de Narbonne et le chevalier de Flotte, rejetaient vivement ce mode d'envisager la possession de l'église du Puy, et déclarant que c'était un séquestre, prétendaient

---

(Note 2.) Etait-ce dans le fait un séquestre, ou bien, comme le prétendait Constance, une simple concession ? L'arrêt d'Edouard, que nous avons rapporté dans la note 2 du chapitre précédent, nous prouve que ce prince entendait mettre le Bigorre sous sa main, sans conditions envers Constance, pour ensuite statuer ainsi qu'il appartiendrait sur la délivrance à faire de ce comté, soit à Laure soit à Constance ; c'était certainement un arrêt de séquestre, et Constance ne pouvait ignorer que les démarches de Laure l'avaient provoqué ; elle prétendait donc à tort qu'Edouard n'avait possédé que sous son nom. De fait la procédure n'était vicieuse qu'en ce que le séquestre avait lieu en main d'un seigneur qui était à tort regardé comme suzerain ; encore pourrait-on dire que le roi de France, suzerain réel, ayant reconnu le prétendu droit de l'église du Puy, cette église avait effectivement par là acquis ce droit, dont elle usait dès lors régulièrement

que la cause devait être plaidée au fond quant à la propriété.

L'église du Puy, considérant le nombre et le rang des divers prétendans, crut ne pouvoir trop mûrir sa décision dans une affaire de cette importance, ou plutôt ce fut le prétexte qu'elle prit, à la sollicitation de la reine Jeanne, pour renvoyer à la fin de l'année le jugement de cette cause intéressante.

Le comte de Foix, qui pressentait sans doute les vues de la reine et de l'église du Puy, protesta d'avance contre toutes démarches de cette église contraires à son droit, telles que la réception de l'hommage de quelqu'une des parties, ou sa mise en possession avant l'expiration du terme fixé pour la décision de la cause. Ces protestations n'empêchèrent pas l'église du Puy de remettre bientôt après le comté entre les mains des procureurs de la reine (3), qui rendi-

---

(Note 3.) C'est ici qu'existe l'injustice, parce que cette délivrance préjugeait, contre toute équité, la question de propriété ; du moins la reine et l'église du Puy l'entendaient-elles ainsi : mais comme cette question restait de fait indécise, la possession de la reine ou de toute autre personne ne pouvait perdre, de droit, la qualité d'un séquestre : c'est ce qui fut démontré, plus d'un siècle après par le célèbre jurisconsulte Nicolas Tudeschi, et reconnu par le parlement de Paris dans son arrêt de 1425. Les prétendans eurent l'adresse de faire agir Philippe-le-Bel en conséquence de ces principes, ainsi qu'on le verra tout-à-l'heure.

dirent hommage en son nom sans préjudice des droits du roi.

Cette réserve des droits du roi contenait implicitement la réunion de la suzeraineté immédiate du Bigorre à la couronne ; car d'après la coutume de France, les maris faisaient l'hommage pour tous les biens de leurs femmes, et le roi en qualité de premier suzerain, ne pouvait rendre un pareil hommage au suzerain immédiat, qui était son vassal (4) ; ce seigneur intermédiaire disparaissait alors, et l'arrière-fief devenait un fief de la couronne ; le monarque indemnisait

---

(Note 4.) « Voirs est, comme dit Beaumanoir, que si rois es souverains par dessus tous. »

Philippe-Auguste, en parlant de l'église d'Amiens, s'exprimait dans les mêmes termes qu'aurait pu employer Philippe-le-Bel en parlant de celle du Puy : « Voluit hæc ecclesia et benignè concessit ut feodum suum absque faciendo hominio teneremus, cùm utique nemini facere debeamus vel possimus. » Ces paroles, en nous prouvant que le monarque ne pouvait faire hommage à son vassal, nous démontrent en même tems qu'il devait se racheter de cet hommage; tant qu'il n'en était pas relevé, il devait faire servir le fief par un gentilhomme, sous peine de confiscation. Ce fut en 1307 que Philippe-le-Bel traita avec l'église du Puy, et fut dispensé de l'hommage moyennant une rente de 300 livres tournoises, rente qui valait à peu près alors 12 fois autant que valait, lors de son institution, celle de 60 sous morlans, fondée en 1062 par Bernard Ier : car le marc d'argent valait en 1307 plus de 55 sous tournois, ce qui donne environ 108 marcs pour les 300 livres ; et les 60 sous morlans valaient au moins 9 marcs en 1062.

seulement le suzerain de la perte de ses droits: l'indemnité accordée par Philippe au chapitre du Puy fut une rente annuelle de trois cents livres tournoises.

C'est ainsi que Philippe-le-Bel recouvra de l'église de Sainte-Marie du Puy, un droit qui n'avait été attribué à cette église qu'au préjudice de la couronne de France.

La reine se trouvait en possession du comté sans que la question de la propriété eut été décidée : ses compétiteurs s'apprêtèrent à le lui disputer devant la cour du roi ; mais pour ne pas prendre à partie une adversaire aussi puissante, ils se prévalurent de l'usage par lequel les biens des femmes étaient toujours possédés par leurs maris, pour représenter le comté comme saisi sous la main du roi, suzerain immédiat, seulement par voie de séquestre jusqu'au jugement des contestations qui avaient lieu entre les parties (5) :

(Note 5.) Ils pouvaient plaider en la cour du roi pour obtenir un arrêt de restitution contre la reine ; mais par leur adresse de faire envisager la possession de Jeanne comme un séquestre en main du roi, la reine ne se trouvait plus partie dans la contestation. On remit ainsi les choses dans l'état où elles auraient dû se trouver dès le commencement de la procédure ; la cour du roi fut nantie d'une affaire pour la décision de laquelle elle seule était réellement compétente ; et ce fut alors seulement que l'arrêt de 1292 fut exécuté, en ce qu'il ordonnait le séquestre en main du roi en cas de réclamation.

le monarque agit en conséquence de cette hypothèse, qui se trouvait d'ailleurs conforme à la justice, et la possession de la reine ne fut plus dans le fait qu'un séquestre dans la main du roi.

---

de Constance contre la possession de l'église du Puy. Mais les lenteurs qu'on apporta au jugement, firent de nouveau perdre de vue les principes : le Bigorre fut donné en apanage à un fils de France, et regardé ensuite comme réuni à la couronne; les comtes de Foix, héritiers de Constance, ne parvinrent à faire reconnaître de rechef la véritable qualité de la possession des rois de France, que cent trente trois ans après, à force de faveur et de ténacité.

CHAPITRE IV.

Séquestre des rois de France. — Les prétendans ajournés au parlement. — Enquête sur la valeur du comté. — Confirmation de privilèges. — Destruction des templiers. — Louis Hutin. — Les comtes de Foix conservent seuls leurs prétentions sur le Bigorre. — Querelles de Baréges et Broto. — Charles-le-Bel. — Règlement pour le clergé. — Philippe de Valois. — Lettres d'abonnement. — Querelles du Lavedan et Aspe. — Episcopat de Montbrun. — Etablissement des archiprêtrés. — Absolution du Lavedan. — Affaires de France : traité de Brétigny. — Le Bigorre remis aux Anglais. — Bagnères pris par Trastamara. — Les Bigorrais secouent le joug anglais. — Le duc d'Anjou les soutient : siège de Lourdes, de Mauvesin. — Schisme religieux. — Le Bigorre entièrement enlevé aux Anglais. — Restitué à ses souverains légitimes.

PHILIPPE-LE-BEL, possesseur provisionnel du comté de Bigorre, à titre de séquestre, ou se considérant comme tel, donna, à la requête de Guillaume de Teisson, commission aux séné-

1294

chaux de Bigorre, de Gascogne et de Saintonge, d'ajourner en son parlement la comtesse de Thyet, celle d'Armagnac, la vicomtesse de Turenne, et celle de Marsan : le doyen du chapitre de Tours et un chanoine de Paris furent spécialement chargés d'instruire cette cause importante, et Philippe-le-Bel promit formellement à Roger-Bernard de Foix, procureur de Constance, de faire promptement juger ce fameux procès.

1300. Le monarque voulant connaître le prix du domaine que tant de concurrens se disputaient, ordonna au sénéchal de Toulouse une enquête sur la valeur du comté de Bigorre. Le sénéchal délégua à cet effet Jean Fronton, procureur du roi en Agénois, qui se rendit à Tarbes avec le procureur du roi en la sénéchaussée de Toulouse, et le procureur de l'église du Puy : là il dressa son enquête sur les avis du chevalier Delmans de Marciac, sénéchal de Bigorre, et les renseignemens de deux prud'hommes.

Cet acte nous apprend que le Bigorre était divisé en sept baillies ou vigueries, qui étaient celle de Tarbes, celle de Bagnères, celle de Mauvesin, celle de Goudon, celle de Lavedan, celle de Barèges et celle de Vic (1). Le comte

(Note 1.) Le comté possédait, en tout ou en partie, dans la vi-

(69)

avait la haute justice dans tout le pays, même dans les terres de ses barons, excepté à Caixon, où elle appartenait à l'évêque (2); il jouissait

---

guerie de Tarbes, le bourg de Tarbes, Odos, Azereix, Vielle, Juillan, Montgaillard, Adé, Ourleix et Ibos, formant en total 1300 feux; dans celle de Bagnères, Bagnères, Pouzac, Baudéan, Ordizan, Cieutat, Poumaroux, Trébons, Labassère et Campan, formant 1134 feux; dans celle de Mauvesin, Mauvesin, Capvern, Bourg, Espieilh et Chelle, formant 160 feux; dans celle de Goudon, 180 feux; dans celles de Lavedan et de Barèges, 5000 feux; enfin dans celle de Vic, 1200 feux. Dans la Rivière-Basse, il lui restait, en tout ou en partie, Maubourguet, Castelnau, La Devèze, Sauveterre, Auriébat, Mazères, Tasque, Geyte, May et Villefranque : il avait encore dans cette partie, l'hommage du vicomte de Labattut, et de dix-neuf gentilshommes, parmi lesquels sont dénommés Tronsenq, Estirac et Sombrun. Le reste du comté formait le domaine des vicomtes de Lavedan et d'Asté; des barons de Barbazan, de Bénac, de Bazilhac, des Angles, de Castelbajac, d'Antin et d'Esparros; des seigneurs particuliers, parmi lesquels nous pouvons citer ceux de Baudéan, Ozon, Artagnan, Ozon, Uzer, Castelnau; des monastères et des évêques. Le comte de Bigorre n'avait plus l'hommage d'Aure et de La Barthe. Mathe de Bigorre en avait disposé en 1270 en faveur de sa fille Marguerite de Moncade, qui l'avait porté à la maison de Foix.

(NOTE 2.) « Le seigneur haut-justicier, dit M. de Boutaric, connaît seul des crimes où il échet peine de mort naturelle ou civile, peine afflictive ou infamante. » Louis le Débonnaire désigne les cas de la haute-justice comtale dans une charte de 815 : « Ipsi verò pro majoribus causis, sicut sunt homicidia, raptus, incendia, deprædationes, membrorum amputationes, furta, latrocinia, aliarum rerum invasiones, et undecumque à vicino suo aut criminaliter aut civiliter fuerit accusatus, et ad placitum venire jussus, ad comitis sui mallum omnimodò venire non recusent. » Il paraît néanmoins que le cas de vol n'était pas de haute-justice. « Tous cas de crieme quelque il

seul du droit d'armée et de chevauchée, et percevait toutes les amendes au dessus de cinq sous, excepté à Saint-Sever de Rustan, où il les partageait avec l'abbé : le revenu net des domaines comtaux était de plus de quatorze mille sous morlans par an. Il y avait alors en Bigorre douze barons : c'étaient Arnaud et Pérégrin de Lavedan, Arnaud-Guillaume de Barbazan, Bos de Bénac, Raymond-Aimery de Bazilhac, Thibaud des Angles, Arnaud-Raymond et Pierre de Castelbajac, Comtebon d'Antin, Pierre et Bernard d'Esparros, et Bernard d'Asté : le revenu de ces seigneurs était de vingt-trois mille sept cents sous morlans. Des vicomtes de Lavedan et d'Asté, et des barons de Bénac, d'Antin et de Bazilhac, relevaient dix-huit gentilshommes, dont le revenu montait à plus de dix-huit cents sous. Il y avait en outre quatre vingt-quinze seigneurs, vassaux du comte, les uns chevaliers, les autres simples gentilshommes, dont le revenu s'élevait à près de vingt-quatre mille cinq cents sous. En sorte que le revenu total

___

soient dont l'en puet perdre la vie, dit Beaumanoir, appartiennent à haute-justiche, excepté le larron ; car tant soit il ainsi que l'en est pour son larrecin perdre la vie, et ne pour quant larrecins n'est pas de haute-justiche. » La basse-justice ne connaissait que des causes civiles jusqu'à soixante sous, et la moyenne de toutes les causes civiles indistinctement, et des criminelles jusqu'à soixante sous.

des terres nobles de Bigorre était évalué à plus de soixante-quatre mille sous morlans. Nous apprenons encore de cette enquête que la cité de Tarbes, qui se trouvait séparée du bourg par des fortifications et des fossés, appartenait à l'évêque, ainsi que les bourgs de Caixon et de Marceillan. Les revenus du clergé ne sont point évalués; on doit croire qu'ils étaient considérables.

1301. Peu de tems après, Philippe confirma par lettres-patentes toutes les chartes de privilèges accordées jadis par le comte Centulle III aux villes de Bigorre; il exerçait l'autorité souveraine dans ce pays : nous le voyons en 1304 concéder 1304. de riches domaines à la ville d'Ibos, en compensation des dommages qu'elle avait éprouvés dans les guerres occasionnées par la querelle de la succession (3).

1305. La reine étant morte l'année suivante, Louis Hutin, son fils aîné, lui succéda dans la Navarre et dans ses autres domaines, et les actes expédiés en Bigorre indiquèrent le tems de son

(Note 3.) Ces concessions furent confirmées pendant l'occupation des Anglais, par Jean de Grailly, sénéchal de Gascogne, auquel le roi Édouard III avait donné en fief le comté de Bigorre, donation confirmée par lettres-patentes du 8 juin 1369, conservées dans la tour de Londres.

règne et de sa domination sur ce comté (4); mais nous observons que la possession de la reine Jeanne ayant eu lieu seulement par une concession de l'église du Puy, avant la décision de la question de la propriété, la domination de cette princesse et de ses successeurs n'étant fondée sur aucun nouveau titre, ne pouvait préjudicier aux droits des autres prétendans, et ne devait être considérée que comme celle d'un seigneur subrogé à l'église du Puy, partant comme un séquestre dans la main du suzerain immédiat, ou de son procureur; et l'église du Puy ayant en 1307 fait cession authentique de tous ses droits au roi Philippe-le-Bel, la suzeraineté immédiate du Bigorre se trouvant ainsi définitivement réunie à la couronne de France,

---

(NOTE 4.) Nous en avons eu sous les yeux diverses procures « régnant Louis, roi de Navarre, et dominant en la comté de Bigorre. » Mais ce prince ne fut couronné roi qu'en 1307, et Philippe-le-Bel continua jusqu'alors d'exercer la souveraineté sur ce fief : le 7 avril 1305 ce monarque ordonne à son sénéchal de Bigorre, de faire jouir les villes de Tarbes, Vic, et autres du comté, des fors, coutumes, usages et libertés dont elles jouissaient à l'époque où cette terre avait été mise sous sa main ; le 13 novembre 1306, il mande à son sénéchal de ne point troubler les habitans de la ville de Tarbes dans l'usage des forêts de la Louve, d'Allias, et de Cabanne-Fouilleuse, s'il reconnaît qu'ils y aient droit ; et de ne les point soumettre à la juridiction de sa cour de la nouvelle bastide de Rabastens, mais de les laisser sous celle de leurs jurats.

Louis Hutin à son avènement à cette couronne se trouva réellement être ce suzerain immédiat en la main duquel le comté était en séquestre. A cette époque Charles-le-Bel, troisième fils de Philippe-le-Bel, et frère de Louis Hutin, fut apanagé de ce domaine avec la qualité de comte de la Marche et de Bigorre (5); mais ce prince n'avait pu recevoir du roi ce dernier fief qu'au même titre que le tenait le monarque lui-même, c'est-à-dire comme séquestre.

Reprenons le fil des événemens sur lesquels cette courte digression nous a fait anticiper : nous nous retrouverons au commencement de la procédure inique qui fit tomber tant d'illustres victimes sous les coups du fanatisme et de la cupidité. Leurs services et leurs richesses avaient rendu les chevaliers du Temple puissans et considérés : leur prépondérance fit ombrage, on jura leur perte, et l'on vit s'entasser contr'eux des accusations aussi monstrueuses qu'absurdes. Un même signal fit jeter dans les cachots tous les membres de cette milice célèbre; les tor-

1307.

(Note 5.) Tous les actes expédiés en Bigorre furent dès-lors datés de son gouvernement : « Régnant le seigneur Louis, roi de France et de Navarre, et le seigneur Charles, fils du roi de France, comte de la Marche et de Bigorre, dominant en la comté de Bigorre. »

(74)

jures de tout genre furent employées pour leur arracher l'aveu de crimes qu'ils n'avaient point commis ; on les fit tous périr dans les flammes et les tourmens : l'ordre fut supprimé à jamais (6) et ses biens donnés à une autre milice non moins fameuse, qui s'est soutenue avec éclat jusqu'à nos jours, celle des hospitaliers de Saint-Jean de Jérusalem. Après le supplice de Bernard de Montagut, dernier commandeur du Temple de Bordères, ce bénéfice, dont dépendaient l'église de Saint-Blaise d'Ossun, celle de Saint-André de Luz, l'hôpital de Sainte-Magdeleine

1312.

(NOTE 6.) Ce fut dans un consistoire secret tenu par Clément V, le mercredi-saint 22 mars 1312 : cette suppression fut publiée le avril suivant ; mais il fut déclaré que la sentence n'était que provisionnelle, dans une bulle du 2 mai, qui cependant donnait les biens des templiers aux chevaliers de Saint-Jean, donation confirmée en France par arrêt du parlement de Paris du 28 mars 1313. Jacques de Molay, vingt-deuxième et dernier grand-maître, survécut quelque tems à son ordre : il ne fut brûlé que le 18 mars 1314. Deux scélérats, l'un templier, l'autre bourgeois de Béziers, avaient été les seuls accusateurs de l'ordre, et avaient dénoncé les chevaliers comme des apostats, des hérétiques, des infâmes. On n'en demanda pas davantage pour les mettre à la question, et après leur avoir arraché des confessions aussitôt rétractées, on ordonna leur supplice. Les templiers du Bigorre furent traduits devant le sénéchal, et conduits ensuite à Auch, où ils furent exécutés : quelques uns, dit la tradition, qu'on avait laissés à l'hôpital de Gavarnie, y furent massacrés : on montre encore de nos jours leurs crânes, religieusement conservés dans leur chapelle de Sainte-Magdeleine.

de Gavarnie, et d'autres domaines, fut réuni à la commanderie d'Aureillan, en faveur de Bernard d'Orsans. 1313.

Cependant les lenteurs apportées au jugement des contestations des divers prétendans à la couronne comtale de Bigorre, avaient lassé presque tous les compétiteurs; les seuls comtes de Foix, héritiers de Marguerite de Moncade, sœur de Constance, et à laquelle cette princesse avait transmis ses droits, continuaient de réclamer cette succession. Gaston, petit-fils de Marguerite, demandait à Louis Hutin la restitution du Bigorre; mais les guerres que ce monarque soutenait alors contre son vassal le roi d'Angleterre, duc de Guienne, contribuèrent à faire traîner la décision de cette affaire. Le prétendant n'en fut pas moins zélé pour le service de la France : à la tête d'une armée dans laquelle se trouvaient Arnaud, vicomte d'Asté, le baron de Barbazan, Pierre-Arnaud de Montlezun, Auger de Mauvesin, Gaillard de Préchac, et un grand nombre de seigneurs, ses vassaux, il se battait vaillamment en Guienne pour le service de son roi. 1315.

La démarcation des domaines Aragonais et Bigorrais, quoique tracée par la nature, causait de fréquentes querelles entre les deux peuples : offrant sur leur versant septentrional de riches pâturages, les Hautes-Pyrénées ne présentaient aux habitans du versant opposé qu'un flanc escarpé et aride ; ne pouvant y mener paître leurs troupeaux, les Espagnols entraient dans les vallées du Bigorre, et y faisaient souvent de grands dégâts. Les habitans du val Broto ayant fait en 1319 une incursion dans celui de Barèges, y commirent des déprédations qui irritèrent les Barégeois : ces montagnards prennent les armes, repoussent les Aragonais, et, les poursuivant jusques dans leurs domaines, les obligent à demander la paix (7) : elle fut signée près de Gavarnie, et les deux peuples se jurèrent amitié pour l'avenir. Chaque année ils revinrent à pareil jour renouveler leur serment au même lieu (8) : les Espagnols y apportaient à leurs voisins, comme un tribut, du vin et quelques jeunes brebis.

1319.

Le prince Charles-le-Bel portait depuis la mort de son père le titre de comte Bigorre, et il avait pris possession de ce fief par son sénéchal

---

(NOTE 7.) Le sénéchal de Bigorre fut tué dans l'expédition, à ce que rapporte Mazières : « Les Bigordans, dit-il, sont allés donner des allarmes bien chaudes jusques aux portes de la ville de Broto, et s'engagèrent si avant, que leur sénéchal y fut tué. »

(NOTE 8.) L'avocat Mazières nous dit que jusqu'au tems où il écrivait, c'est-à-dire en 1614, cet usage n'avait point encore été interrompu.

le chevalier Pierre-Raymond de Rabastens : le siège épiscopal de Tarbes était alors occupé par Guillaume-Hunauld de Lantal : ce prélat, troublé par les juges laïques dans l'exercice de sa juridiction, porta ses plaintes à Charles, qui fit expédier, à Rabastens, des lettres par lesquelles il défendait expressément à son sénéchal et à ses autres officiers, d'empiéter en aucune façon sur la juridiction ecclésiastique, leur ordonnant de n'intervenir dans les causes de la compétence épiscopale, que lorsqu'ils en seraient formellement requis par le prélat (9).

(Note 9.) « Carolus, regis Franciæ filius, comes Marchiæ et Bigorræ ac dominus Criciaci et Fulgeriarum, salutem. Notum facimus quòd cùm dilectus et fidelis noster Guillelmus Hunaldi Tarviensis episcopus, nobiscum instantiâ supplicasset ut super quibusdam infrascriptis, quibus dicebat se, ecclesiam suam, clericos et personas ecclesiasticas, à nobis seu nostris gentibus contra justitiam gravatos, eidem provideremus de remedio opportuno ; videlicet quòd cùm contingit infra comitatum nostrum Bigorræ clericum vulnerare, vel percutere clericum aut laicum; aut si contingat clericum vulnerari vel percuti usque ad effusionem sanguinis, vel fractionem membri, vel à se ipso aut bruto animali, vel casu fortuito, nisi plagam seu vulnus et membri fractionem ostendat gentibus nostris in recentiâ facti, licet de jure communi et consuetudine notoriâ regni Franciæ, dictorum clericorum de factis personalibus punitis, cognitio et correctio ad ipsum episcopum pertinere noscatur ; nihilominus senescallus vel alii officiales nostri Bigorræ indebitè compellunt eosdem clericos ad solvendum sibi pro præmissis emendam, legem seu pœnam xxv. solidos morlanenses, vel ad tradendum ipsum brutum animal aut rem damnificantem pro dictâ lege seu nox ; quòd non obstante istâ abolendâ

1322. Charles-le-Bel étant monté en 1322 sur le trône de France, rapporta à cette couronne le fief qui lui avait servi d'apanage; en sorte que

consuetudine quæ corruptela dici potiùs debet, in præjudicium jurisdictionis ecclesiasticæ de cœtero per gentes nostras fieri prohibemus præmissos abusus, ad jus commune penitùs reducentes. Item quòd quando contingit aliquem laicum falsum dicere, aut alium delinquere tali delicto cujus punitio et cognitio de consuetudine regni notoriè ad judicem ecclesiasticum spectat, si idem episcopus capiat eosdem laicos sic delinquentes, et ultrà unam noctem teneat ad faciendum de ipsis justiciæ complementum, dictus senescallus, seu alii nostri officiales Bigorræ indebitè petunt ab ipso episcopo pro qualibet nocte LXV. solidos morlanenses, licet idem episcopus et ad cerem habeat, et ejus prædecessores habuerint ab antiquo, et ad ipsum pertinere noscatur detentio, punitio et correctio prædictorum, quam exactionem quâcumque corruptelâ in contrarium non obstante, per senescallum et alios officiales nostros de cætero fieri prohibemus; cùm nostræ intentionis non existat jurisdictionem ecclesiasticam impedire, quominùs delinquentes ipsos tenere debeat et punire. Item quod si contingat per aliquem de subditis servitoribus vel familiaribus ipsius episcopi vel clericorum seu personarum ecclesiasticarum, aliquem vulnerari, vel sanguinem ab ipso abstrahi, seu membrum aliquod frangi, et persona delinquens fugiat, aut solvendo non existat, vel episcopus ipse aut alia ecclesiastica persona ecclesiasticam ipsam personam delinquentem non tradat eisdem senescallo seu nostris officialibus, præfatus senescallus seu alii nostri officiales compellunt ipsos episcopum, clericum, seu personam ecclesiasticam ad solvendum sibi pro delinquente legem, seu pœnam LXV. solidorum morlanensium, licet item episcopus, clericus seu persona ecclesiastica culpabiles non existant; quem abusum seu corruptelam de medio tollentes, juri communi duximus reducendum. Item quòd si aliquis clericus vel persona ecclesiastica in habitu et tonsurâ clericali capiatur per dictas gentes nostras quâvis ratione vel causâ, dicti officiales nostri compellant eumdem ad solvendum carceragium seu pri-

l'on regarda dès-lors généralement ce pays comme réuni au domaine des rois de France; mais, comme nous l'avons déjà remarqué, cette réunion ne pouvait avoir lieu par la raison que le procès pendant au parlement de Paris relativement à la propriété du Bigorre, n'ayant point encore été jugé, cette province ne pouvait être sous la main du roi que d'une façon provisionnelle. Après la mort de Charles, le 1328. sceptre passa à Philippe de Valois, son cousin : il nous reste du règne de ce prince des lettres accordées en son nom aux Bigorrais par Jean, 1340. évêque de Beauvais, son lieutenant en Languedoc, en Gascogne et en Saintonge (10).

tonagium, quòd abusu in contrarium non obstante, de cœtero fieri velamus, nisi hoc casu quo clericus à jure permittitur à secularibus capi. Item volumus quod excommunicati qui per annum et ampliùs in excommunicatione pertinaciter steterunt, bonorum suorum captione, et aliis juris remediis per nostros officiales, si et quando ab episcopo vel ejus officiali extiterint requisiti, debitè compellantur redire ad ecclesiasticam unitatem, prout in arresto regio super hoc edito videbitur contineri : Mandantes senescallo et aliis officialibus nostris Bigorræ modernis, et qui pro tempore fuerint, ut prædicta omnia et singula compleant, teneríque et inviolabiliter observari in posterum faciant cum effectu; in quorum omnium fidem et testimonium, et ut præmissa firma perpetuo ac stabilia perseverent, præsentes litteras præfato episcopo concessimus, sigilli nostri appensione munitas. Datum Rabastense in Bigorrâ xxi. die Februarii, anno domini MCCCXXXIX. »

(Note 10.) « Joannes, miseratione divinâ Belvatensis episcopus,

« Le premier objet de ces lettres est de constater un accord conclu entre l'envoyé du roi et les communes de Tarbes, Bagnères, Lourdes, Vic,

---

locum tenens domini nostri Francorum regis in Occitanensi et Xantonensi partibus, universis præsentes litteras inspecturis, salutem. Nostræ sollicitudinis animus remediis invigilat subjectorum, et in eorum quiete quiescimus et favemus in pace. Quapropter populorium senescalliæ Bigorræ dicti domini nostri regis supplicationibus nostris auribus perpulsatis dignum duximus super earum querimoniis remedium adhibere. Idcirco notum facimus quod cum universitates villarum Tarviæ, de Banheriis, Lurdæ, Vici, Ibossi, de Rabastense, de Guodoro, de Geu, vallium Levitaniæ, de Baretgio et Asuni, et cæterorum senescalliæ prædictæ et earum singulares essent et fuissent perventæ seu perventi coram quibusdam commissariis nostris et quibusdam aliis super transgressionibus ordinationum regiarum super monetis editarum et super usu monetarum contra dictas ordinationes regias, et super pluribus contumaciis non veniendi ad exercitus indictas eis et mandatis ad guerram ducatus Aquitaniæ per capitaneos qui tunc erant et nos, et inobedientiis et pœnis ex his per eos ut dicebatur commissis, et pluribus aliis in et circa prædicta eis impositis, licet de prædictis se assererent totaliter immerentes, inculpabiles et immunes, protestato per eos quod de prædictis eis impositis non intendebant aliquid in sui præjudicium confiteri, sed potius veniam quam judicium optantes, timentes futuros litigiosum eventus, suisque volentes parcere laboribus et expensis, et ut ad ordinationem status et regiminis dictæ terræ fervendiùs et amantiùs intendamus, Petrus Vitalis de Ponte, Bernardus de Pathco de Lurda, Petrus Catonis, burgenses et garantes seu jurati, coram nobis constituti pro dictis excessibus dictis universitatibus et singulis impositis, obtulerunt pro prædictis universitatibus et aliis dictæ senescalliæ nobis nomine dicti domini nostri regis per modum financiæ se daturos, quod supra nomine et solatutos domino nostro regi, quatuor millia librarum turonensium parvorum sub modis, formis ac conditionibus infra scriptis, supplicantes nobis

Ibos, Rabastens, Goudon, Geü, les vallées de Lavedan, Barèges et Azun, et généralement toute la sénéchaussée de Bigorre, au sujet des

ut dictam oblationem benignè admittere dignaremur. Nosque, attento quòd dicta terra est quàm in ultimo confinio et magnâ fronteriâ inimicorum domini nostri regis, et attentâ sterilitate ac modicitate ipsius, et ut ad serviendum domino nostro regi eò ferventiùs et legaliùs inducantur, atque faciliores nos inveniant ad beneficia imponenda; nos, habitâ deliberatione nostri consilii, oblationem predictam damus admittendam, dictas universitates et singulas earum à majori pœnâ, si quam pro prædictis incurrerent absolventes, attendentesque plura servitia per ipsos impensa in præsente guerrâ dicto domino nostro regi, volumus, et ità actum extitit, quòd pœnæ et mulctæ incursæ aut quæ incurri seu committi poterunt pro præmissis vel præmissorum occasione per gentes dictæ senescalliæ universaliter vel singulariter, et aliæ quæcumque sint vel esse possint pro prædictis vel aliis impositis dictis gentibus per modum universaliter vel pluraliter, super quibus inquæstæ motæ sunt aut movendæ, et jus si quod occasione ipsorum existat, vel acquiri possit domino nostro regi, sint et existant quitata totaliter et remissa cum finantiâ suprâdictâ, et pœnæ et mulctæ, si quæ commissæ essent aut committi possent per sententiam apud dominum nostrum regem cadant, cludantur, et veniant in finantiâ suprâdictâ. Item fuit actum quòd forus seu privilegium comitis bonæ memoriæ Bigorræ per nos confirmetur eisdem. Item quòd homines et subjecti regii, barones, nobiles ac ecclesiæ, et quicumque alii dictæ senescalliæ teneantur contribuere ad finantiam prædictam pro ratâ eos contingente, secundùm collectam et taliam per focos inducendam et faciendam; et quòd indictâ seu imponendâ dictâ collectâ universitates prænominatæ nec earum singulæ non teneantur ampliùs nisi pro ratâ secundùm focorum numerum contingente eosdem. Item, quòd dictæ gentes ad nullum aliud subsidium pecuniare vel servitium faciendum domino nostro regi in guerrâ præsenti aliquatenùs teneantur. Et quià populares prædicti, prout per quærelas eorum intelleximus quorumdam officialium

revenus du prince : il y est stipulé que toutes les amendes et tous les droits comtaux seront remis aux communes moyennant une compen-

---

potentiâ et cupiditate pluribus et diversis gravaminibus et molestiis de die in diem opprimuntur, supplicati super prædictis gravaminibus et oppressionibus de remedio providere, cùm à nobis quid justum petitur justis simus supplicationibus inclinati : Idcircò ad provisionem dictorum popularium et patriæ reformationem pro viribus intendentes, duximus ordinandum : Primò quòd servientes regii pro excessibus per eos commissis vel committendis in privatos extra suum officium, aut privati pro excessibus aut delictis commissis vel committendis in personas servientium prædictorum extrà suum officium et officium non exercendo non pertrahantur ad aliud judicium quàm judicium ordinariorum dictarum villarum, quòdque dicti judices qui ad cognitionem causarum jurisdictionem habeant et exerceant de prædictis cognoscant et faciant justiciæ complementum. Item cùm de jure, secundùm arresta regia oriundus infrà provinciam non debet regere officium provinciæ cùm interdùm nonnullos propter parentelas, amicitias relevarent et alios propter odia et rancores opprimerent, ordinamus quòd nullus oriundus infrà bajuliam regat seu gerat officium senescalliæ bajuli. Item cùm nonnulli castellani, bajuli et geolarii dictæ senescalliæ cupiditate prisonagiorum quæ circà recipiunt à prisonariis secundùm consuetudinem dictæ terræ in utilitatem ipsorum tantummodo convertenda pluriès de die in diem capiant et arrestent et in suis prisonibus ponant indebitè et intrudant et plura et diversa indebita prisonagia levent et exigant. Idcircò duximus ordinandum quòd nullus teneatur ad prisonagium exsolvendum, nisi cùm fuerit per sententiam condemnatus vel justè fuisse captus fuerit declaratus; si verò absolvatur, ad prisonagium minimè teneatur nisi fuisset captus et incarceratus de mandato speciali senescalli aut ejus locum tenentis. Item quòd si contingat ex causâ transferre aliquem prisonarium de unâ prisione ad aliam, quòd non teneatur nisi dumtaxat ad unum prisonagium exsolvendum. Item cùm pro cupiditate dictorum prisonagiorum et interdùm odio prisonariorum nonnulli judices plures

bation de quatre mille livres tournois envers le trésor royal : la noblesse et le clergé devront contribuer pour leur part contingente au recou-

---

et diversos populares dictæ senescalliæ faciant ad diversas carceres bajulares transferre ordinamus et volumus quòd nullus pro crimine vel excessu captus, detentus, vel arrestatus extrà locum ubi de dicto crimine vel excessu cognoscitur, dùm tamen ibi sufficiens prisio fuerit aut secura, secundum delicti qualitatem, ad prisionem aliam ducatur : et sit punitio criminis; dilationem non recipiat neque moram quod fieret si per plures prisiones capti seu prisonarii ducerentur. Item cùm nonnulli judices officiales notarii regii dictæ senescalliæ plures et diversos habitatores particulares et incolas dictarum villarum et alios justitiabiles judicum earumdem pro excessibus et delictis quorum prima cognitio ad dictarum villarum judices dignoscitur pertinere et super quibus certæ sunt statutæ pœnæ et emendæ consuetudinares quæ applicantur domino nostro regi, sicut et totale emolumentum jurisdictionis judicum prædictorum, licet dicti excessus intra districtum dictorum judicum sint commissi et perpetrati, coràm se pertrahunt et ponunt in perventionibus et inquestis per viam juris ordinariam procedendo, ex quo populares damna quàm plurima patiuntur, et faciunt inanes et immoderatas expensas, quam ob rem volumus et ordinamus quòd nullus pro excessu commisso vel committendo intrà districtum judicum villarum prædictarum, cujus prima cognitio ad dictos judices pertinet, coràm notario ordinario aut aliis judicibus pertrahatur. Et quòd per judices prædictos dictorum locorum, cessantibus perventionibus et inquestis de crimine seu de excessu cujus ad eos cognitio pertinebit ut prædictorum, juxta morem provinciæ privatus cognoscatur et eorum sententia et prædicto per bajulum regium executioni mandetur, et si quis pro prædicto excessu ad aliud judicium pertractus fuerit quàm judicum prædictorum, remittatur ad eos de plano, et sine magno strepitu judicii et figura. Item cùm judices dictorum locorum in pœnis pecuniariis imponendis pro criminibus quorum ad eos pertinet cognitio usque ad quinque, et sexaginta quinque, et centum quinquaginta

vrement de cette somme, d'après la répartition qui en sera faite par feux; moyennant cette imposition, le roi ne pourra prélever aucun

solidos morlanenses tantùm et non ampliùs valeat judicare secundùm morem et consuetudinem dictæ terræ, propter quòd interdùm delicta modicè, interdùm immodicè secundùm qualitatem excessuum puniuntur, volumus et ordinamus et eis concedimus quòd dicti judices usque ad dictas summas pœnas delinquentium secundùm modum delictorum et qualitatem possint judicialiter modulare, minuere vel augere et hoc quamdiù regiæ placuerit voluntati. Item ad relevationem sumptuum, et laboris quot populares dictæ provinciæ haberent pati cere et pati si oporteat eos causas appellationis extrà dictam patriam ducere, volumus et ordinavimus quòd judex appellationis et ejus curia de quâcumque sententiâ usque ad quinquaginta libras turonenses et ampliùs valeat cognoscere et judicare quâcumque ordinatione contrariâ non obstante. Item ad removendum vias per quas opportunitate captatâ vulnera, credes, homicidia et plura alia maleficia de die in diem committuntur et committi possent, volumus et ordinamus quòd si quis vicinus vel alius aliquem vicinum vel incolam alicujus villæ dictæ seneschalliæ interfecerit, ad eamdem villam nullatenus revertatur, et si de homicidio suo tamen à domino nostro rege immediatè gratiam obtinuerit, nec in dictâ villâ audeat ampliùs habitare, nisi de voluntate amicorum processerit interfecti, ex quo plura scandala quæ de die in diem inter subjectos oriebantur propter talium conversationem æqualem, cessabunt, et impedietur materia et opportunitas delinquendi, et si ausu temerario contrarium fecerit aut præsumpserit attentare, non gaudeat gratiâ sibi factâ. Item statuimus quòd judices ordinarii, bajuli locorum, aut cœteri officiales, seu eorum loca tenentes aut vicem gerentes pro processibus aut executionibus intra districtos suos, aut de relationibus faciendis nihil recipiant à partibus pro dictis seu expertulis, sed vadiis ordinariis sint contenti. Item ad provisionem subditorum regiorum dictæ seneschalliæ aliarumque seneschalliarum in linguâ occitanâ consuetudinibus illarum utentes, volumus et ordinamus quod senescallus et alii judices vel officiales

autre subside, ni réclamer aucun droit ni service quelconque. Ces lettres contiennent ensuite divers règlemens généraux de justice, parmi

[...] dictæ senescalliæ qui sunt et qui tempore fuerint, non levent [...] sigillo ultrà sex denarios turonenses, notarii verò pro scripturâ [...] et hoc ubi litteram in dorso contingit sigillare; si verò in per- [...]meno scripta littera impendenti sigilletur, duodecim denariis [...] tantummodò sint contenti. Item utilitati dictorum popularium [...]videre volentes, volumus et ordinamus quòd judex ordinarius de [...]tero proferendis sententiis, aut decretis interponendis nihil à par- [...]bus recipiat, sed radiis ordinariis sit contentus, consuetudine [...]trariâ quæ veriùs dicitur corruptela non obstante. Item audit à [...]quorumdam popularium dictarum universitatum querimoniâ, quòd [...] de consuetudine dictæ terræ quicumque vulneratus de vulnere [...]pellato perventari, possit dare alteri vulnus, et bajulus loci ab illo [...] datam extitit seu impositum, pœnam levabit consuetam, non[...]alli parvuli et infantes et minores annorum facilitate ætatis et in[...]terdum propinquorum inducti seditionibus, quibusdam innocentibus [...]dent et imponant vulnera supradicta; quocircà volumus et ordi[...]amus quòd infrà pubertatis annos nullus mortem vel vulnus possit [...]re, nisi tamen cum auctoritate tutoris, et causa per judicium [...]petentis curiæ terminetur. Item volumus et concedimus quòd [...]vilegium quod populares, vicini et habitatores burgi veteris Tarviæ, [...]ca pedagia et vectigalia intrà comitatum Bigorræ non solvenda [...]ere noscuntur, ad populares suburbis carreriæ longæ dictæ villæ [...]tendat, et iidem populares dictæ carreriæ longæ eodem supra[...]cto privilegio gaudeant et utantur, quod eis concedimus de gratiâ [...]eciali. Item attendentes modicitatem dictæ terræ Bigorræ quòd est [...]mino nostro regi et patriæ prejudiciabile quàm plurimum et dam[...]osum, quodque judex major Bigorræ à pauco citrà tempore inutilis [...] dictâ senescalliâ, per senescallum qui tunc erat extitit institutus; [...]circò dictam judicaturam cum judicaturâ ordinariâ insimul guber[...]andam per unum judicem ad radia judicaturæ ordinariæ duximus [...]uendum et tenore præsentium unimus. Quæ omnia et singula su-

lesquels on remarque que les Bigorrais seront maintenus dans leur for, que nul ne pourra exercer la judicature dans le lieu de sa naissance, et que l'office de juge-mage de Bigorre sera réuni à la judicature ordinaire.

1341. C'est vers cette époque que nous devons rapporter l'histoire d'une querelle célèbre entre la vallée de Lavedan et celle d'Aspe en Béarn, rendue plus célèbre encore par le merveilleux dont la crédulité de ces tems d'ignorance a enveloppé le récit (11). Les Aspais étaient entrés en armes dans le Lavedan, et s'y comportaient comme en terre ennemie : les habitans

____

prædictā auctoritate regiā nobis in hâc parte commissā ex certâ nostrâ scientiâ et habitâ deliberatione nostri consilii concedimus, statuimus, decernimus et ordinamus, et habere volumus perpetuo robore firmitatem, et ut firma et stabilia perseverent et permaneant, contrariis consuetudinibus quæ corruptelas veriùs reputamus non obstantibus, nos his præsentibus sigillum nostrum quo utimur, impendenti duximus apponendum. »

(NOTE 11.) Le président de Marca et Larcher ignoraient l'époque de cette fameuse expédition : le premier, trouvant dans les titres de Saint-Pé que l'abbé Ebrard avait eu querelle avec Dat-Loup d'Aspe au sujet du village de Souin, querelle qui fut terminée en 1348 par un duel judiciaire, ainsi que nous l'avons indiqué en son lieu, croit que c'est à ce tems qu'il faut rapporter cette guerre ; Larcher met cet événement un siècle plus tard, nous ne savons pourquoi ; quant à nous, guidés par le traité de paix daté du 1.er juin 1348, qui termina la querelle, plus de six ans après le massacre de Pierrefite, nous croyons que cette expédition eut lieu à la fin de 1341 ou au commencement de 1342.

irrités, s'attroupent et vont les attaquer à Pierre-fite ; l'abbé laïc d'un village voisin vient joindre à leurs efforts le secours de la magie : monté sur un sureau, il lit quelques conjurations dans un livre qu'il avait tiré par art diabolique de Salomon ; les Aspaïs frappés par le charme, demeurent immobiles et sans défense ; leurs ennemis, profitant de cet état de stupeur, en font alors de sang-froid une horrible boucherie, et vont ensuite jeter leurs cadavres dans un trou profond, creusé non loin du champ de bataille par les mains de la nature. La criminelle atrocité des habitans du Lavedan sembla les avoir empreints du sceau de la réprobation céleste : les plantes ne végétèrent plus sur leurs terres, leurs brebis, leurs vaches, leurs jumens ne portèrent plus de fruit, et leurs femmes restèrent stériles, comme si leur race maudite eût dû s'achever à cette génération.

La chaire épiscopale de Bigorre était alors remplie par Pierre-Raymond de Montbrun, conseiller de Jacques II roi de Majorque, prélat plus recommandable par ses qualités personnelles que par une naissance illustre : la sage administration de son diocèse occupait vivement sa sollicitude ; pour étendre plus facilement sa surveillance sur tous ses suffragans, il crut devoir établir un échelon de plus dans la hiérarchie des pouvoirs ecclésiastiques qui lui étaient subordonnés ; la multitude des paroisses était distribuée dans huit archidiaconés ; c'étaient ceux de la Barthe, de Rustan, de Lavedan, des Angles, de Montaner, de Rivière-Basse, de Rivière-Adour et de Basillaguais ; plus la juridiction des archidiacres était étendue, moins ils pouvaient veiller sur la conduite des curés; l'évêque crut devoir établir dans chaque archidiaconé des archiprêtres, dont les décrétales des papes avaient recommandé aux prélats l'institution. Il assembla à Tarbes en 1342, les archidiacres et les chanoines (12) de son chapitre cathédral : on y vit Assin de Coarraze, archidiacre de Rustan, Arnaud-Guillaume de Miossens, archidiacre de Rivière-Basse, Bernard de Benca, archidiacre de Montaner, Arnaud de Beaucens, archidiacre de Lavedan, Raymond-Sanche de Cazaux, archidiacre de la Barthe, Raymond de La Fage, archidiacre des Angles, Garcie d'Incavies, archidiacre de Rivière-Adour, Adhémar de Lantal, sacristain, Amanieu de Barenx, précenteur, Jean de Mon-

---

(NOTE 12.) Ces chanoines, au nombre de quatorze, suivaient la règle de saint Augustin, qu'ils ne quittèrent qu'en 1524, lors de la publication, le 23 février, de la bulle de Léon X, qui les sécularisait.

tault, Guillaume-Garcie de Tusaguet, et Pierre de Douhan, chanoines de Tarbes. L'évêque, après avoir pris conseil de cette assemblée, désigna les cures de Sère, Aucun, Sales, Juncalas, et Préchac dans l'archidiaconé de Lavedan; de Tournay, Cieutat, Lubi, Chelle-Debat et Campistrous dans celui de Rustan; de Bagnères, Bourg et Banios dans celui de la Barthe; d'Ibos, Pontacq, Adé et Angles, dans celui des Angles; de Montaner et Caixon dans celui de Montaner; de la Dévèze et Castelnau dans celui de Rivière-Basse; de la Sède et Ourleix dans celui de Rivière-Adour; enfin de Montfaucon, Laguian et Andrest dans celui de Basillaguais, pour être érigées en archiprêtrés, et leurs pasteurs élevés à la dignité archipresbytérale : il assigna à chacun d'eux les paroisses sur lesquelles devait s'étendre leur juridiction spirituelle (13); leur place

_____

(NOTE 13.) Voici le tableau méthodique de cette distribution des paroisses dans les divers archiprêtrés.

1. L'archidiaconé de Lavedan comprenait cinq archiprêtrés.

1. L'archiprêtré de Sère en Barèges, *Sanctus Joannes de Será in Vallitica*, auquel étaient soumises 16 paroisses : Esterre, Vicla, Saint-Martin, Biey, Sertz, Betpoey, Luz, Esquièse, Viscos, Saligos, Chèse, Grust, Grast, Sazos, Sassis et Villenave.

2. L'archiprêtré d'Aucun en Azun, *Sanctus Felix martyr de Aucuno in Azuno*, duquel dépendaient sept églises : Marsous, Bun, Arrens, Arcisans, Sireix, Gaillagos et Arras.

3. L'archiprêtré de Sales en l'Estrème de Sales, *Sanctus Jacobus de Salis*, comprenant 14 églises : Sère en l'Estrème, Gez, Ouront,

dans les synodes fut marquée après celles des abbés, des archidiacres et des chanoines.

Le pieux évêque, accompagné de son clergé

Vieuzac, Ayzac, Ost, Ouzons, Vidalos, Agos, Viger, Aspin, Ossen, Seguus et Omex.

4. L'archiprêtré de Juncalas, *Beata Maria de Juncalassio*, qui avait dans sa suffragance, six paroisses : Lias, Berberust, Ousi, Ordoo, Gazost et Castelloubon.

5. L'archiprêtré de Préchac, en d'Avantaigne, *Sanctus Saturninus de Prexaco in Levitania antè aquam*, qui comprenait 20 paroisses : Silhén, Corret, Saint-Pastours, Ayros, Arbouix, Vier, Bordes, Soyn, Artalens, Beaucens, Villelongue, Solon, Cauterelz, Nestalas, Us, Adast, Saint-Savin, Arcisans, Balagnas et Lau.

II. L'archidiaconé de Rustan renfermait cinq archiprêtrés :

1. L'archiprêtré de Tournay, *Sancti Bartholomœus et Stephanus de Tornaco ad Rossium*, dont dépendaient seize paroisses : Sara, Sarramea, Répafiat, Gourgues, Ricaud, Colatis, Lanespède, Sinox, beyrouse, Ozon, Bordes, Clarac, Mouledous, Gonnés, Goudon et Bernadetz.

2. L'archiprêtré de Cieutat, *Sanctus Bartholomœus de Civitate*, auquel étaient subordonnées douze églises : Capvern, Maurezin, Tarissant, Chelle-Dessus, Artiguemy, Poumaroux, Orignac, Hitte, Luquet, Luc, Oléac-Dessus et Ouéilhous.

3. L'archiprêtré de Lubi, *Decollatio Sancti Joannis Baptistæ de Lubio*, qui avait dans sa suffragance douze paroisses : Mazerolles, Antin, Bouilh, Estampures, Saint-Luc, Osmetz, Mun, Betmont, Lamarque, Sère, Bugard et Orieux.

4. L'archiprêtré de Chelle-Debat, *Sanctus Martinus de Xela inferiori*, qui comprenait douze paroisses : Cabanac, Marquerie, Castelvieilh, Bouilh-Darré, Jacque, Peyrun, Saint-Sever, Laméac, Frexanède, Labarthe, Trouley et Marceillan.

5. L'archiprêtré de Campistrous, *Sancta Maria de Campistronis*, auquel étaient soumises neuf églises : Lannemezan, Clarens, Gales, Bourrepaux, Montastruc, Burg, Bégolle, Luthillous et Castelbajac.

et d'une foule innombrable de fidèles, procéda la même année à la translation dans l'église de Saint-Jean de Mazères, des reliques de sainte

III. L'archidiaconé de la Barthe avait dans son district trois archiprêtrés :

1. L'archiprêtré de Bagnères, *Sanctus Vincentius Vicanorum Aquensium*, auquel étaient subordonnées onze paroisses : Campan, Baudean, Asté, Gerde, Pouzac, La Bassère, Trébons, Ordizan, Antist, Montgaillard et Hiis.

2. L'archiprêtré de Bourg, *Sanctus Petrus de Burgo*, comprenant onze églises : Bonnemason, Tilhouse, Benqué, Avezac, Esparros, Puységur, Lomné, Lies, Bulan, Labastide et La Hitte.

3. L'archiprêtré de Banios, *Nativitas beatæ Mariæ de Banioso*, qui renfermait dix églises : Marsas, Asque, Frechendets, Esconnetz, Belus, Castillon, Escots, Espieilh, Argelez et Uzer.

IV. L'archidiaconé des Angles comprenait quatre archiprêtrés :

1. L'archiprêtré d'Ibos, *Sanctus Laurentius de Ivossio*, qui avait dans sa suffragance huit paroisses : Gayan, Oursbelille, Bordères, Ossun, Azereix, Juillan, Louey et Hibarette.

2. L'archiprêtré de Pontacq, *Sanctus Laurentius de Ponteaco*, dont dépendaient six églises : Ger, Ast, Gardères, Luquet, Lamarque et Barlest.

3. L'archiprêtré d'Adé, *Sanctus Hyppolitus de Aderio*, dans lequel étaient comprises quinze paroisses : Bénac, Averan, Bartrés, Eaux, Lourdes, Peyrouse, Saint-Pé, Poueyferré, Loubajac, Anclades, Julos, Loucrup, Layrisse, Visker et Orincles.

4. L'archiprêtré des Angles, *Sanctus Stephanus de Angulis*, auquel étaient soumises dix-sept paroisses : Neuilh, Arrodet, Lahitte, Arrayou, Sère-ez-Angles, Arcizac, Lanso, Gez, Escoubés, Pouts, Lezignan, Jarret, Ayné, Crast, Artigues, Astugue et Paréac.

V. L'archidiaconé de Montaner renfermait deux archiprêtrés.

1. L'archiprêtré de Montaner, *Sanctus Michaël de Villá de Montenerio*, dans la suffragance duquel se trouvaient dix-neuf églises : Durouix, Ponson-dessus, Lepouts, Séron, Saubole, Maur, Escaunetz

Libérats, vierge et martyre, qui avait eu la tête tranchée dans le bois de Montus : ses restes furent déposés dans une châsse de marbre sou...

Lucarré, Momi, Abos, Séré, Labatut, Bentajou, Villepinte, Peyraubé, Lasserre, Ainx, Casteyde et Tarasteix.

2. L'archiprêtré de Caixon, *Beata Maria de Caxonio*, auquel étaient assujéties quinze églises : Siarrouy, Saint-Lézer, Nouilhan, la Reüle, Sombrun, Lascazères, Hagedet, Vidouze, Lahitte, Montségur, Labattut-Higuère, Castera, Lamajou, Ganos et le Luc.

VI. L'archidiaconé de Rivière-Basse contenait deux archiprêtrés.

1. L'archiprêtré de la Dévèze, *Beata Maria de Castris in Devesia*, qui avait dans son district seize paroisses : Maubourguet, Estirac, Sauveterre, Auriébat, Armentieu, la Dévèze, Thieste, Saint-Aunis, Plaisance, Tasque, Galiax, Préchac, Baulat, Ju..., Belloc et Labattut-Rivière.

2. L'archiprêtré de Castelnau-Rivière-Basse, *Sanctus Quiricus et Sancta Julita de Castronovo in Riparia inferiori*, auquel étaient subordonnées douze paroisses : Madiran, Canet, Goutz, Hichac, Cahusac, Mazères, Montus, Caussade, Saint-Lanne, Hères, Sou... blecause et Villefranque.

VII. L'archidiaconé de Rivière-Adour comprenait deux archiprêtrés.

1. L'archiprêtré de la Sède de Tarbes, *Beata Maria de Sede Tarbiensi*, dans la suffragance duquel étaient vingt-une églises : Saint-Jean de Tarbes, Odos, la Loubère, Horgues, Momères, Saint-Martin, Arcizac, Vielle, Bernac-Dessus, Barbazan-Dessus, Bernac-Debat, Allier, Barbazan-Debat, Salles, Soues, Montignac, Fréchou, Mascaras, Lespouey, Lansac et Séméac.

2. L'archiprêtré d'Ourleix, *Sanctus Christophorus de Orlexio*, auquel étaient soumises vingt-une paroisses : Aurcillan, Bours, Bazet, Troignan, Cautillac, Chiis, Hitte, Castera, Dours, Oléac, Saulages, Sabalos, Lizos, Souyeaux, Laslades, Ayzac, Hourc, Pouyestruc, Collongues, Louit et Soréac.

VIII. L'archidiaconé de Basillaguais avait trois archiprêtrés sous sa dépendance :

tenue par quatre piliers; on y lit encore une inscription qui rappelle cette cérémonie (14).

Il s'établit deux ans après, en 1344, un couvent de dominicains à Bagnères, hors de l'enceinte des murailles, dans un local qui fut donné à ces religieux par les bourgeois de cette ville.

Gaston ayant été tué vers cette époque en combattant contre les Maures en Andalousie, son fils Gaston-Phébus (15) lui succéda dans le

1344

---

1. L'archiprêtré de Montfaucun, *Beata Maria de Montefalcone*, auquel étaient assujéties douze églises : Buzon, Bécans, Bordun, la Estole, Gensac, Liac, Teulé, Haget, Rabastens, Sarriac, la Cassaigne et Lescurry.

2. L'archiprêtré de Laguian, *Sanctus Martinus de Laguiano*, qui renfermait neuf églises : Mazous, Saugüère, Estampe, Betplan, Villecomtal, Sailhères, Sénac, Montagut et Labitau.

3. L'archiprêtré d'Andrest, *Sanctus Bartholomæus de Andresto*, comprenant douze paroisses : Aurensan, Sarniguet, Marsac, Villenave, Ugnouas, Bazilhac, Florence, Pujo, Vic, Camalés, Baloc et Artaguan.

(Note 14.) « Universis pateat quòd reverendus in Christo Pater dominus Petrus Raymundus de Montebruno, dignà Dei providentiâ Tarvensis episcopus, sacratissimum corpus virginis et martyris beatæ liberatæ, de loco ubi erat, in ecclesia parrochiali beati Joannis de Mazeriis, Tarviensis diœcesis, præsente clero ac populo, et multitudine fidelium, anno Domini M.°CCC.°XL.° secundò, et........ cum reverentiâ et honore in hâc capsâ duxit, propriis manibus translatum, concludi. »

(Note 15.) On raconte de ce prince qu'étant devenu sourd, il voulut aller chercher sa guérison à Canteretz; mais en traversant la vallée de Salles, il recouvra l'ouïe et entendit distinctement le son des cloches de Salles : il se hâta d'aller dans le temple du

comté de Foix, dans les vicomtés de Béarn, de Marsan et de Lautrec, et dans ses droits sur le comté de Bigorre, que le roi de France tenait toujours sous sa main et semblait considérer comme une partie de son domaine.

Cependant l'affreuse stérilité qui affligeait le Lavedan, pesait toujours sur cette malheureuse contrée : six ans s'écoulèrent sans que le fléau cessât ; après ce terme, repentans enfin de leur péché, les habitans du Lavedan s'adressèrent au souverain pontife pour en obtenir l'absolution, et apaiser le courroux céleste ; Clément VI occupait alors la chaire de saint Pierre ; il se laissa fléchir par leurs prières et chargea les évêques de Tarbes et de Lescar de les absoudre ; il écrivit en même tems à ces prélats et aux sénéchaux de Bigorre et de Béarn, pour leur déclarer les conditions auxquelles il relevait les habitans du Lavedan de leur péché : il les chargeait d'appeler dix prud'hommes d'Aspe et autant de Lavedan pour leur faire jurer paix à perpétuité entre les deux vallées, moyennant une rente annuelle, imprescriptible, de trente sous morlans à payer aux Aspais par les habitans du Lavedan, et ordonnait un pélerinage de dix

1348.

Seigneur lui rendre grâces de cette faveur signalée, et pour en conserver le souvenir, il donna à l'église de Sâlles toutes les dîmes qui lui appartenaient dans la vallée.

députés de cette dernière vallée, au tombeau de saint Jacques en Galice. Toutes ces clauses furent acceptées par les parties, et la paix signée à Bédous entre les deux vallées, le premier juin 1348 (16).

(NOTE 16.) Ce traité est une pièce assez curieuse pour que nous le transcrivions ici traduit en français par le savant abbé Palassou, sur l'original qui est en romane béarnais.

« Soit chose connue à tous que comme la terre de Lavedan d'Arréaigues eut demeuré six ans sans porter de fruit, ni femme enfant, ni vache veau, ni jument poulin, ni bétail d'aucun poil; à raison de ce que le petit abbé de Saint-Savin aurait fait périr les gens d'Aspe qui avaient fait et faisaient des courses et des ravages en Lavedan, après avoir lu sur un sureau un livre qu'il avait tiré par art diabolique de Salomon; à cause de quoi les gens de Lavedan furent conseillés d'envoyer deux prud'hommes vers le Saint-Père, à Rome, pour demander absolution de ce péché; ce qui fut octroyé en observant les choses par lui ordonnées, et ci-dessous déclarées, ainsi qu'il les écrivit par lettres qu'il envoya; savoir, une à l'évêque de Lescar, une autre à l'évêque de Tarbes, une autre au sénéchal de Béarn, et une autre au sénéchal de Bigorre; tendantes aux fins qu'en ensuivant les pénitences et amendes par lui imposées, ils fissent la paix entre les deux montagnes; et pour cet effet appelassent dix prud'hommes d'Aspe et autant de Lavedan, et fissent rédiger cela par écrit; et moyennant ce absoudre les terres, gens, bestiaux et autres choses du Lavedan, et accordèrent comme s'ensuit. Et tout premièrement paix soit entre parties à jamais; et que celui qui la rompra ait la malédiction du Saint-Père et paie deux cents marcs d'argent, cent marcs aux endommagés, les autres cent au seigneur de la terre d'où les endommagés seront. Et qu'ensuite ceux de Lavedan enverront dix hommes de sainte vie vers monseigneur saint Jacques en Galice, qu'ils fassent chanter quatre messes d'évêques et dix messes d'abbés avec crosses, et cent messes à prêtres ou frères. Et que ceux de Lavedan fassent à jamais les réparations ci-dessus

A peine le Lavedan était-il délivré du terrible fléau qui l'avait désolé que Tarbes se vit en proie à un fléau plus terrible encore : une peste

écrites, et payent au messager d'Aspe, le jour et fête de saint Michel, dans l'église de Saint-Sevin ou en celle d'Odot, avant que l'étoile paraisse, les sommes sous-écrites, c'est à savoir : Baich-Sorigotra et Ossen, XXII. deniers morlaas, Ségur XXII. deniers morlaas, Dagos Donexs XXII. deniers morlaas, Veguer XXII. deniers morlaas, XXII. deniers morlaas, Larivière et Ost VI. deniers et maille morlaas, Haïsacq X. deniers morlaas, Busos VI. deniers et maille morlaas, Odot XIV. deniers morlaas, Solon XII. deniers et maille morlaas, Saint-Sevin II. sols VII. deniers morlaas, Assises-Devant II. sols IX. deniers morlaas, Aas II. sols et maille morlaas, Us VI. deniers et maille morlaas, Morlanne XXII. deniers morlaas, Canteris II. blancs morlaas, Galagagos XVIII. deniers et maille morlaas, Poy XIII. deniers morlaas, Marsos II. sols IV. deniers morlaas, Arrens II. sols morlaas, Lessalles XVIII. deniers morlaas, Doges, Aucun et Argelès XII. deniers morlaas, Serra X. deniers morlaas ; et s'ils ne paient ledit jour de saint Michel de septembre ou après, lorsque le messager d'Aspe viendra, chacun lieu et village qui auront payé accompagneront ledit messager et se mettront devant lui pour pignorer ceux qui n'auront point payé, et ceux qui ne voudront suivre paieront audit messager d'Aspe LXVI. sols morlaas de peine encourue ; lequel messager d'Aspe marchera à l'effet de la levée et recouvrement desdites sommes auparavant que l'étoile paraisse, et chacun lui paiera IV. deniers morlaas pour chaqun jour, et autres IV. deniers pour chaque nuit, et que le pasteur se mettra devant le messager d'Aspe ; et si le messager d'Aspe tardait trois, cinq, dix, vingt, trente ans à demander ce dessus, ou que ceux de Lavedan ne le voulussent payer, sous prétexte de quelque discorde ou noise, ils seront tenus de payer pour tout le tems qu'ils seront en retardement ; et s'ils tardaient trente-un ans et que pendant ce tems on ne leur eût fait demander, ils ne seront point tenus de payer les arrérages des années dont ils seront en retardement, mais paieront annuellement à l'avenir pour tout tems

cruelle vint porter la mort et la désolation dans cette malheureuse cité ; plus de la moitié des habitans furent victimes de ses affreux ravages.

Le respectable prélat qui remplissait la chaire de Bigorre mourut à Avignon en 1353, après avoir gouverné pendant treize ans le diocèse confié à ses soins vigilans ; son corps fut transporté à Tarbes et enseveli dans l'église de Sainte-Marie de la Sède, sous la grande chapelle à la droite du chœur.

1353.

Portons maintenant nos yeux sur l'état général de la France; les événemens qui s'y passaient se lient trop intimément à l'histoire du Bigorre par les résultats qu'ils entraînèrent, pour que nous en négligions le récit. Philippe de Valois ne régnait plus ; il avait laissé à son fils Jean II, duc de Normandie, prince loyal et brave, mais dur, fougueux et emporté, un royaume morcelé par les conquêtes des Anglais, auxquels il avait passé sa vie à faire la guerre; guerre désastreuse où, suivant l'expression de l'éloquent évêque de Meaux, la France pensa être renversée par les Anglais. Ceux-ci devaient leurs

---

ainsi que dessus est dit et déclaré ; et tant pour les peines susdites que pour le principal ils seront pignorés, saisis et incantés en toutes les terres et seigneuries qu'ils seront appréhendés et trouvés. Ceci fut fait à Bédous, le 1.er juin 1348 ; témoins furent de ce Translat de Lassalle et Peyroulau de Gabe, de Bédous. »

avantages à leur chef Edouard, prince de Galles, que la couleur de son armure faisait appeler le prince Noir, jeune héros dont les brillantes qualités furent bien funestes à la France ; c'est sous sa conduite qu'ils ravageaient le Limousin, l'Auvergne, le Berry et le Poitou. Le roi Jean passe la Loire pour s'opposer à leurs progrès ; ils se replient alors en diligence : Jean, résolu à les combattre, les poursuit, et les atteint à Maupertuis ; le prince de Galles veut traiter,

1356. mais le roi n'écoute rien et livre la bataille : quarante mille Français sont battus par douze mille Anglais qui avaient un chef expérimenté et l'avantage du terrain ; et le roi lui-même, blessé en combattant vaillamment, est pris dans la mêlée avec Philippe son quatrième fils. Cette journée mit la France en deuil ; les provinces méridionales témoignèrent surtout une vive douleur de ce désastre : le luxe y fut entièrement proscrit jusqu'à la délivrance du monarque.

Ce prince, conduit d'abord à Bordeaux, où il conclut avec son vainqueur une trève de deux ans, fut amené de là à Londres ; il voulut traiter de la paix et de sa liberté, mais le monarque anglais lui imposa les plus dures conditions ; il exigea une somme de trois millions d'écus d'or, et la cession de plusieurs provinces, parmi lesquelles sont dénombrés le Poitou, la Saintonge, l'Agénois, le Périgord, le Quercy, le Bigorre, l'Angoumois.... Les Etats de France refusèrent 1359. de ratifier ce traité honteux. Piqué de ce refus, le roi d'Angleterre fait enfermer dans la tour de Londres son illustre prisonnier, et vient ravager la France à la tête d'une armée de cent mille hommes : les négociations recommencent, et enfin les plénipotentiaires des deux couronnes conclurent le 8 mai 1360, la paix à Brétigny, 1360. près de Chartres. Le roi de France ayant recouvré la liberté, on voulut lui persuader qu'il n'était point obligé de tenir des engagemens que la nécessité lui avait fait contracter ; il rejeta de telles insinuations : « Quand la bonne foi et la vérité, répondit-il, auraient disparu de la terre, elles devraient se retrouver dans la bouche et le cœur des rois. »

Le baron de Bazilhac, sénéchal du roi en Bigorre, reçut ordre de son souverain de remettre le comté entre les mains du roi d'Angleterre, en exécution du traité de Brétigny : la délivrance fut faite conformément à cet ordre, et les barons Bigorrais, après avoir exprimé au roi de France leur regret de passer sous une domination étrangère, rendirent hommage au 1361. prince Noir, que son père venait de créer prince d'Aquitaine. Cet illustre guerrier, à ce que raconte Froissard, vint lui-même à Tarbes avec 1362.

la princesse de Galles, accompagné du comte d'Armagnac et du sire d'Albret. Gaston-Phébus, comte de Foix et vicomte de Béarn, et prétendant au comté de Bigorre, vint les y trouver, et reçut d'eux un accueil distingué : le prince Noir donna à Pierre-Arnaud de Béarn (17), cousin naturel du comte, le commandement du château de Lourdes et de ses dépendances.

1366. Quelques années après il confirma les privilèges de la ville de Tarbes par lettres-patentes données à Angoulême (18).

(Note 17.) Et non Arnaud de Vire, comme disent M. Piqué et M. Deville ; Froissard dit *de Berne*, parce qu'il nomme ainsi le Béarn. Pierre-Arnaud avait avec lui plusieurs chevaliers d'une valeur renommée, tels étaient son frère Jean de Béarn, dont nous aurons occasion de parler, Pierre d'Antin, frère cadet du baron d'Antin, Arnaud de Sainte-Bazeille, Mandon de Sainte-Colombe, Arnaud d'Espagne, seigneur de Bourg, le Maugeaut de Sainte-Bazeille, et autres preux : ces chevaliers, à la tête de quelques soldats de la garnison, faisaient des courses dans les environs, et quelquefois se joignant à ceux de Mauvezin, ils poussaient fort loin leurs expéditions. Ayant un jour été rencontrés par des troupes du duc d'Anjou, près de la croix de Mascaras, ils eurent une affaire des plus meurtrières, que Froissard raconte avec beaucoup de détails : on voit encore dans cet endroit, au milieu des ronces, le tombeau d'Arnauton Bisecte ou plutôt Bisette, qui fut tué dans ce combat.

(Note 18.) « Edwardus, regis Angliæ primogenitus, princeps Aquitaniæ et Walliæ, dux Cornwalliæ et Sextriæ, dilecto nostro senescallo nostræ Bigorræ, cœterisque justiciariis nostris ibidem eorumque locum tenentibus, salutem. Mandamus vobis quatenus omnia et singula privilegia, consuetudines et libertates antiquas

La querelle de Pierre le Cruel, roi de Castille, et de Henri, comte de Trastamara, son frère naturel, appelait alors en Espagne les chevaliers anglais et français qui couraient se ranger les uns dans l'armée du prince Noir, défenseur de la cause royale, les autres sous les ordres du valeureux Bertrand du Guesclin, qui soutenait les intérêts de Henri. Cette guerre venait heureusement délivrer la France des ravages des grandes compagnies, qui passèrent en Espagne : le Bigorre avait eu beaucoup à souffrir de leur déprédation, malgré les efforts qu'on avait faits pour les repousser. Vaincu à la bataille de Najera, où du Guesclin fut fait prisonnier, le comte de Trastamara vint chercher un asile dans les états de son allié le roi de France : Charles V lui donna le château de Roquemaur, en Languedoc, pour sa résidence. Henri, brûlant de se venger d'un échec qu'il devait aux armes du prince Noir, rassemble quelques débris des grandes compagnies et fait sur le domaine de l'Anglais diverses incursions qui ont un heureux succès : il tourne ses pas

1367.

dilectorum et fidelium nostrorum habitantium de Tarbiâ in Bigorrâ, et per nos confirmata, de quibus ipsi hactenùs pacificè et debitè usi sunt, et de quibus liquebit, eisdem habitantibus inviolabiliter observare faciatis. Datum apud Engolismam xvi. die mensis octobris, anno Domini M.CCC.LX.VI. »

vers le Bigorre, arrive à l'improviste devant Bagnères, brûle le couvent des dominicains, escalade la place pendant la nuit, et s'en rend maître (19) : la ville fut pillée et saccagée, les habitans massacrés. La princesse de Galles, régente des domaines de son époux pendant son absence, adressa ses plaintes au roi de France, qui défendit au comte de Trastamara de pousser plus avant ses conquêtes. Le prince Castillan abandonna Bagnères l'année suivante pour aller de nouveau tenter contre son frère la fortune des combats ; le succès couronna son attente, et il devint roi de Castille.

1368.

Le prince Noir, épuisé par les secours qu'il avait fournis à Pierre le Cruel, accabla d'impôts ses domaines pour rétablir ses finances ; les provinces en portèrent leurs plaintes au roi de France, qui ajourna le prince à comparaître devant la cour des pairs : le roi d'Angleterre chercha à parer le coup qui le menaçait en désavouant la conduite de son fils : c'est alors qu'il

---

(Note 19.) Voici ce qu'en dit Froissard :

« Et vindrent ces gens d'armes bretons et autres chevauchant roydement parmy les montaignes, et entrèrent en Bigouurre en la principauté, et prindrent et eschellèrent une ville qu'on appelle Bannières, si la fortifièrent et réparèrent bien et fort et puis chevauchèrent en la terre du prince, et là commencèrent à courir et portèrent grand dommage. »

lui retira le Bigorre pour le donner à Jean, captal de Buch et seigneur de Grailly. Cette mesure ne fait qu'irriter davantage les Bigorrais: les barons d'Antin et de Barbazan s'emparent de Tarbes ; à leur imitation les seigneurs et les villes du comté témoignent hautement leur mécontentement, secouent le joug anglais, et se donnent à la France ; le duc d'Anjou, frère de Charles V, accompagné du connétable du Guesclin, vient à la tête d'une armée appuyer ces dispositions ; il enlève tout le plat-pays à l'ennemi, et en confie le commandement à Jean, comte d'Armagnac. Les places fortes seules tenaient encore pour les Anglais, et les garnisons de Lourdes, de Mauvezin et de quelques petits forts, tels que Juillan, Navarest, Auch, incommodaient fort Tarbes, Bagnères, Tournay, et généralement toutes les villes du parti français. Le duc d'Anjou alla attaquer le château de Mauvezin, défendu par le chevalier Raymonnet de l'Espée, moult appert homme d'armes : un puits extérieur fournissait seul de l'eau à la place ; il s'en empara, et la garnison privée d'eau, fut obligée de capituler après un blocus de six semaines (20). Le duc alla ensuite

1369.

1373.

(Note 20.) « Environ six sepmaines se tint le chastel de Mauvoisin presque tous les jours aux barrières il y avait faictz d'armes et

mettre le siège devant Lourdes : mais la résistance qu'il éprouva de la part de Pierre-Arnaud de Béarn rendit vains tous ses efforts. Il espéra

escarmouches de ceulx de dedans à ceulx de dehors, et vous dy que ceulx de Mauvoisin se fussent assez tenus : car le chastel n'est pas prenable, se n'est par long siège : mais il leur advint que on leur tollit l'eaue d'une part du puys qu'ilz avaient qui siet au dehors du chastel et les cisternes qu'ilz avaient là dedans séchèrent ; car onques goutte d'eaue durant six sepmaines ne cheut du ciel tant fit chault et sec, et ceux de l'ost avaient bien leur ayses de la belle rivière qui leur courait clère, necte et royde, dont ilz étaient servis eulx et leurs chevaulx. Quant les compaignons de la garnison de Mauvoisin se virent en ce party, si se commencèrent à esbahir ; car ils ne pouvaient longuement durer, des vins avaient-ilz assez ; mais la doulce eau leur faillait. Si eurent conseil qu'ilz traicteraient devers le duc, ainsi qu'ils firent, et impétra ledit Raymonnet de l'Espée ung sauf-conduit pour venir en l'ost parler au duc. Ledit capitaine l'eut assez légèrement, et vint parler au duc d'Anjou, et dist : monseigneur, se vous nous voulez faire bonne compaignie à mes compaignons et à moy, je vous rendrai le chastel de Mauvoisin. Quelle compaignie, respondit le duc, voulez-vous que je vous face. Partez-vous-en, et allez votre chemin chascun en son pays sans vous bouter en fort qui nous soit contraire; car se vous y boutez et je vous y tiengne, je vous livrerai à Jocelin qui vous fera les barbes sans rasouer. Monseigneur, dit Raymonnet, s'il est ainsi que nous partons, il nous en fault porter ce qui est nôtre ; car nous l'avons gaigné par armes et en grant adventure. Le duc pensa ung petit, et puis dit : je vueil bien que vous emportiez ce que emporter pourrez devant vous en malles et en sommières, et non autrement, et se vous tenez nulz prisonniers ils nous seront rendus. Je le vueil, dit Raymonnet. Ainsi se porta leur traicté que recorder me oyez, et se départirent tous ceulx qui dedans estaient, et rendirent le chastel au duc d'Anjou, et emportèrent ce qu'ils en peurent porter devant eulx, et s'en alla chascun en son lieu ou autre part, querre leur adventure. Mais Raymonnet de l'Espée se tourna français et servit le duc d'Anjou. »

parvenir plus aisément à se faire rendre la forteresse en prenant une voie détournée, celle de traiter avec le comte de Foix, parent de Pierre-Arnaud, et il envoie à Orthez Pierre de Bueil pour négocier avec lui un pacte secret. Gaston-Phébus était l'héritier des droits de Constance de Moncade sur le comté de Bigorre : le duc lui promit la restitution de ce domaine, et Gaston s'engagea de son côté à lui faire remettre le château de Lourdes ; il renvoya l'ambassadeur avec de magnifiques présens et manda son cousin le châtelain de Lourdes, qui pressentant peut-être le sort qui l'attendait, remit avant de partir à son frère Jean de Béarn, baron des Angles, le commandement du fort (21), et lui fit jurer de le conserver au roi d'Angleterre : il se rendit ensuite auprès du comte, qui le

---

La garde du château de Mauvezin fut d'abord remise à un chevalier bigorrais nommé Ciquart de Lupérière ; elle fut ensuite confiée à un autre bigorrais nommé Raymond de Janne.

(NOTE 21.) Jean de Béarn conserva dès-lors le commandement du château de Lourdes, que le roi d'Angleterre lui confirma par lettres-patentes données à Westminster le 20 janvier 1384, en lui conférant la charge de son sénéchal en Bigorre.

Par autres lettres du même jour la garde du château de Sainte-Marie de Barèges fut confiée à Jean de Beaugert chevalier.

Par nouvelles lettres du 5 novembre 1400, Jean de Béarn fut maintenu dans la dignité de châtelain de Lourdes et de sénéchal de Bigorre. Ces diverses pièces sont conservées dans les archives de la tour de Londres.

sommà de lui rendre la place; le chevalier s'y refusa avec fermeté; Gaston, outré de colère, tire sa dague, et le frappe de cinq coups: «ah! monseigneur, s'écrie le malheureux gentilhomme, vous ne faites pas gentillesse; vous m'avez mandé, et m'occiez! » Gaston le fit jeter dans un cachot, où il mourut de ses blessures (22).

(NOTE 22.) Froissard, élégant et aimable, nous raconte dans ce style antique, si naïf et si touchant, la fin de l'infortuné Pierre Arnaud, bien digne d'un meilleur sort.

« Advint que le conte de Foix manda par ses lettres et par certains messagiers à Lourde à son cousin messire Pierre Arnault de Berne qu'il veinst parler à luy à Ortais. Quant le chevalier vit les lettres du conte de Foix, et vit le message qui estait notable, eut plusieurs ymaginations et ne sçavait lequel faire d'y venir ou de laisser. Tout consideré il dist qu'il y viendroit : car il n'oseroit nullement courroucer le conte de Foix. Et quand il deust partir il vint à Jehan de Berne son frère et lui dist présens les compaignons de la garnison: Monseigneur le conte de Foix me mande je ne sçay pas pourquoy, mais puisqu'il veult que je aille parler à luy je iray. Or me doublay je grandement que je ne soye requis de rendre la forteresse de Lourde, car le duc d'Anjou en celle saison costoyoit son pays de Berne et point ny estoit entré, et si, tend le conte de Foix et a tendu longuement à avoir le chastel de Mauvoisin pour estre sire de Lane, de Bourg, et des frontières de Comminges et de Bigorre: si ne sçay pas s'ilz ont traicté entre luy et le duc d'Anjou ; mais je vous dy que tant que je vive, le chastel de Lourde je ne rendray fors à monseigneur naturel le roy d'Angleterre. Si veuil Jehan beau-frère, ou cas que je vous establiz que vous me jurez sur vostre foy et par vostre gentillesse que le chastel en la forme et manière que je le tiens vous le tiendrez ne pour mort ne pour vie jamais n'en deffauldrez. Jehan de Berne le jura ainsi. Adonc se départit de Lourde le chevalier messire Pierre-Arnault et vint à Ortais et se dessendit à l'hostel de la Lune

Cependant le duc d'Anjou, éprouvant de la part du baron des Angles la même résistance que lui avait opposée son frère, se décida à lever

Quant il sentit que point et temps fut, il vint au chastel d'Ortais devant le conte, qui le receut joyeusement et le fist seoir à table, et lui monstra tous les beaux semblans d'amours qu'il peut, et après disner il luy dits. Pierre, j'ai à parler à vous de plusieurs choses, si ne vueil pas que vous partez sans mon congé. Le chevalier respondit. Monseigneur voulentiers je ne partiray point si l'aurez premier ordonné. Advint que le tiers jour après ce qu'il fut venu le conte de Foix prist la parole à luy présent le viconte de Gousserant, son frère, et le seigneur d'Anchin en Bigorre, et aultres seigneurs, chevaliers et escuyers, et luy dist en hault, tant que tous l'ouyrent. Je vous ay mandé, Pierre, et vous estes venu. Sachez que monseigneur d'Anjou me veult grant mal pour la garnison de Lourde que vous tenez, et bien près en a esté ma terre toute courue si ce n'eussent esté aucuns bons amys que j'ay euz en sa chevauchée, et est sa parolle et l'oppinion de plusieurs de sa compaignie qu'ilz me hayent, pour ce que je vous soutieus pour tant que vous estes en Berne, et je ne vueil pas faire d'avoir la malveullance de si hault prince comme est monseigneur d'Anjou. Si vous faictz commandement en tant que vous pouvez meffaire envers moy et par la foy et lignage que vous me devez, que le chastel de Lourde vous me rendez. Quant le chevalier ouyt ceste parolle, il fut tout esbahi : et pensa ung petit pour sçavoir quelle chose il respondroit : car il veoit bien que le conte de Foix parloit à certes. Touttefois tout pensé et considéré il dist : Monseigneur, vrayement je vous doy foy et hommage : car je suis ung pauvre chevalier de vostre sang et de vostre terre, mais le chastel de Lourde ne vous rendray-je jà ; vous m'avez mandé, si pouvez faire de moy ce qu'il vous plaira. Je le tiens du roy d'Angleterre qui m'y a mis et establiy, et à personne qui soit je ne le rendray fors à lui. Quant le conte de Foix ouyt ceste response, si luy mua le sang de alongne et de courroux et dist en tirant hors une dague. Ho, ho, mauvais, as-tu dit que non : par ceste teste tu ne l'as pas dit pour riens.

le siège; mais en partant il mit le feu au bourg, qui fut consumé par les flammes : tous les anciens titres qu'on y conservait furent la proie de cet incendie (23). Les forts de Juillan, Navarrest et Auch furent successivement pris et rasés. Tous les Bigorrais qui tenaient pour le parti anglais se refugièrent alors à Lourdes, la seule place qui leur restât en Bigorre, avec le château de Sainte-Marie de Barèges.

1374. Le roi Charles V ôta peu de tems après au comte d'Armagnac le commandement du Bigorre; il l'en dédommagea en lui accordant d'autres terres : ce comté fut alors gouverné par deux sénéchaux; celui du roi de France régissait la plus grande partie de ce fief; Jean de Béarn, châtelain de Lourdes, tenait tous les forts qui restaient encore à l'Angleterre : c'était

---

Et adonc ferit-il de sa dague sur le chevalier par telle façon qu'il le navra moul villainement en cinq lieux. Ne il n'y avoit là baron ne chevalier qui osast aller au devant. Le chevalier disoit bien : Ha, ha, monseigneur, vous ne faictes pas gentillesse, vous m'avez mandé et me occiez, et toutefois il eut coups d'une dague. Si commanda le conte qu'il fust mis en la fosse, et y fut mys et y mourut, car il fut pourement curé de ses playes. »

(NOTE 23.) Jean de Béarn et Dominique Cazaux, pour suppléer à cette perte, dressèrent une nouvelle charte, dans laquelle ils insérèrent tous les privilèges et libertés de Lourdes, dont ils avaient connaissance, et la présentèrent en 1388 à l'approbation du duc de Lancaster; elle fut confirmée en 1406 par le comte Jean, et dans la suite par Louis XIII et Louis XIV.

un brave et vaillant chevalier. Le duc de Lancaster, gouverneur de la principauté de Guienne, ayant envoyé en ambassade dans l'Aragon, Urbain, archevêque de Bordeaux, ce prélat fut arrêté au mépris du droit des gens et du caractère dont il était revêtu. Le baron des Angles reçut ordre de venger cet affront. Accompagné de sa seule garnison, il traverse comme un torrent l'Aragon, et porte la terreur jusqu'à Barcelonne : là il fait remettre l'archevêque en liberté, et revient avec la même rapidité se renfermer dans sa citadelle.

1387.

Les puissances belligérantes, fatiguées d'une guerre longue et désastreuse, voulurent enfin traiter d'un accommodement : les plénipotentiaires de France, de Castille, d'Angleterre et d'Aragon se réunirent en congrès à Tarbes, pour entrer en conférences ; mais ils se séparèrent sans rien conclure, et promirent de se réunir de nouveau à Oloron.

Le duc d'Anjou, voulant accomplir les promesses qu'il avait faites au comte de Foix dans leur traité secret de 1373, appuya auprès de son neveu le roi Charles VI, les démarches de Gaston-Phébus relatives à la restitution du Bigorre : il en obtint des lettres-patentes portant que le comté serait délivré à Gaston, à moins que la cession n'en fut stipulée en faveur de

1389.

l'Angleterre dans le traité qui se négociait avec cette puissance ; mais que dans ce dernier cas on lui paierait une compensation de cinquante mille livres. Ces clauses donnèrent lieu, de la part des officiers du roi à mille difficultés, qui portèrent le comte de Foix à refuser l'investiture, que Roger d'Espagne et un président du parlement de Paris étaient chargés de lui donner.

La paix de Gavarnie, conclue entre les habitans du val de Broto et ceux de la vallée de Barèges, avait un instant apaisé leurs querelles; renouvelée chaque année, elle semblait devoir perpétuer la bonne intelligence des deux peuples ; mais les Espagnols, manquant de pâturages sur le versant méridional des Pyrénées, prétendirent avoir droit sur ceux du versant septentrional, et les querelles recommencèrent ; le baron des Angles, sénéchal anglais en Bigorre, et qui, au moyen du fort de Sainte-Marie, tenait la vallée de Barèges sous sa dépendance, s'érigea l'arbitre des différends des deux vallées;

1390. il décida que les habitans du val de Broto auraient la propriété des pâturages en litige moyennant une redevance annuelle. Ce fut le signal de la révolte des Barégeois ; ils secouèrent le joug de la domination anglaise, et adressèrent leurs réclamations et leurs plaintes au roi de France, qui les accueillit favorablement.

Le Bigorre se ressentit des troubles qui agitaient alors l'Eglise Romaine ; il fut divisé comme elle par le schisme qu'occasionnait l'élection de deux souverains pontifes : Gaillard de Coarraze, nommé par Grégoire XI à la chaire épiscopale de Tarbes, se la vit disputer par Renaud de Foix-Castelbon, fils naturel du comte Mathieu, lequel avait été nommé par Clément VII, et le Bigorre fut partagé entre l'obédience de Rome et celle d'Avignon, comme déjà il l'était entre deux puissances politiques ennemies. 1392.

Cependant les Anglais voyaient décroître de jour en jour l'étendue de leur domination dans ce comté : Jean de Bourbon, comte de Clermont, vint leur porter les derniers coups ; à la tête de la noblesse bigorraise, et aidé des Barégeois, que commandait le brave Auger Coffite, de Luz, il enleva aux ennemis le château de Sainte-Marie de Barèges, celui de Castelnau d'Azun, et tous leurs autres domaines, hors le fort de Lourdes, qui défendu par le baron des Angles en personne, résista seul à ses efforts. 1404.

Un chevalier bigorrais, Arnaud-Guillaume, baron de Barbazan, se distinguait à la même époque en présence des armées françaises et anglaises ; rien n'était plus commun alors que les combats singuliers entre les preux des deux nations : le chevalier sans reproche, c'est ainsi que l'on désignait Barbazan, combattit, à la tête de six guerriers français, six guerriers anglais commandés par le chevalier de l'Escale (24).

(NOTE 24.) Ce combat eut lieu entre Montendre et Blaye, en Saintonge. Barbazan était d'une famille bigorraise distinguée, dans laquelle le nom d'Arnaud-Guillaume était fort commun. Nous trouvons en 1216 un Arnaud-Guillaume, baron de Barbazan, qui assista au mariage de Guy de Montfort avec Pétronille, comtesse de Bigorre ; en 1256, Arnaud-Guillaume de Barbazan sert de caution à Esquivat dans sa querelle avec Gaston de Moncade ; en 1271, Esquivat Guillaume de Barbazan est témoin d'une transaction entre Esquivat et le vicomte de Lavedan ; en 1292, Arnaud-Guillaume de Barbazan signe avec les autres barons de Bigorre les réclamations faites en faveur de Constance ; en 1300, Arnaud-Guillaume de Barbazan est nommé dans l'enquête faite par ordre de Philippe-le-Bel. Cet Arnaud-Guillaume était sans doute père de Menaud, baron de Barbazan, qui vivait vers 1350 : Menand eut un fils, Arnaud-Guillaume, le chevalier sans reproche, et une fille nommée Oudine, qui épousa le baron de Faudoas, premier baron chrétien de Guienne. Arnaud-Guillaume se rendit recommandable par ses succès contre les Anglais : Charles VII le fit son premier chambellan, gouverneur de Champagne et de Laonnais, et général de ses armées : par lettres patentes de 1442, ce monarque lui confirma le titre de chevalier sans reproche, et lui conféra celui de restaurateur du royaume et de la couronne de France ; il lui permit même de porter dans ses armes les trois fleurs de lis de France, sans brisure : armes qu'il transmit avec son nom et ses biens à son neveu Béraud, baron de Faudoas, son unique héritier. Il fut enterré à Saint-Denis, auprès de Charles VII et de du Guesclin, dans la chapelle dite des Charles : d'après le procès-verbal d'exhumation des sépultures de Saint-Denis, ce fut le mardi 22 octobre 1793, que l'on découvrit le corps de ce guerrier, renfermé dans un tombeau de pierre carrée.

Une autre maison de Barbazan existait au XVII.e siècle : c'est celle de Mun, fort distinguée dans la robe, et qui depuis le fut dans les armes, qui acheta de celle de Lavedan la baronnie de Barbazan-Debat.

victoire resta à Barbazan. Il reçut de Charles VI un anneau d'or orné de pierreries, et une épée sur laquelle étaient gravés ces mots : *Ut lapsit ruitore ruant*. Barbazan mérita depuis par ses services le titre glorieux de restaurateur du royaume et de la couronne de France.

Gaston-Phébus, mort sans laisser de postérité légitime, avait eu pour successeur Mathieu de Foix (25), vicomte de Castelbon, son plus pro-

---

(Note 25.) Reprenons la généalogie de la maison de Foix, que nous avons commencée dans la note 9 du chapitre Ier de ce livre. Roger-Bernard III, comte de Foix, vicomte de Béarn et de Castelbon, prétendant de Bigorre, mort en 1302, fut père de Gaston Ier, mort en 1315, qui eut trois enfans : 1.° Gaston II, comte de Foix et vicomte de Béarn; 2.° Roger-Bernard, vicomte de Castelbon; 3.° Robert, évêque de Lavaur. Gaston II, mort en 1343, ne laissa qu'un fils légitime, Gaston-Phébus, et deux fils naturels, Arnaud-Guillaume et Pierre, qui eurent le nom de Béarn. Gaston-Phébus, mort en 1391, n'eut qu'un fils nommé Gaston comme lui, qui mourut avant son père, et ne laissa que deux fils naturels, Yvain, brûlé en 1393 dans la mascarade des sauvages, qui causa la démence de Charles VI, et Gratien, tige des ducs de Medinacéli. La succession de Foix passa à la branche de Castelbon.

Roger-Bernard, vicomte de Castelbon, avait eu deux enfans : 1.° Mathieu, qui hérita de son cousin Gaston-Phébus en 1391, et mourut en 1398 sans postérité; 2.° Elisabeth, héritière de son frère, qui porta cet héritage à la maison de Grailly; elle avait épousé Archambaud de Grailly, sénéchal de Guienne, fils de Jean II de Grailly, nommé comte de Bigorre par le roi d'Angleterre en 1368. Elisabeth, morte en 1412, fut mère de Jean III de Grailly, qui ne porta que le nom et les armes de Foix, et fut le fondateur de la seconde maison de Foix.

che héritier, qui transmit sa succession à sa sœur Elisabeth ; cette princesse était mariée à Archambaud de Grailly, captal de Buch, qui prenant le nom et les armes de Foix, abandonna la cause de l'Angleterre pour s'attacher à celle de la France. Jean de Foix-Grailly, son fils aîné et son successeur, se montra un des plus fermes soutiens du trône français. Etant venu assiéger Lourdes, il força la garnison anglaise à capituler : la place lui fut remise, et l'ennemi dût lui abandonner toutes ses munitions et ses bagages.

1418.

Distingué par les services qu'il avait rendus à la France, honoré de la bienveillance du monarque et du dauphin, qui venaient de le nommer gouverneur-général de Languedoc, d'Auvergne et de Guienne, le comte Jean remit sous les yeux du roi ses prétentions et ses droits au comté de Bigorre, dont il réclama la restitution. Charles VI lui accorda, par lettres-patentes données le 3 mars 1421, à l'abbaye de Saint-Faron, près de Meaux, la délivrance de ce fief. Le comte ne se contenta point d'une pareille concession ; il voulut mettre en évidence tous ses droits sur le domaine qu'il réclamait, et il poursuivit au parlement de Paris la décision de la question de propriété du Bigorre : il confia sa cause à Nicolas Tudeschi, de Palerme, le

1419.

1421.

plus célèbre canoniste de son tems, qui démontra la validité des droits de sa partie, et prouva que le Bigorre n'ayant pu être possédé par les rois de France qu'à titre provisionnel, la réunion de ce domaine à la couronne ne pouvait avoir été légalement effectuée. Le parlement, adoptant ces conclusions, reconnut Jean de Foix, légitime héritier du comté de Bigorre, et lui donna main-levée du séquestre. Charles VII, qui alors occupait le trône de France, adhéra à cet arrêt par lettres-patentes données le 18 octobre 1425, à Méhun en Berry, et ordonna à ses officiers de remettre ce fief entre les mains du comte de Foix.

1425.

(115)

plus habiles canonistes de son tems, qui démontra la validité des droits de sa partie, et prouva que le Bigorre n'ayant pu être possédé par les rois de France qu'à titre provisionnel, la réunion de ce domaine à la couronne ne pouvait avoir été légalement effectuée. Le parlement, adoptant les conclusions, reconnut Jean de Foix légitime héritier du comté de Bigorre, et lui donna main-levée du séquestre. Charles VII, qui alors occupait le trône de France, adhéra à cet arrêt par lettres-patentes données le 18 octobre 1425, à Mehun en Berry, et ordonna à ses officiers de remettre ce fief aux mains du comte de Foix.

LIVRE SIXIÈME.

PRÉCIS DES ÉVÉNEMENS DEPUIS LA LEVÉE DU SÉQUESTRE JUSQU'A LA RÉUNION DU BIGORRE A LA COURONNE DE FRANCE.

CHAPITRE PREMIER.

Jean de Foix-Grailly. — Gaston : il sert le roi de France, et lui fait hommage. — Parlement de Toulouse. — Exploits du comte. — Edit sur les coutumes. — Affaires de Navarre. — Gaston est fait pair de France. — Il meurt. — François Phébus règne sous la tutelle de Magdelaine. — Il devient roi de Navarre. — Sa mort. — Catherine. — Jean de Narbonne lui dispute la succession de Bigorre. — Conspiration découverte et punie. — Hommage de Lavedan. — Mariage avec Jean d'Albret. — Suite des querelles avec la maison de Foix-Narbonne. — Perte de la Navarre. — Mort de Catherine.

Après un séquestre de cent trente-trois ans, le Bigorre fut enfin restitué à ses légitimes souverains : le comte Jean fut remis en possession de

ce fief si long-tems disputé à ses ancêtres, et en fit hommage au roi de France son suzerain. Les Bigorrais rentrèrent avec plaisir sous la domination d'un descendant de leurs anciens comtes, distingué d'ailleurs par ses exploits militaires et ses autres belles qualités. Sous le gouvernement de ce prince le Bigorre goûta les douceurs de la paix, et la tranquillité dont il jouit ne fut point troublée, quoique le comte eût à prendre
1427. les armes pour enlever Lautrec aux routiers qui s'en étaient emparés.

Le comte d'Astarac était vassal du comte de Bigorre pour le château de Barbazan-Dessus; et ce seigneur lui rendit hommage de son fief et lui prêta le serment de fidélité le 1er octobre
1432. 1432, en présence de Jean, évêque de Tarbes.
1433. Jean perdit peu de tems après sa seconde femme Jeanne d'Albret, fille de Charles, connétable de France; il en avait eu deux fils, Gaston, qui fut son successeur, et Pierre, vicomte de Lautrec et de Villemur, tige de la maison de Lautrec. Il traita du mariage du pre-
1434. mier avec Eléonore, fille de Jean II, roi de Navarre: Jean, évêque de Tarbes, le vicomte Jean d'Asté, et Bernard de Coarraze, seigneur de Bérat, furent chargés de la négociation et s'en acquittèrent au gré des parties. Le comte Jean lui-même, après trois ans de veuvage,

épousa Jeanne d'Aragon, fille de Jacques II, 1436. comte d'Urgel. Il mourut au château de Mazères, dans le mois qui suivit la troisième union. Il était, dit Olhagaray, patient, avare, peu religieux, grand homme d'état, bon capitaine et meilleur soldat.

Gaston lui succéda dans tous ses domaines, hors les vicomtés de Lautrec et de Villemur, données à son frère Pierre. Le nouveau comte était à peine âgé de quatorze ans : son oncle Mathieu de Foix, comte de Comminges, lui servit de tuteur. La raison et le courage avaient chez ce jeune prince devancé les années (1).

Charles VII ayant enlevé Paris aux Anglais, engagea Gaston à seconder ses efforts pour chasser ces étrangers du reste de la France : le comte leva une puissante armée pour secourir son souverain. Le captal de Buch, son neveu (2), était

―――――――――――――――――――

(Note 1.) « Ce jeune seigneur apparaissoit en tout meur et rassis, formant toutes ses résolutions sur le modèle et patron des plus grands capitaines qui eussent esté : se plaisant à la lecture de leurs vies, et à l'examen des moyens par lesquels ils avoyent par la voye de leur espée éternisé avec telle authorité leur mémoire : conseillers muets qui ne l'avoyent jamais trompé. Il estait fort aymé de ses subjects, ausquels il complaisoit fort souvent en ce qu'ils luy requeroyent : et à l'exemple d'un bon architecte il accommodoit son bastiment à la matière qu'il trouvoit sur les lieux. »

(Note 2.) Jean, père de Gaston, avait eu quatre frères : 1.° Gaston, captal de Buch, chevalier de l'ordre de la jarretière, tige

alors au service de l'Angleterre, et assiégeait Tartas; la place vivement pressée, avait promis de se rendre si elle ne recevait pas de secours dans un délai fixé (3) : Gaston s'étant joint à l'armée royale, fit lever le siége. Il alla ensuite investir Saint-Sever de Gascogne, qui fut pris d'assaut. Dax se rendit après un blocus de dix semaines.

1442.

Le comte ayant atteint sa majorité vers cette époque, prit en 1443 les rênes du gouvernement de ses états, et fit le 2 août de la même année hommage de ses fiefs au roi de France, dans Toulouse. Gaston, à l'imitation de ses ancêtres, se qualifiait comte de Foix et de Bigorre, par la grâce de Dieu : cette formule n'était dans le

1443.

---

des Candales ; 2.º Archambaud, seigneur de Navailles ; 3.º Mathieu, qui devint comte de Comminges par son mariage avec Marguerite, fille et héritière de Pierre-Raymond II, et fut le tuteur de son neveu Gaston comte de Bigorre ; 4.º Pierre, cordelier à Morlas, évêque de Lescar, puis de Comminges, et enfin cardinal, fondateur du collège de Foix à Toulouse.

Le captal de Buch qui assiégeait Tartas était le petit-fils du captal Gaston, puîné de Jean de Foix-Grailly. Le comte Gaston lui acheta en 1446 la moitié du captalat : l'autre moitié passa à la maison d'Albret.

(Note 3.) « Que si le roy de France, ou autre pour loy ne secourroit la place jusqu'au prochain Saint-Jean, que la ville seroit acquise à l'Anglois, autrement que les François en demeurroyent libres possesseurs sans aucune dispute. »

Gaston voulut détourner le monarque de marcher en personne sur Tartas ; mais Charles lui répondit « qu'il devait cela à la fidélité

principe qu'un témoignage de reconnaissance envers le suprême régulateur des destinées humaines ; mais elle était devenue une marque de souveraineté (4), et le roi suzerain du comte lui ordonna de produire les titres par lesquels il se croyait ausorisé à en faire usage. Gaston, qui avait déjà donné à Charles VII des preuves de sa fidélité et de son dévouement, lui en donna un nouveau témoignage, en renonçant sans difficulté à une qualification qui semblait faire ombrage au monarque.

Cette déférence du comte de Bigorre envers son suzerain nous fournit naturellement l'occasion de jeter un coup d'œil sur l'affaiblissement de la puissance des grands vassaux et l'agrandissement de celle des rois. L'établissement des communes avait porté une première atteinte à

---

ses subjects de les assister de sa présence lorsqu'ils hazardoyent leur vie pour sa couronne. »

(Note 4.) On regardait cette formule comme une prétention de ceux qui en faisaient usage, de ne relever que de Dieu et de leur épée. Jean IV, comte d'Armagnac, qui usait de la même formule, fut aussi sommé d'y renoncer, mais il refusa ; il fut arrêté pour ce fait et pour d'autres excès, et l'on instruisit son procès ; un grand nombre de seigneurs, et même le comte de Bigorre, son ennemi, sollicitèrent sa grâce : il n'obtint des lettres d'abolition qu'après avoir promis et solennellement juré, lui et ses enfans, « de ne jamais mettre en leurs lettres, ne eux nommer par la grâce de Dieu comte d'Armagnac, ces mots emportans mesconnoissance de fiefs, estant comme ils sçavent subjects de la couronne, et leurs terres et seigneuries estant tenues du roy. »

l'autorité seigneuriale, en restreignant à leur égard les bornes du pouvoir judiciaire des seigneurs ; le grand accroissement du domaine royal avait ensuite donné à la couronne une force et un ascendant qui mettaient les vassaux hors d'état de lutter contre le monarque ; l'introduction de la jurisprudence des appels avait enfin avili les tribunaux seigneuriaux, dont les jugemens pouvaient être réformés par le tribunal supérieur du suzerain. Le roi avait ainsi recouvré la souveraineté judiciaire dans les terres de ses vassaux ; et ceux-ci, en perdant la source et le plus ferme appui de leur puissance, perdirent dans leurs fiefs la souveraineté politique que leur avait principalement acquise l'exercice absolu du pouvoir judiciaire. On conçoit aisément que le Bigorre, régi immédiatement pendant plus d'un siècle par les officiers royaux, avait dû sentir plus particulièrement l'influence des nouvelles prérogatives attachées à la couronne.

Vers la fin de la même année, le 11 octobre, Charles VII établit à Toulouse un parlement (5).

(NOTE 5.) Le nom de *parlement* fut dans les tems anciens celui des congrès de seigneurs qui s'assemblaient pour *parlementer* sur des intérêts qui leur étaient communs ; ces parlemens n'avaient aucun rapport avec le gouvernement féodal, et se tenaient par la seule volonté des seigneurs. On appliqua au treizième siècle le nom de

cour royale, dans le ressort de laquelle fut compris le Bigorre. Les tribunaux étaient alors composés de jurisconsultes, nommés gens de robe, à cause de leur costume, à l'exclusion de la noblesse, qui regardait comme au-dessous d'elle l'exercice d'une juridiction qui n'était plus

---

parlement à l'assemblée des seigneurs qui composaient la cour du roi, et parlementaient des affaires politiques du royaume. Lorsque les grands qui composaient cette cour regardèrent comme au-dessous d'eux la culture des lettres, on prit dans le bas clergé des hommes qui, sachant lire et écrire, préparèrent la décision des causes, en faisant aux juges le rapport de l'état de ces causes : comme ils portaient une longue robe noire, on les nomma *gens de robe*. Bientôt ces hommes devinrent eux-mêmes les magistrats; leur naissance obscure avilit d'abord leurs fonctions, mais la dignité de ces fonctions rejaillit enfin sur leur personne; et sachant profiter de la bienveillance des rois, ils devinrent la cour des pairs, alors que les anciennes grandes pairies n'existèrent plus.

Il n'y eut d'abord de parlement qu'à Paris : l'éloignement des provinces méridionales, et le dessein de faciliter les appels engagèrent Charles VII à créer celui de Toulouse ; mais cette nouvelle cour n'était qu'une partie de la première, ainsi qu'on s'en peut assurer par la lecture de lettres patentes du 14 novembre 1454, dans lesquelles le monarque déclare « que les conseillers et les présidens institués en chacun lieu doivent être réputés unis comme faisant un même parlement, sans souffrir pour cause de limites d'iceux avoir entre eux aucune différence...... Et voulons que toutes et quantes fois que aucun de nos présidens et conseillers de notre parlement de Toulouse se trouveront en notre ville de Paris, pour leurs affaires ou autrement, et se présenteront en notre parlement de Paris, pour y être reçus en leurs dits offices, que ceux de notre dit parlement de Paris soient tenus de les y recevoir, et leur bailler lieu entre eux, selon le tems de leur institution faite à Toulouse. »

souveraine. L'administration de la justice comtale avait passé des comtes à leurs sénéchaux; celui de Bigorre, pris dans la plus haute noblesse et dans l'ordre des chevaliers, dédaignant à son tour de l'exercer par lui-même, en avait abandonné le soin à son lieutenant-général de robe, vulgairement nommé juge-mage. Cette charge avait été supprimée sous Philippe de Valois, et réunie à la judicature ordinaire; mais elle fut rétablie dans la suite, et l'on peut conjecturer que le retour de la dynastie comtale fut l'époque de ce rétablissement.

Les grands, obligés de reconnaître l'autorité du roi, sentirent qu'ils ne pouvaient être puissans que par l'appui de cette autorité, et leur ambition fut dès-lors d'en être les dépositaires; leur intérêt s'identifiant avec celui du monarque, ils mirent leurs soins à étendre les prérogatives royales, dont ils partageaient les avantages avec le prince en devenant ses conseillers, ses ministres ou ses lieutenans-généraux. Gaston fut, comme son père, revêtu de ce dernier titre;

1450. Charles VII lui remit en 1450 le commandement de son armée, et le soin d'achever la défaite des Anglais. Le comte va assiéger Mauléon de Soule. Le roi de Navarre, son beau-père, auquel les Anglais avaient confié la garde de cette place, veut par des négociations le faire renon-

(125)

ter à cette entreprise; mais le comte assure qu'il ne se retirera que combattu et vaincu, ajoutant que le roi son beau-père peut toujours compter sur ses services, hors en ce qui touche le fait et l'honneur de la couronne de France (6). Jean II abandonna la place, qui capitula. Gaston

---

(Note 6.) « Les lisières de mon royaume, lui dit-il, est le pays Basque; l'Anglois mon voisin qui peut m'envelopper en beaucoup de difficultez, a besoin de mon assistance; je luy ay promis de l'empescher ny molester ses troupes, mais qu'elles ne m'offensent : c'est l'intérest de ma parole que vous leur soyez sur le dos et les pressiez de si près. Mon cher fils, vous pouvez en faisant vostre devoir envers le roy de France, m'obliger à ce coup, pour un coup, et moy pareillement l'Anglois, de quitter ceste poursuite de ce siège, le lever et le laisser en paix avec ceste promesse que je vous donne pour eux, qu'ils ne mettront le pied dans le Béarn, ny à quatre lieues de vos terres. Mon fils, accordez-moy cela, autrement vous vous en pourriez repentir. Ainsi si vous estes plus retenu en vos entreprises, vous gaignerez force amys; que si vous courez à force les dangers comme un impétueux torrent qui choque et attaque sans discrétion et sans choix, que deviendrez-vous? »

« Mon père, lui répondit Gaston, j'honore vostre nom et vos commandemens, autant que rien du monde; mais je trouve que vous me demandez, sous correction, une chose fort contraire à mon honneur; voire mesme je regrette infiniment que vous ayez daigné porter parole à vostre serviteur pour ces desloyaux et traistres qui ont rompu la foy publique, et fait regorger de leurs cruautez les lieux où ils ont mis les pieds. Prenez donc en gré, mon père, que je sois fidèle à mon roy, irréconciliable à l'Anglois, et à tous ceux qui tiendront leurs partis; mais pour l'amour de vous, ces voleurs que je tiens assiégez, condamnez à estre pendus par le commandement du roy, auront grâce, sous peine de ne porter les armes d'un an; et à vostre parole, s'ils veulent vivre, qu'ils sortent. »

s'empara ensuite de Hastingues, pendant que son frère Pierre, vicomte de Lautrec, se rendait maître de Guiche. Après ces exploits, le comte rentra dans ses états pour y lever de nouvelles troupes; il les assembla à Orthez; et s'étant joint au comte de Dunois, il investit de nouveau Dax, qui avait été repris par le captal de Buch, et qui se rendit. Il alla ensuite assiéger Bayonne, qui ne tarda pas à capituler : le vainqueur y entra en triomphe, monté sur un cheval superbe, couvert des plus magnifiques harnois ; le chanfrein était d'acier garni d'or et de pierreries : Gaston fit présent à l'église cathédrale, de la housse qui était de drap d'or semé de pierreries, et qu'il avait reçue du roi de France.

Nous ne devons pas omettre de faire mention d'un édit du roi Charles VII, donné au mois d'avril 1454, à Montil-liz-Tours, dans le 123.ᵉ article duquel ce prince ordonnait que toutes les coutumes locales de son royaume fussent authentiquement constatées et fixées, pour, après l'examen et l'approbation de leur rédaction par le parlement, avoir force de loi dans les causes où elles pouvaient être invoquées. Nous remarquerons à ce sujet que la France en général était divisée en pays de droit écrit ou commun, et en pays coutumiers, c'est-à-dire

1451.

1454.

régis par des usages non écrits que le tems avait consacrés. Le Bigorre suivait presque généralement le droit commun, c'est-à-dire le code Théodosien combiné avec la charte de Bernard II, et les ordonnances des rois; on y connaissait néanmoins deux coutumes particulières : l'une régissait la vallée de Barèges ; l'autre était commune à la vicomté de Lavedan, aux baronnies des Angles et de Bénac, au pays de Rivière-Ousse, à la ville de Lourdes, et aux bourgs de Saux, Adé et Ossun; mais ces coutumes ne furent rédigées par écrit que long-tems après, ainsi que nous le marquerons en son lieu (7).

Portons maintenant nos regards sur la Navarre; le comte de Bigorre eut bientôt une part trop directe aux événemens qui s'y passaient, pour que nous ne remontions pas à l'origine des querelles qui valurent un trône à son petit-fils. Jean, beau-père de Gaston, était le second fils de Ferdinand le Juste, roi d'Aragon; il avait épousé, en 1419, Blanche, fille et héritière de Charles le Noble, roi de Navarre; c'est par ce moyen qu'à la mort de ce prince, en 1425,

(Note 7.) On ne commença en France à exécuter l'édit de Charles VII que sous le petit-fils de ce monarque. L'exécution en fut bien plus tardive en Bigorre : la coutume de Barèges ne fut rédigée qu'en 1670, et celle de Lavedan qu'en 1704.

il était monté sur le trône de Navarre. De son mariage étaient issus trois enfans : Charles, prince de Viana, Blanche, et Eléonore mariée à Gaston. A la mort de la reine, en 1441, Jean voulut conserver le sceptre au préjudice du prince de Viana, celui-ci résolut de faire valoir ses droits par les armes ; mais il fut battu en 1452, fait prisonnier, et enfermé au château de Tafalla, par ordre de son père : cependant il fut remis en liberté l'année suivante, à la sollicitation de Jean, roi de Castille.

1455. La guerre civile ne tarda pas à recommencer: le prince Charles profita de l'absence de son père, qui était alors à Saragosse, pour s'emparer de Saint-Jean-Pied-de-Port, et soumettre, de concert avec sa sœur Blanche, presque toute la Navarre. Le père irrité déshérite Charles et Blanche, et appelle à lui succéder au trône sa fille Eléonore, épouse de Gaston : celui-ci passe aussitôt en Espagne pour secourir son beau-père.

1456. Il vint le trouver à Barcelonne avec trois cents lances : il montra dans cette ville sa valeur et son adresse dans un tournois dont il fit les honneurs, et où il emporta le prix sur quarante-deux chevaliers (8). Il se rendit ensuite en Navarre

---

(Note 8.) Voici ce qu'en raconte une chronique du tems : « L'an 1456, au mois d'octobre, le comte Gaston, et madame Alyéonor, sa femme, allèrent en pèlerinage à Nostre-Dame de Mont-

avec le roi. Le prince de Viana, battu à Estella, abandonna à Jean de Beaumont, comte de Lérim, chancelier de Navarre, le soin de défendre les places qui lui restaient, et se retira en France.

Gaston ayant laissé le commandement de ses troupes à Sanche-Garcie d'Auré, vicomte d'Asté et sénéchal de Bigorre, revint à la cour de Charles VII, où il occupait le rang le plus distingué. Il fut chargé de la réception des ambassadeurs de Ladislas, roi de Bohême et de Hongrie, qui venaient demander pour leur maître, la main de la princesse Magdelaine de France, fille du roi. La mort prématurée du monarque hongrois vint changer en deuil les fêtes brillantes dont le comte faisait les frais. Gaston, comblé d'honneurs et de dignités, n'avait plus à désirer que le titre de pair de France (9) : Charles VII le lui conféra par lettres

1457.

errat, et estoient en sa compagnée bien trois cens chevaulx : et après allèrent à Barcelonne où estoit le roy don Jean de Navarre. Les tenans estoient le seigneur de Foix, le comte de Prades, le maistre de Calatrave, fils du roy de Navarre, le comte de Palhas, Philippe-Albert. Ledit seigneur de Foix feist plusieurs beaux dons, et feist tost après donner les joustes à tous venans, et lui-mesme tint la table des joustes, et donna aux mieulx courant une lance estimée deux mille ducats, et deux diamans, et finablement ledit seigneur Gaston de Foix eut sur tous le prys, et rompit quarante-deux lances. »

(Note 9.) Les vassaux directs d'un seigneur devaient, dans le

1458. patentes du 6 août 1458, et le fit ainsi l'égal des plus grands du royaume.

Le comte de Bigorre étant retourné en Navarre, y forma le siège de Garris, qui se dé-

---

régime féodal, suivre ce seigneur à la guerre, et à son plaids ou cour de justice; et ces vassaux ou barons étaient les pairs du fief dont ils relevaient. Les pairs de France étaient les vassaux directs de la couronne qui composaient le plaids ou la cour du roi. Quelques uns de ces grands vassaux, plus puissans que les autres, se crurent supérieurs en dignité, et ne regardèrent plus les barons moins riches qu'eux comme leurs pairs : l'introduction au plaids du souverain de seigneurs qui n'étaient point vassaux directs de la couronne, favorisa leurs vues, en ce que l'entrée de cette cour ne fut plus l'indication de leur dignité. C'est ainsi que fut réduit à douze le nombre des grandes pairies, dont six ecclésiastiques et six laïques; voici le rang que, d'après Mathieu Paris, tenaient entr'eux les pairs du tems de Saint Louis :

« L'archevêque de Reims qui sacre le roi d'un chrême céleste, ce qui l'élève au-dessus des autres rois, est le premier des pairs et le plus digne. Après lui viennent l'évêque de Noyon, qui est comte palatin, l'évêque de Beauvais, qui est comte palatin, l'évêque de Châlons, l'évêque de Langres, que sa pauvreté ne rend pas indigne de la pairie, et l'évêque de Laon, qui est duc et comte par respect pour saint Rémi. Le duc de Normandie est le premier entre les pairs laïcs; puis le duc d'Aquitaine, le duc de Bourgogne, le comte de Flandres, le comte de Champagne et le comte de Toulouse. »

Philippe-le-Bel fut le premier qui créa de nouveaux pairs : il conféra en 1297 cette dignité à Robert-le-Noble, comte d'Artois, petit fils de Louis VIII; tous les princes du sang ne tardèrent pas à être revêtus de ce titre, qu'on conféra ensuite à de grands vassaux qui n'étaient point du sang royal, à des princes étrangers, et enfin à de simples gentilshommes; mais alors les anciennes grandes pairies étaient éteintes, et les nouveaux pairs n'avaient plus qu'un titre pompeux et des prérogatives honorifiques.

fendit vigoureusement : le vicomte d'Asté, son sénéchal de Bigorre, y perdit la vie; mais enfin la place fut emportée d'assaut, et les assiégés eurent le poing coupé et les yeux crevés.

L'église cathédrale de Tarbes, Sainte-Marie de la Sède, fut environ deux ans après la proie d'un violent incendie, qui la détruisit presqu'entièrement. La chaire épiscopale était alors occupée par Roger de Foix-Castelbon. 1460.

Gaston obtint au mois de mars 1461, pour son fils aîné Gaston, vicomte de Castelbon, la main de la princesse Magdelaine de France, que le roi de Hongrie avait sollicitée quatre ans auparavant. Après la mort de Charles VII, le comte jouit également de la faveur du nouveau monarque; il en obtint des secours en faveur de son beau-père le roi Jean, contre les Catalans révoltés qu'appuyait le roi de Castille : il fut nommé capitaine-général de l'armée française, et Louis XI lui remit la garde des comtés de Roussillon et de Cerdagne, engagés à la France pour trois cent mille écus (10). 1461.

(Note 10.) Cette somme était l'évaluation de l'entretien de 700 lances que fournissait le monarque français. Jean ayant rétabli la tranquillité dans ses états, voulut recouvrer les provinces engagées : elles se déclarèrent pour lui et massacrèrent les garnisons françaises ; Louis XI prit les armes et alla assiéger le roi de Navarre dans Perpignan ; on négocia : Louis XI exigea la restitution du prix de l'engage-

1462. La mort du prince de Viana, arrivée en 1462,
1464. et celle de la princesse Blanche sa sœur, en 1464,
vinrent enfin assurer à Eléonore la couronne
de Navarre : elle y commandait avec le titre
de princesse de Viana, lieutenante-générale de
son redoutable seigneur et père. Elle avait
donné au comte Gaston quatre fils et cinq filles.
Gaston, l'aîné, beau-frère de Louis XI, ayant
1470. accompagné à Bordeaux, Charles duc de Berry,
que le roi son frère avait investi du duché de
Guienne, fut blessé dans un tournois, de l'éclat
d'une lance, et mourut, vivement regretté, à
peine âgé de vingt-sept ans (11); il laissait, de
son mariage avec Magdelaine de France, un
fils nommé François-Phébus, âgé seulement de
quatre ans, et une fille appelée Cathérine. Jean,
le second fils du comte Gaston et d'Eléonore
d'Aragon, avait été apanagé par son père de
la vicomté de Narbonne, en 1468; et Pierre, le
troisième, après avoir été à l'âge de quatorze

---

ment, ce qui fut refusé. Les comtés engagés demeurèrent à la France
jusqu'en 1493, que Charles VIII les rendit. François Ier tâcha de
recouvrer le Roussillon en 1542, mais sans succès. Louis XIII reconquit en 1642 cette province, dont la possession fut confirmée à la
France par le traité des Pyrénées de 1659.

(Note 11.)« Hélas ! dit Olhagaray, combien de regrets partout
pour la perte d'un si grand seigneur ! Bourdeaux fut son tombeau,
Sainct-André la loge de son corps, mais tout le monde fut l'épitaphe
de ses louanges. »

ans pourvu de l'évêché de Tarbes, qu'il résigna à Arnaud-Raymond de Palatz, archidiacre de Lavedan, fut créé à vingt-sept ans par le pape Sixte IV, cardinal du titre de saint Côme et saint Damien.

Le comte Gaston survécut peu à son fils aîné; le chagrin le mena au tombeau; il mourut au mois de juillet 1471, à Roncevaux : son corps fut transporté à Orthez, et inhumé dans l'église des dominicains. Il fut pleuré de ses sujets dont il était tendrement aimé; *il était*, dit un ancien auteur, *ami de son peuple, clément et droiturier* (12). François-Phébus, âgé de cinq ans, lui succéda dans ses états de Bigorre, de Foix et de Béarn, sous la tutelle de la princesse Magdelaine sa mère : la régente, aidée des conseils de son frère le roi de France, gouverna paisiblement les domaines de son fils : elle élevait ce jeune prince avec le plus grand soin.

L'évêque de Tarbes, Arnaud-Raymond de Palatz (13), homme distingué par ses talens et

1471.

(Note 12.) « Il aymoit tous et estoit aymé de tous; obligeant à toutes occasions toutes sortes de personnes par beaucoup de bons offices ; et si accortement que tout le commun peuple le tenoit comme le principal gardien de leur liberté, droiturier, clément, propre à rembarrer ses ennemis, punir les meschans, conserver les bons, et maintenir debout les affaires de son pays. »

(Note 13.) Il était natif de Solon en Lavedan, et l'on montrait encore dans ce village en 1760, au rapport de Larcher, la maison

ses vertus, qui avait été le précepteur de son prédécesseur Pierre de Foix, étant mort en 1474 à Orthez, ses restes furent transférés à l'abbaye de Saint-Savin, pour y être ensevelis. La chaire épiscopale fut remplie après lui par Menaud d'Aure, fils de Sanche-Garcie, vicomte d'Asté (14), qui avait été tué devant Garris : le

---

natale de ce prélat, et l'appartement qu'il y avait occupé était nommé la chambre de l'évêque. L'obituaire du chapitre de la Sède parlait de lui en ces termes : « Hic episcopus fuit vir bonus, ob cujus honestatem reverendissimus Petrus de Fuxo, cardinalis, ejus discipulus, renuntiavit eidem dictum episcopatum. »

(NOTE 14.) La vicomté d'Asté avait été d'abord possédée par la maison de ce nom, d'où elle avait passé, au douzième siècle, à une branche cadette de celle d'Aure. Traçons succintement la suite des vicomtes de ces deux familles :

La maison d'Asté existait déjà au neuvième siècle : Sanché d'Asté était abbé de Saint-Orens de Lavedan sous le comte de Bigorre Daton-Donat : l'abbé Duco le fait vicomte d'Asté ; mais je crois que le premier vicomte connu d'Asté, est Guillaume, qui accompagna Bernard Ier dans son pélerinage à Notre-Dame du Puy, en 1062. Il eut pour successeur Auger Ier, qui rendit hommage à Centulle Ier vers 1080. Fort-Aner et Hispan Ier d'Asté, qui en 1130 furent présents à l'hommage de Sanche-Garcie d'Aure, étaient sans doute des fils d'Auger Ier. Auger II, vicomte d'Asté, vivait en 1147. Arnaud Guillaume son successeur, qui vivait en 1190, fut père d'Auger III, et celui-ci de Hispan II, qui n'eut qu'une fille nommée Agnès : cette princesse porta l'héritage d'Asté à la maison d'Aure, en épousant Sanche-Garcie d'Aure, frère puiné de Sanche, vicomte d'Aure. Sanche-Garcie Ier, mort en 1200, fut père d'Arnaud Ier, mort en 1238 : celui-ci eut pour successeur son fils Garcie-Arnaud Ier, mort en 1264, qui fut remplacé à son tour par son fils Bernard Ier, mort en 1283, père de Bernard II, vicomte d'Asté, qui mourut en 1312,

nouveau prélat s'occupa du soin de faire rebâtir la cathédrale, qui avait été détruite par un incendie, ainsi que nous l'avons rapporté.

Au décès de Jean II, roi d'Aragon et de Navarre, arrivé le 19 janvier 1479, la comtesse Éléonore se trouva enfin élevée sur le trône qu'elle avait tant ambitionné; mais elle n'y resta pas long-tems assise : la mort l'en précipita quelques jours après, le 12 février, et ses droits passèrent à son petit-fils le comte de Bigorre et de Foix. Les factions déchiraient alors ce malheureux royaume : deux maisons puissantes, celle de Beaumont et celle de Grammont, étaient à la tête de deux partis qui se faisaient cruellement la guerre (15). Les discordes s'étant enfin

1479.

[...] trois fils : 1.° Arnaud II, vicomte d'Asté, mort en 1330 ; 2.° [...] 3.° Arnaud-Guillaume. Arnaud II, marié à Agnès, fille [de] Guillaume-Garcie d'Asté, baron de Hiis, fut père de Jean II, [mort] en 1397. Jean III, fils de Jean II, qui vivait en 1433, fit bâtir [le] château dont on voit encore les ruines à Asté. Sanche-Garcie II, [son fils,] est le sénéchal du Bigorre qui fut tué en 1458 au siège [de ...]. Jean IV, fils aîné de Sanche-Garcie II, et frère de [...] Menaud, fut père de deux princes : 1.° Jean, mort sans [postérité] avant son père ; 2.° Menaud d'Aure, vicomte d'Asté, [qui] épousa Claire de Navarre, sœur et héritière de Jean, seigneur [de] Grammont, et devint ainsi la tige de la nouvelle maison de [Gram]mont.

(Note 15.) Les factions de Beaumont et de Grammont sont [connues] dans l'histoire de Navarre ; elles prenaient leurs noms des [deux] maisons les plus puissantes de ce royaume, toujours opposées.

calmées, le jeune roi fut couronné à Pampelune le 6 novembre 1482. Il mourut subitement en jouant de la flûte le 30 janvier suivant, âgé seulement de quinze ans : on soupçonna, peut-être avec raison, que le poison avait avancé le terme de ses jours.

Cathérine, sœur de François-Phébus, était l'unique héritière des biens immenses qui formaient alors le domaine de la maison de Foix. Le roi de Castille s'empressa de solliciter, pour son fils encore au berceau, la main de la princesse, qui était alors le plus brillant parti de l'Europe : le duc d'Alençon, le comte d'Angoulême, Jean, fils d'Alain sire d'Albret, et le fils du comte de Boulogne, se mirent aussi sur les rangs. La régente crut à propos de consulter les états sur le choix qu'elle allait faire, et députés des comtés de Bigorre et de Foix, et des vicomtés de Béarn, Marsan, Gabardan et Néhouzan furent mandés à Pau, le 16 février, et Magdelaine, après leur avoir fait promettre de tenir la délibération secrète, leur demanda leur avis suivant Dieu et leur conscience. Jean

_____

de vues et d'intérêts : les seigneurs de Grammont, maréchaux héréditaires de Navarre, étaient attachés à la cause royale; les Beaumonts, dont le chef était le connétable Louis de Beaumont, comte de Lérin, suivaient le parti opposé.

d'Albret (16) fut désigné, et le mariage arrêté, à la satisfaction de la cour de France, qui avait fait négocier cette union par le vicomte de Lautrec.

(Note 16.) La maison d'Albret, si l'on en croit une généalogie composée au quatorzième siècle, tire son origine d'un ancien comte bénéficiaire de Bigorre, nommé Garcie-Ignigue, mort en 802, fils de Garcie-Ximin. Garcie-Ignigue laissa deux enfans, dont le puîné, appelé Ximin, fut le premier sire d'Albret, et mourut en 830, laissant un fils nommé Ignigue, qui accompagna le comte de Bigorre Arriscat dans ses expéditions contre les Sarrazins de la Navarre, et mourut en 868. Son fils Garcie-Ramire *fut moult preux et hardy chevalier, et mena aux Sarrasins dure et forte guerre*; il décéda en 888, et fut père de Vérémond, mort en 900, qui eut pour fils Aznar, mort en 955. Aznar eut pour successeur son fils Forton, mort en 985, père de Bérard, mort en 995 ; celui-ci laissa trois fils : 1.º Guitard, sire d'Albret, mort en 1003 sans postérité ; 2.º Arnaud, successeur de Guitard, qui mourut aussi sans postérité en 1055 ; 3.º Amanieu Iᵉʳ, sire d'Albret, nommé dans une charte de l'abbaye de Condom, de 1050, mort en 1060, et remplacé par son fils Amanieu II, qui fut de la première croisade, et mourut en 1100, laissant un fils, Amanieu III, qui vivait en 1130, et fut père de Bernard qui vivait en 1140. Amanieu IV, fils de Bernard, vivait en 1209 ; il eut pour fils Amanien V, mort vers 1255, père d'Amanieu VI, qui décéda vers 1270, laissant deux fils : 1.º Bernard-Ezi Iᵉʳ, mort en 1281, lequel eut deux filles, Mathe et Isabelle, qui possédèrent successivement la sirerie d'Albret ; 2.º Amanieu VII, successeur de sa nièce Isabelle, mort vers 1324. Bernard-Ezi II son fils le remplaça, et fut père d'Arnaud-Amanieu, sire d'Albret, comte de Dreux et vicomte de Tartas, mort en 1401 : celui-ci eut pour fils Charles Iᵉʳ connétable de France, mort en 1415, père de Charles II, qui joignit le comté de Gaure à ses autres domaines, et mourut en 1471 : trois ans avant sa mort il avait perdu son fils aîné Jean, vicomte de Tartas, lequel avait laissé un fils, Alain-le-Grand, qui succéda à son aïeul Charles II,

Catherine, à peine en possession de l'héritage de son frère, se le vit disputer par un compétiteur puissant : c'était son oncle Jean de Foix, comte d'Etampes et vicomte de Narbonne ; ce prince, prétendant que la succession de Bigorre, de Foix et de Béarn était de droit dévolue aux mâles, en demanda la restitution, comme le plus proche héritier mâle de François-Phébus: cependant, comptant plus sur ses intrigues que sur des droits imaginaires, il chercha à se former un parti, et il parvint à gagner quelques seigneurs de Foix et de Béarn ; ses prétentions n'en excitèrent pas moins une indignation générale ; le conseil de la régente conclut même à ce qu'on arrêtât le comte. Celui-ci, averti à tems, quitta précipitamment Pau, pour se rendre à Maubourguet, où Jean de Châteauverdun, seigneur de Caumont, et Gaspard de Villemur, sénéchal de Foix, vinrent le joindre avec un corps de cavalerie.

Il résolut alors d'agir à force ouverte ; mais

―――――――
et se qualifiait sire d'Albret, comte de Dreux, de Gaure, de Penthièvre et de Périgord, vicomte de Limoges et de Tartas, captal de Buch et seigneur d'Avesnes. Celui-ci eut trois fils : 1.º Jean, vicomte de Limoges et de Tartas, qui fut l'époux de Catherine de Foix-Grailly; 2.º Amanieu, cardinal, mort en 1520 ; 3.º Gabriel, seigneur de Lesparre. Jean d'Albret, mort en 1516, eut deux fils : 1.º Henri, roi de Navarre et duc d'Albret, mort en 1555 ; 2.º Charles, dit le Prince de Navarre, mort en 1528 au siège de Naples.

comme le Bigorre et le Béarn lui parurent trop difficiles à réduire, il alla se jeter sur le comté de Foix, où il soumit quelques places. La princesse Magdelaine envoya contre lui Jean de Foix, vicomte de Lautrec, avec des troupes bigorraises, basques et béarnaises : le vicomte atteignit bientôt son cousin, et chercha à le ramener par la douceur : le comte sembla d'abord se rendre à ses raisons ; mais les hostilités recommencèrent presqu'aussitôt, et le vicomte de Lautrec remporta quelques avantages.

Le comte d'Etampes eut alors recours aux menées de quelques traîtres, et peut-être trempa-t-il dans l'horrible conspiration que formèrent contre la vie de la régente et de sa fille, Roger, seigneur de Grammont, et Jean de Béarn, seigneur de Gerderest, sénéchal de Béarn (17). Deux officiers de la maison des princesses furent gagnés pour mêler du poison aux mets qui devaient être servis sur leur table : le complot fut heureusement découvert avant que d'être

---

(Note 17.) Ce fut Grammont qui forma le complot, et le proposa à Gerderest, qui par faiblesse se laissa gagner. Celui-ci se rendit à Pau, et mit dans la conspiration Aimeri de Pouilhaud, maître d'hôtel des princesses, et Thomas Brunel pâtissier ; le poison remis à ce dernier par Pierre de Bellefoie, suppôt de Gerderest, fut divisé dans quatorze pâtés. Bellefoie, soupçonné, fut arrêté et interrogé ; il se troubla, et finit par tout avouer.

1488. exécuté. On arrêta le sénéchal de Béarn et les deux officiers qu'il avait corrompus, et l'on instruisit leur procès. Bernard de Castelbajac (18), sénéchal de Bigorre, Pierre de Béarn, sénéchal de Marsan, Bernard, vicomte de Serres, Raymond de Cazarré, juge-mage de Bigorre, Arnaud-Guillaume, seigneur de Castel-Saint-Martin de Salies, Arnaud, sieur de Doazon, Menaud de Navailles, seigneur de Vignoles,

(NOTE 18.) Castelbajac est une ancienne baronnie de Bigorre : on peut présumer qu'elle était encore du domaine comtal vers le milieu du onzième siècle, puisque le vicomte de la Barthe s'obligea vers cette époque à subir jugement de la cour du comte son suzerain, dans Castelbajac, ou tel autre lieu choisi par le comte. Elle en était distraite à la fin du même siècle : Bernard Ier, baron de Castelbajac, assista en 1096 à la dédicace de l'église de Saint-Pé. Bernard II de Castelbajac eut guerre en 1190 avec Bernard de Comminges, époux de Stéphanie de Bigorre, et qui avait répudié cette princesse : la querelle s'apaisa par la médiation d'Arnaud-Guillaume, vicomte d'Asté. Bernard III de Castelbajac fut en 1216 l'un des témoins du mariage de Pétronille avec Guy de Montfort. Arnaud-Raymond et Pierre de Castelbajac sont du nombre des barons de Bigorre nommés dans l'enquête de 1300. Arnaud de Castelbajac commandait en 1355 dans le Bigorre cent lances et deux cents fantassins pour le service du roi de France. Le baron de Castelbajac suivit le parti de la maison d'Armagnac dans ses démêlés avec celle de Foix. Bernard, baron de Castelbajac, sénéchal de Bigorre en 1488, ne fut probablement point son successeur immédiat ; il ne fut pas non plus sans doute immédiatement remplacé par un autre Bernard de Castelbajac, qui vivait en 1558. La baronnie de Castelbajac passa en 1564 à la maison de Durfort, en la personne de Jacques de Durfort, second fils de Jean de Durfort et de Louise de Castelbajac.

et Pierre de Perez, juge des appeaux de Bigorre, furent chargés de rassembler les preuves: les coupables furent convaincus, et la régente, sur l'avis de son conseil privé, les condamna au dernier supplice : les deux officiers de sa maison furent exécutés à Pau; le sénéchal subit le même sort à Montaner. Roger de Grammont, dont la complicité fut reconnue, demanda et obtint sa grâce, à la sollicitation du roi de France.

La vicomté de Lavedan, qui avait passé de cette antique maison à celle de Lyon, par le mariage de Gaston de Lyon, seigneur de Bézaudun, avec Jeanne, fille et héritière du vicomte Raymond-Garcie, en sortit vers cette époque 1490. pour passer à une branche bâtarde de la maison de Bourbon. Charles, fils naturel de Jean II, duc de Bourbon, devint vicomte de Lavedan par la mort de Gaston de Lyon, dont il avait épousé en 1485, la fille et l'unique héritière, Louise de Lyon : le nouveau vicomte rendit hommage à Cathérine pour son fief.

Le mariage de Cathérine de Foix-Grailly avec Jean d'Albret, comte de Périgord et vicomte de Limoges, fut célébré le 14 juin 1493. 1493. Les états du comté de Bigorre et de Foix, et des vicomtés de Béarn, Marsan, Gabardan, et Nébouzan, assemblés à Pau, reçurent, suivant l'ancienne coutume, le serment de leur nouveau seigneur : les barons lui rendirent hommage, et les députés des communes lui jurèrent fidélité. Jean et Cathérine se rendirent ensuite en Navarre, et ils furent solennellement couronnés le 10 janvier 1494, dans l'église cathédrale de Pampelune (19). La princesse Magdelaine mourut deux ans après dans cette capitale.

1494.
1496.

(NOTE 19.) Voici quelques fragmens du procès-verbal de ce couronnement :

« Los muy eccelentes y muy poderosos principe y princesa, don Juan, por la gracia de Dios, rey de Navarra, duque de Nemours, de Gandias, de Momblanc y de Peñafiel, conde de Foix, señor de Bearne, conde de Begorra y de Ribagorza, de Pentiebre, de Peyregor, vizconde de Limoges, par de Francia y señor de la ciudad de Balaguer, y doña Cathalina, por la misma gracia, reyna propietaria del dicho reyno, duquesa de los dichos ducados, condesa y señora de los dichos condales y señorios, mandaron convocar y venir al sagramento de la santa uncion y solemnidad de su bienaventurada coronacion, y elevacion à la dignidad real, à los prelados, nobles, varones, ricos hombres, hijosdalgo, infanzones y hombres de ciudades y buenas villas, representantes los tres estados del reyno y todo el pueblo de Navarra, como en semejantes cosas y autos se acostumbra hacer, al presente dia de hoy, en la iglesia catedral de Santa Maria de la ciudad de Pamplona, adonde la dicha solemnidad y recibimiento de las insignias reales se deve y se acostumbra hacer. »

« El prior de Roncesvalles por, y en ausencia del obispo de Pamplona, à quien esto pertenecia hacer, si presente se hallàra, dijo publicamente en presencia de todos, à los dichos señores rey y reyna las palabras que siguen : Muy eccelentes principes y poderosos señores, vosotros quereis ser nuestros reyes y señores ? A lo cual respondieron sus Altezas : Nos place, y queremos ; y reiteradas las dichas palabras por tres veces asi por el dicho prior, pues asi es, muy

Cependant le comte d'Etampes, peu content du succès de ses entreprises, chercha à se réconcilier avec sa nièce; il vint la trouver à

xcelentes principes y poderosos señores, antes que mas adelante sea procedido al sagramento de la santa uncion y bienaventurado coronamiento vuestro, es necesario que vuestras Altezas hagan à los pueblos la jura que sus antecesores reyes de Navarra hicieron en su tiempo; y bien así el pueblo hará su jura acostumbrada à vosotros. Y los dichos señores rey y reyna respondieron que les placia, y eran contentos de hacer la dicha jura. Y luego incontinente poniendo sus reales manos sobre la cruz y los santos evangelios, por cada uno de ellos manualmente tocados, y reverencialmente adorados en las manos del dicho prior de Roncesvalles, juraron à su dicho pueblo en la forma y manera contenida en una cédula de papel, la cual à requesta del dicho prior, fué leida à alta e inteligible voz por don Fernando de Vaquedano protonotario, el tenor de la cual cédula es en la forma siguiente: Nos don Juan por la gracia de Dios rey de Navarra, y nos doña Cathalina por la misma gracia reyna propietaria del dicho reyno, con licencia de vos el dicho rey don Juan mi marido, y cada uno de nos, como nos toca y pertenece, juramos sobre esta cruz y santos evangelios, por cada uno de nos manualmente tocados, y reverencialmente adorados, à vos los prelados, nobles, ricos hombres, hijosdalgo, e infanzones y hombres de ciudades y buenas villas, y à todo el pueblo de Navarra, tanto à los ausentes como si cada uno de ellos fuese presente, todos vuestros fueros, y los usos y costumbres, franquezas, libertades, privilegios de cada uno de vos, presentes y ausentes, asi como los habeis tenido, y en aquellos vos mantendremos y guardaremos y haremos mantener y guardar à vos y vuestros sucesores y à todos nuestros súbditos del reyno de Navarra, en todo el tiempo de nuestra vida, sin quebrantamiento alguno, mejorando y no apeorandolos en todo ni en parte; y todas las fuerzas que à vos y à vuestros antecesores fueron hechas por nuestros antecesores reyes de Navarra, à quienes Dios perdone; y por sus oficiales que fueron por tiempo en el reyno

Tarbes, et le résultat de cette entreprise fut un traité conclu le 7 septembre 1497, par lequel il renonçait à toutes ses prétentions moyennant

1497.

---

de Navarra : y asi bien por nos y nuestros oficiales desharemos, y haremos deshacer y enmendar, bien y cumplidamente à aquellos à quienes han sido hechas, sin escusa alguna, las que por buen derecho y por buena verdad puedan ser halladas por hombres buenos y cuerdos : y que por doce años mantendremos la moneda que con consejo de vosotros los dichos estados se batirà de presente, y asi en toda nuestra vida, y que no cogeremos mas de una moneda. »

« Y hecha asi la dicha jura por sus Altezas, luego los sobredichos prelados, nobles, varones, ricos hombres, caballeros, hijosdalgo e infanzones, procuradores de las ciudades y buenas villas, requeridos asi mismo por el prior de Roncesvalles, procedieron à hacer su jura uno empues de otro tocando reverencialmente con sus manos la cruz y los santos evangelios, tanto por si, como en vez y nombre de todos los otros asi clerigos como legos, brazo eclesiastico ò seglar del reyno de Navarra, juraron en mano del doctor don Juan de Jaso, alcalde primero de la corte mayor, en ausencia del chanciller à quien tocaba recibir el dicho juramento, en la forma y manera contenida en una otra cédula de papel, la cual fue leida publicamente, à alta e inteligible voz por don Martin de Ciordia protonotario, cuyo tenor es en la forma siguiente : Nos los estados del clérigos, nobles, varones, ricos hombres, caballeros, hijosdalgo e infanzones, y procuradores de las ciudades y buenas villas del reyno de Navarra, juramos à Dios, y à esta cruz y santos evangelios por nos manualmente tocados y reverencialmente adorados, à vos nuestro señor don Juan por la gracia de Dios rey de Navarra por el derecho que à vos pertenece por causa de la reyna doña Cathalina vuestra muger y nuestra reyna y nuestra natural señora, que guardaremos y defenderemos bien y fielmente vuestras personas, corona y tierra, y vos ayudaremos à guardar y defender y mantener los fueros por vos à nos jurados, à todo nuestro leal poder. »

« Los dichos rey y reyna.... se llegaron al altar mayor sobre

une rente annuelle de quatre mille livres en
fonds de terre ; mais l'année suivante Louis, 1498.
duc d'Orléans, son beau-frère, étant monté
sur le trône de France, le comte espérant être
soutenu dans ses prétentions par le nouveau
monarque, se départ du traité de Tarbes, et
recommence la guerre : on reprend bientôt
après les négociations, et l'on convient le 24
avril 1499, que le mariage d'Anne d'Albret, 1499.
fille de Catherine, avec Gaston de Foix-Narbonne, fils du comte d'Etampes, terminera
tous les différends ; le traité de Tarbes est confirmé à Etampes, le 8 mars 1500, et ratifié le 9 1500.

el cual estaban una espada, dos coronas de oro guarnecidas de pie-
dras preciosas, dos cetros reales y dos pomas de oro : y el obispo de
Coserans diciendo ciertas oraciones para semejante auto apropiadas ;
y el dicho señor rey tomó con sus proprias manos la dicha espada,
y se ciñó aquella, y sacada de la vayna con su mano diestra, la
levantó en alto y la sacudió, y la retornó en su dicha vayna. Y luego
hecho esto, sus Altezas tomaron con sus proprias manos las dichas
coronas, cada uno la suya, y aquellas pusieron sobre sus cabezas :
y dichas por el dicho obispo las oraciones para ello apropiadas y
acostumbradas, tornaron asi bien los dichos cetros reales en sus manos
diestras, y las dichas pomas de oro en sus manos siniestras : y asi co-
ronados y teniendo los dichos cetros en sus manos, pujaron de pies
sobre un escudo pintado de las armas reales de Navarra solamente, al
rededor del cual escudo habia doce sortijas de hierro, y trabando de
aquellas los sobredichos nobles, y ricos hombres y personages que
para ello fueron diputados y nombrados de nuestra autoridad, levan-
taron a sus Altezas por tres veces, clamando cada vez à alta voz :
Real, Real, Real. »

mai suivant par Louis XII. Mais le mariage ne s'étant pas accompli, le comte, qui mourut à la fin de la même année, déclara dans son testament qu'il avait été trompé par le traité de Tarbes. Son fils, dont Louis XII prit la tutelle, poursuit alors au parlement de Paris la cassation de cette transaction, l'obtient, et recommence la guerre, pour la continuer jusqu'à sa mort. Ce prince, qui n'était plus désigné que par le titre de duc de Némours, depuis qu'il avait acquis ce fief du roi son oncle, en échange de la vicomté de Narbonne, fut tué en combattant vaillamment à la bataille de Ravenne, le 11 avril 1512, où il commandait l'armée française (20) : son cousin Odet de Foix, vicomte de Lautrec, y fut grièvement blessé.

1502.

1507.

1512.

Cathérine, à peine délivrée de ce concurrent redoutable, se vit enlever la Navarre par Ferdinand le Catholique, roi d'Aragon et de Castille (21). Ce monarque, voulant porter la guerre

---

(Note 20.) Le duché de Némours revint alors à la branche aînée de Foix-Grailly.

(Note 21.) Le pape Jules II, ennemi déclaré du roi de France, contre les troupes duquel il avait même combattu en personne, et qu'il avait excommunié, enveloppa, dit-on, alors dans l'excommunication Jean et Cathérine comme fauteurs du concile de Pise, tenu contre sa volonté, délia les Navarrais du serment de fidélité, et donna la Navarre au premier occupant, par un décret daté, suivant

en Guienne, demande aux souverains de Navarre le passage par leurs états : ceux-ci, loin de l'accorder, prennent parti pour le roi de France contre l'Aragonais : le duc d'Albe marche alors contre la Navarre, s'en rend maître, et entre victorieux à Pampelune, le 22 juillet. En vain Cathérine et son époux tentèrent-ils de rentrer dans leur royaume avec le secours de la France : il ne leur en resta plus que le titre, et la partie située au nord des Pyrénées : Ferdinand réunit pour toujours le reste à la Castille. Après la mort de ce prince, ils voulurent essayer un dernier effort; mais ils furent battus. « Si nous fussions nés, dit alors Cathérine à Jean d'Albret, vous Cathérine, et moi Jean, nous n'aurions pas perdu la Navarre. » Ce prince mourut de chagrin à Monein, le 17 juin 1516, peu de tems après ce dernier revers; son corps fut enseveli dans la cathédrale de Lescar. Il était ami du bien, et de ses sujets qu'il gouver-

1516.

Mariana, du 18 février 1512. Les auteurs de l'Art de vérifier les dates regardent comme mal fondée l'histoire de ce décret que, disent-ils, personne d'ailleurs n'a jamais vu; mais il y a erreur dans les raisons chronologiques dont ces savans appuient leur opinion, en ce qu'ils font mourir Jules II, deux jours après la date du prétendu décret, tandisque ce pontife ne décéda que l'année suivante, ainsi que ces mêmes auteurs l'ont marqué en d'autres endroits de leur livre.

naît avec la plus grande douceur; mais d'un caractère trop faible pour conserver ou recouvrer une couronne.

François d'Angoulême, qui était monté après Louis XII sur le trône de France, sollicita vivement de Charles d'Autriche, successeur de Ferdinand, la restitution de la Navarre: un congrès s'assembla à Noyon à ce sujet, au mois d'août. Gouffier de Boissy, pour le roi de France, de Chièvres, pour Charles d'Autriche, Pierre de Biaix et le seigneur de Montfaucon, pour Cathérine, convinrent, après douze jours de conférences, que la Navarre serait rendue à ses légitimes souverains. Mais le roi d'Espagne ne tint compte du traité, et en éluda l'exécution par ses réponses évasives.

La reine Cathérine mourut sur ces entrefaites, 1517. le 11 février 1517, laissant ses états à Henri d'Albret, comte de Périgord et vicomte de Limoges, son fils aîné.

CHAPITRE II.

Henri d'Albret sous la curatelle d'Alain. — Prétentions de Lautrec. — Tentatives sur la Navarre. — Succession d'Albret. — Guerres d'Italie. — Henri prisonnier à Pavie. — Son évasion. — Son mariage avec Marguerite. — Nouvelles doctrines religieuses. — Mariage de Jeanne d'Albret. — Naissance de Henri de Bourbon. — Mort d'Henri d'Albret : Jeanne succède avec Antoine de Bourbon. — Protection accordée aux Huguenots. — Mort d'Antoine : Jeanne règne seule. — La réforme s'introduit en Bigorre. — Jean-Guilhem. — Sarlabous envoyé à Tarbes. — Arrivée de Montgommery. — Ravage du Bigorre. — Sièges de Tarbes. — Paix. — Siège de Rabastens. — Mort de Jeanne.

———

Henri d'Albret avait quatorze ans lorsqu'il recueillit la succession de sa mère : son aïeul Alain d'Albret, comte de Dreux, l'avait élevé sous ses yeux à la cour de François I.er, et le jeune prince, répondant aux tendres soins de son sage précepteur, était l'ornement de cette cour brillante, par ses connaissances et ses qualités aimables : sa bravoure, sa galanterie, la faisaient l'émule du modèle des chevaliers. Devenu roi de Navarre, duc de Némours, comte de Bigorre et de Foix, vicomte de Béarn, en un mot un des plus puissans seigneurs de son tems, il avait plus que jamais besoin des conseils de son vieux mentor : le comte de Dreux se chargea de la curatelle de son petit-fils.

Odet de Foix, vicomte de Lautrec, voulut disputer à Henri la succession de la reine Catherine (1); mais ses prétentions ne furent pas jugées valables par le parlement de Paris, qui prononça, le 7 octobre 1517, un arrêt entièrement favorable aux droits de Henri.

La récupération de la Navarre occupait la sollicitude du régent; il s'adressa au roi de France, pour qu'il appuyât ses réclamations : un nouveau congrès s'assembla à Montpellier; mais il ne produisit pas un meilleur effet que les conférences de Noyon. Cependant Charles d'Autriche ayant quitté l'Espagne pour aller recevoir la couronne impériale en Allemagne, Henri crut devoir profiter de ce moment, où les confé-

1518.

1519.

(Note 1.re) Lautrec faisait revivre les mêmes prétentions qu'avaient si long-tems soutenues son oncle le vicomte de Narbonne et son cousin le duc de Némours : que les terres qu'avait possédées François-Phébus étaient des fiefs masculins et par conséquent n'avaient été acquises à Catherine qu'au préjudice des collatéraux mâles.

dérations rivales qui s'étaient formées dans la plupart des villes, mettaient ce royaume en combustion, pour agir à force ouverte. François I.er seconda ses projets, et lui fournit des troupes : André de Foix, seigneur de Lesparre, et frère du vicomte de Lautrec, est chargé de commander l'expédition ; il entre en Navarre, 1521, et sa marche est un triomphe : Saint-Jean-Pied-de-Port, Roncevaux, Pampelune sont emportés ; en un mois la Navarre est conquise. Mais un instant voit changer la face des affaires : André de Lesparre est attaqué à son tour par l'armée castillane ; il est battu et fait prisonnier à la bataille d'Esquiros, le 30 juin 1521, et la Navarre rentre sous la domination espagnole.

Alain d'Albret mourut l'année suivante au 1522. mois d'octobre ; il laissa à son petit-fils le comté de Dreux, la vicomté de Tartas, le captalat de Buch, et la seigneurie d'Albret.

Deux ans après, laissant le gouvernement de 1524. ses domaines à son frère Charles d'Albret, prince de Navarre, Henri accompagna le roi de France à cette fameuse campagne d'Italie, où tout fut perdu, fors l'honneur. L'amiral de Bonnivet avait été battu, le brave chevalier sans peur et sans reproche, Bayard, avait été tué, le comte de Saint-Paul avait été forcé de repasser les Alpes avec les débris de l'armée française : le connétable de Bourbon et le marquis de Pescara étaient venus assiéger Marseille. François I.er arrive alors avec Henri, et les troupes impériales, abandonnant le siège, s'empressent de regagner l'Italie : les Français les poursuivent dans le Milanais, et vont mettre dans le mois d'octobre le siège devant Pavie. La place, vivement pressée pendant quatre mois, ne pouvait plus résister : le sort d'une bataille vint la délivrer et ruiner l'armée française. Le roi, contre l'avis de ses meilleurs officiers, voulut combattre en rase campagne les troupes impériales, le 24 février 1525; il ne put faire usage d'une artillerie qui devait lui assurer la victoire, parce qu'il eut l'imprudence de se placer entr'elle et l'ennemi ; des prodiges de valeur ne purent réparer cette faute : plus de huit mille Français périrent dans l'action. L'amiral de Bonnivet, le maréchal de la Palice, le fameux Louis de la Trémouille, prince de Talmont, y furent tués. Les rois de France et de Navarre, les seigneurs de Montmorency, de Saint-Paul, de Biron, de Laval, furent faits prisonniers.

1525.

Henri d'Albret fut enfermé au château de Pavie; mais il eut le bonheur d'échapper à sa prison par l'adresse d'un de ses pages : s'étant muni d'échelles de cordes, il s'évada pendant la nuit avec le baron d'Arros, et Francisque, son valet de chambre; le jeune François de Rochefort se mit au lit à sa place : lorsque l'officier de garde se présenta le matin, et écarta les rideaux du lit, un valet le pria de laisser encore dormir le roi, qui avait, lui dit-il, passé une mauvaise nuit, et retarda ainsi jusqu'au soir la connaissance de l'évasion du prince (2). Henri se rendit alors à Lyon, où était la régente, avec sa fille, Marguerite d'Angoulême, duchesse d'Alençon. François I.er ayant recouvré sa liberté, le comte de Bigorre rentra enfin dans ses états. Il devint bientôt après le frère du monarque dont il avait partagé la captivité, en épousant, le 24 février 1527, cette belle Marguerite qui, suivant l'expression d'un mo-

1526.

1527.

―――――――――――

(Note 2.) « Intereà vero, dit Elie de Pamiers, Franciscus Rupefortensis, cognomento Viverius, nobilissimus strenuissimusque vir, tùm juvenis admodum, Henricique regis honorarius cliens, nunc autem ejusdem scutifer, quem in arce cum altero tantùm dimiserat, in regis cubiculum se locat, illius vicem, ut præceptum erat, pro tempore sustentaturus. Cœterùm, ubi illuxit, arcis præfectus cum custodibus qui ducenti erant eò ingressus est. Atqui dùm thori cortinam ut de more solebat visendi regis causâ tangeret, ab altero famulo qui, data operâ, regis vestem excutiebat, suppliciter, submissâque voce rogatur ne regi somnum interpellet, quem vix dùm totâ fermè nocte tædio aliquo evigilatâ, carpere inciperet. Itaque is minimè dolum præsentiens facilè credidit, et nudato vertice genuque, honorandi regis causâ, flexo triclinio egreditur. »

derne, avait tout ce qui plaît, jusqu'au désir de plaire. Cette princesse porta en dot à son époux les duchés de Berry et d'Alençon, et le comté d'Armagnac avec ses appartenances; l'administration de tant de domaines engagea Henri à en confier les détails à deux chambres des comptes; l'une n'eut dans son ressort que les terres allodiales de Navarre et de Béarn; l'autre, établie à Nérac sous le bon plaisir du roi de France, réunit sous sa juridiction le Bigorre, et les autres domaines de la maison d'Albret qui relevaient de la couronne de France.

Les guerres d'Italie recommencèrent : le vicomte de Lautrec eut le commandement des troupes; il partit avec le prince Charles d'Albret; l'évêque de Tarbes, Menaud de la Martonie, qui lui était étroitement attaché, le suivit aussi. Odet ayant soumis le Milanais, en laissa le gouvernement au prélat, et marcha avec le prince de Navarre à la conquête de
1528. Naples : mais il y mourut, ainsi que Charles d'Albret, de la peste qui ravageait son armée : un soldat cacha soigneusement ses restes, en sorte qu'ils ne furent inhumés que douze ans après à Naples. L'évêque de Tarbes n'ayant pu les recouvrer, voulut du moins consacrer la mémoire du guerrier, son bienfaiteur, par

un monument digne de sa gloire (3) : il lui fit élever à ses frais, à Coutras, un mausolée superbe. Gabriel de Grammont, prélat distingué

(Note 3.) C'est à la maison de Lautrec que Menaud devait son élévation : il avait eu pour compétiteur Roger de Montaut-Bénac, élu par le chapitre; chacun d'eux avait été reconnu dans une partie du diocèse, et on les voit chacun de son côté s'intituler évêque de Tarbes, en 1514, dans les suppliques du chapitre pour obtenir en cour de Rome la sécularisation : pendant les altercations des deux prélats, un chanoine de Tarbes ayant été assigné pour déposer dans une affaire particulière, déclara ne pouvoir comparaître, vu le danger qu'il courrait, en sortant de sa maison, d'être rencontré et maltraité par les partisans de celui des évêques qu'il ne reconnaissait point. Voici des vers adressés à Menaud de la Martonie par Nicolas de Bourbon, précepteur de Jeanne d'Albret :

« Post tot susceptos excompletosque labores
Præmia sunt, præsul, certa reposta tibi.
Te sensit princeps, sensit respublica nostra
Esse virum meritis et pietate gravem.
Macte ergo virtute istâ, regemque gregemque,
Quod facis, assiduâ sedulitate juva. »

Brantôme parle ainsi de la gratitude de ce prélat pour son bienfaiteur :

« Il y eut un évesque de Tarbes, à qui M. de Lautrec avait fait avoir l'évesché de delà, qui le gouvernoit, et trop, ayant toutes les affaires du général en main, de la duché de Milan, et n'y fit rien qui vaille. Il s'appeloit Menaud, qui ne pouvant recouvrer les os de son maistre et son bienfaicteur et lui ériger un tombeau superbe, fit à ses propres dépens bastir et achever ceste belle maison de Coutras, qui n'estoit qu'aux fondemens élevée lorsque son maistre mourut, et continuant le dessein, la fit ainsi parachever belle comme elle, ce bel œuvre estant ainsi parachevé par cet honeste et recognoissant évesque pour servir d'un second monument à la postérité de son maistre, ne restant marque en France que celle-là, hors la mémoire de ses beaux et hauts faits. Il y a plusieurs évesques et

par ses talens dans les lettres et les affaires, fut le successeur de Menaud de la Martonie sur le siège épiscopal de Bigorre, et devint cardinal en 1529; il fut la même année nommé à l'archevêché de Bordeaux; mais il aima mieux garder la chaire de Tarbes. Etant décédé en 1534, il fut remplacé par son neveu Antoine de Castelnau de Tursan.

1529.

1534.

L'ignorance, l'avarice, le luxe et la dépravation du clergé avaient depuis quelques années donné naissance à des troubles dans l'Eglise : le moine Luther avait secoué en Allemagne le joug de la cour de Rome, et enseignait une doctrine nouvelle; il avait fait des prosélytes : Calvin s'élevait à Genève, et renchérissait sur Luther; rejetant l'infaillibilité de l'Eglise et des conciles généraux, il établissait chaque particulier juge de la foi, et interprète souverain des divines écritures; il ne reconnaissait que deux sacremens, le Baptême et l'Eucharistie; il niait la présence réelle de Jésus-Christ dans le dernier, et ne regardait même pas le premier comme nécessaire.

1535.

---

gens d'église qui n'ont garde d'être ainsi recognoissans ny qui l'ayent esté à l'endroit de leurs bienfaicteurs qui leur ont fait avoir les évêchés ou bonnes abbayes, qui lorsqu'ils sont morts plantent là leur mémoire, et en sont ingrats envers eux, non pas à leur faire bastir un seul petit tombeau, et envers leurs enfans et parens qu'ils ne voudroyent secourir d'un seul sol en leurs nécessitez.

D'abord accueillis à la cour de France, les sectaires en furent ensuite bannis, et la cour de Marguerite devint leur refuge. Gérard Roussel, professeur de l'université de Paris et disciple de Luther, vint y prêcher les erreurs nouvelles (4) : il obtint la faveur de Marguerite, qui le nomma d'abord abbé de Clérac, puis évêque d'Oloron. Un carme éloquent, le père Solon, de Tarbes, se joignit à lui (5), et la doctrine des réformés fit des progrès : la conduite de Roussel, dont les mœurs étaient austères et désintéressées, servit surtout à augmenter le nombre des prosélytes.

Des enfans nés du mariage d'Henri d'Albret et de la duchesse d'Alençon, il n'existait qu'une

---

(NOTE 4.) La doctrine de Roussel n'était ni celle de Luther ni celle de Calvin, ou du moins il présentait les mêmes erreurs d'une façon moins brusque, et en ayant l'air de réformer très-légèrement le culte établi : on appelait les nouvelles cérémonies la messe à sept points, parce qu'elles différaient en sept points de la messe catholique. Roussel disait l'office revêtu de ses habits pontificaux, comme s'il n'eût point abandonné l'ancienne croyance; cependant il donnait la communion au peuple sous les deux espèces, sans élévation, ni adoration, ni commémoration de la Vierge et des Saints : et la communion se faisait d'un grand pain commun, que le prêtre divisait. Il enseignait encore que les prêtres ne sont point obligés au célibat. Après la mort de Roussel le calvinisme vint remplacer sa doctrine.

(NOTE 5.) « Son caractère véhément, dit un historien des troubles religieux du Béarn, lui donnait une éloquence forte et nerveuse, qu'il employait avantageusement contre l'église et contre son chef. »

fille : Jeanne était la plus riche héritière de l'Europe. Elle avait à peine douze ans, que François I.er voulut la marier à Guillaume, duc de Clèves. Henri n'approuvait pas cette union; le monarque Français, sans attendre son consentement, conclut à Châtellerault, le 13 juillet 1541, le mariage de sa nièce, qui néanmoins ne fut pas consommé; la jeune princesse protesta contre cette alliance en présence de Jean seigneur d'Abère, de François Navarre, son médecin, de Nicolas de Bourbon, son gouverneur, de Gensanne, secrétaire de Henri, et de quelques autres personnes. Le duc de Clèves ayant bientôt après abandonné la cause de la France pour faire sa paix avec l'empereur, Henri d'Albret profita de cet instant pour faire casser le mariage de sa fille. François I.er crut lui trouver un époux digne d'elle parmi les princes du sang français : Antoine de Bourbon (6), duc de Vendôme et gouverneur de

(NOTE 6.) La maison de Bourbon tire son origine de Saint-Louis, issu lui-même d'une race dont l'origine remontait jusqu'au septième siècle, et lui était commune avec la race royale Carlovingienne : des mêmes ancêtres était aussi sortie au commencement du neuvième siècle la famille des premiers sires héréditaires de Bourbon; cette baronnie avait au treizième siècle passé à la maison de Dampierre qui en avait pris le nom et les armes, et qui la transmit soixante-huit ans après à celle de Bourgogne, dans la personne de Béatrix, fille d'Agnès de Bourbon-Dampierre et de Jean de Bourgogne, seigneur de

Picardie, était tendrement aimé d'elle; mais Henri et Marguerite, auxquels l'empereur avait fait demander la main de Jeanne pour son fils aîné Philippe, prince des Asturies, s'opposèrent long-tems au bonheur de leur fille. Henri II

Charolais. Béatrix épousa Robert de France, comte de Clermont en Beauvaisis, mort en 1318, et en eut un fils, Louis, auquel elle laissa en 1310 la baronnie de Bourbon, érigée en 1327 en duché-pairie par Charles-le-Bel, qui voulut récompenser Louis de ses exploits contre les Anglais de Guienne : *nous espérons*, dit le monarque dans les lettres d'érection, *que la postérité du nouveau duc, marchant sur ses traces, sera dans tous les temps l'appui et l'ornement du trône*. Louis transmit à sa race un nom et des vertus chéris des Français : ses descendans conservèrent pour armes l'écu de France, ce qui contribua, dit Péréfixe, à les maintenir dans la dignité de princes du sang. Louis eut plusieurs enfans : Pierre, l'aîné, continua la branche des ducs de Bourbon; Jacques, le troisième, fut comte de la Marche, et transmit en 1361 ce fief à son fils Jean Ier, qui devint comte de Vendôme en 1374, par sa femme Cathérine, sœur et héritière du comte Bouchard VII. Jean Ier, mort en 1393, laissa le comté de Vendôme à son second fils, Louis Ier de Bourbon-Vendôme, qui le transmit en 1446 à son fils Jean II, mort en 1477, père de François, comte de Vendôme, de Saint-Paul, de Converran, de Marle et de Soissons, vicomte de Meaux, seigneur d'Epernon, Gravelines, Dunkerque, Ham, La Roche, Bohain et Beauvoir, pair de France, mort en 1495. François eut pour fils Charles de Bourbon, créé duc de Vendôme en 1515, mort en 1536, qui fut père de sept princes : 1.° Louis, mort enfant; 2.° Antoine, duc de Vendôme, époux de Jeanne d'Albret, mort en 1562; 3.° François, comte d'Enghien, tué en 1546; 4.° un second Louis, mort en bas âge; 5.° Charles, cardinal de saint Chrysogone et archevêque de Rouen, nommé roi de France par les ligueurs; 6.° Jean, comte de Soissons, tué à Saint-Quentin; 7.° Louis, prince de Condé, tué à Jarnac;

1547. ayant succédé à François I.er, employa son autorité pour obtenir leur consentement, et les noces du duc de Vendôme avec Jeanne d'Albret furent enfin célébrées à Moulins, le 20

1548. octobre 1548, en présence des rois et des reines de France et de Navarre. Marguerite ne signa qu'en pleurant le mariage de sa fille. Henri d'Albret reprocha âprement à son gendre son luxe et sa magnificence, et réforma lui-même sa maison : le jeune prince ne se plaignit pas; il était trop heureux d'avoir obtenu ce qu'il désirait le plus ardemment.

1549. Marguerite mourut l'année suivante, le 2 décembre, au château d'Odos, près de Tarbes, où elle séjournait habituellement, et fut vivement regrettée de son époux et de ses sujets. Comme son frère elle aimait les sciences et les lettres (7), et protégeait ceux qui les cultivaient.

(Note. 7.) Elle composa elle-même des livres de piété, mit en scènes l'ancien et le nouveau Testament, et écrivit en ses gayetés, sous le nom d'Heptaméron, ces contes badins encore regardés aujourd'hui, dit un écrivain ecclésiastique du siécle dernier, comme un chef-d'œuvre en leur genre. Cette princesse était tendrement aimée de son frère, qui ne la punit jamais de la protection qu'elle accordait à des sectaires qu'il avait proscrits. Son époux le roi Henri lui laissait à cet égard la même liberté, et suivait même complaisamment les exercices du nouveau culte, si l'on en croit le père Mirasson, auteur de l'histoire des troubles religieux du Béarn au dix-septième siècle; mais l'historien Mathieu rapporte une anecdote qui montre Henri

C'est à ce titre que les apôtres des nouvelles doctrines religieuses avaient obtenu sa faveur; elle ne s'écarta d'ailleurs jamais de la religion de ses pères.

Privé d'une compagne aimable qui lui faisait oublier l'ingratitude de la cour de France, Henri eut encore la douleur de voir périr successive-

---

beaucoup moins indulgent. « Ce prince, dit-il, sachant que l'on faisait en sa chambre quelque forme de prière et instruction contraire à celle de ses pères, y entra, résolu de châtier le ministre; et trouvant qu'on l'avait fait sauver, les ruines de sa colère tombèrent sur la femme qui en reçut un soufflet, disant *qu'elle voulait trop savoir.* » Quant à la croyance de Marguerite, quelques auteurs, entr'autres Michel de Castelnau, ont écrit qu'elle professa la réforme : elle mourut cependant, au rapport de Brantôme, dans de grands sentimens de piété, « bonne chrestienne et catholique, contre l'avis de plusieurs : mais quant à moy, ajoute-t-il, je puis affirmer, moy estant petit garçon en sa cour, avec ma grand'mère et mère, n'en avoir veu faire aucun acte contraire; si bien que s'estant retirée en un monastère de femmes en Angoumois, après la mort du roy son frère,...... on luy a veu faire l'office de l'abbesse, et chanter avec les religieuses à leurs messes et à leurs vespres. » Jean de la Haye, son valet de chambre, recueillit ses poésies, qu'il fit imprimer en 1547 sous ce titre : *Les Marguerites de la Marguerite des Princesses, très-illustre Royne de Navarre.* Elle fut enterrée à Pau : « les plus sçavans, à l'envy, firent d'elle une infinité d'épitaphes, qui en grec, qui en latin, si bien qu'il y en a encore un livre en lumière tout complet, et qui est très-beau. » Voici celle que lui consacra Valentine d'Assinois, l'une de ses femmes :

« Musarum decima et charitum quarta,
Inclyta regum et soror et conjux,
Margaris illa jacet. »

Le château d'Odos, où elle mourut, appartient à la famille de Lasalle, à laquelle il fut donné par Henri IV.

ment les deux petits-fils que lui avait donnés sa
fille (8). Jeanne devint enceinte pour la troisième fois, et elle donna encore le jour à un prince le 3 décembre 1553, dans le château de Pau. « Voilà mon vengeur », s'écria le vieil Henri en prenant l'enfant entre ses bras et l'enveloppant dans un pan de son manteau : il le porta lui-même au baptême dans une écaille de tortue, et le remit ensuite à une paysanne pour le nourrir et l'élever comme les autres enfans du pays. Le jeune prince, nommé Henri comme son aïeul, porta d'abord le titre de comte de Viana.

Henri d'Albret ne jouit pas long-tems du plaisir de voir croître sous ses yeux l'enfant dans lequel il se voyait revivre : il mourut à Hagetmau, le 25 mai 1555, et fut enterré dans la cathédrale de Lescar. Ce monarque avait l'ame vraiment royale, et Charles-Quint disait que c'était le seul homme qu'il eût vu en France.

(Note 8.) Ainsi que le rapportent les historiens et nos chroniques, Jeanne d'Albret fut long-tems bréheigne, et vint chercher la fécondité aux eaux de Bagnères; la source la plus chaude et la plus abondante fit cesser sa stérilité, et conserva le nom de *Source de la Reine Jeanne*. Cette princesse mit successivement au jour quatre princes, dont le premier étouffa de chaleur, parce que sa nourrice le tenait trop chaudement; le second, comte de Marle, se tua en tombant d'une fenêtre, d'où sa nourrice le passait en jouant à un gentilhomme; le troisième fut le grand Henri; un quatrième prince mourut aussi fort jeune. Jeanne eut encore une fille, ce fut Catherine.

Jeanne d'Albret, en recueillant la riche succession de son père, rendit son époux assez puissant pour que sa grandeur fît ombrage au roi de France. Antoine de Bourbon voyait réunis sous sa domination le royaume de Basse-Navarre, les duchés de Vendôme, de Némours, d'Albret, la principauté de Béarn, les comtés de Bigorre, de Foix, de Dreux, de Périgord, de Rhodez, d'Armagnac, les vicomtés de Limoges, de Tartas, de Marsan, de Gabardan et un grand nombre d'autres fiefs. Henri II effrayé de l'agrandissement considérable de son vassal, lui proposa d'échanger ses nouveaux domaines pour d'autres terres, situées dans le centre du royaume. Antoine répondit qu'il ne pouvait aliéner les biens de sa femme, et que c'était à elle seule qu'il appartenait d'en disposer. Jeanne refusa absolument l'échange proposé et pour prévenir les effets de la colère du roi de France, elle fit fortifier ses places ; mais d'autres soins forcèrent Henri II à dissimuler son ressentiment.

Séduit par l'éloquence et les dehors austères de ceux qui prêchaient les nouvelles doctrines religieuses, et dont les talens et les mœurs étaient la censure de l'ignorance et de la dépravation du clergé catholique, Antoine favorisa des erreurs qu'on regardait alors comme la religion des savans et des beaux esprits ; il avait attaché à sa cour quelques prédicateurs fameux; il en avait même appelé de Genève. La reine Jeanne, alors jeune et folâtre, ne goûtait point la réforme, à ce que nous apprend Brantôme, et elle refusa à son époux d'embrasser ces nouvelles opinions (9).

Le roi de France était loin de leur accorder sa protection : il donna à Ecouen, au mois de juin 1559, un édit qui les proscrivait, et il écrivit à Antoine pour lui témoigner son mécontentement de voir ses états devenir l'asile du calvinisme, et le menacer de la guerre. Mais Henri II mourut sur ces entrefaites, et son fils aîné François, roi d'Ecosse, lui succéda. Antoine de Bourbon, premier prince du sang, se rendit près de lui et assista à son sacre ; mais le peu de faveur qu'il eut à la cour du nouveau monarque, l'engagea à rentrer dans ses états ; son frère Louis,

1559.

(Note 9.) « La royne de Navarre, qui estoit jeune, belle, et très honneste princesse, et qui aymoit bien autant une danse qu'un sermou, ne se plaisoit point à ceste nouveauté de religion ; ni tant qu'on eust bien dit, et pour ce je tiens de bon lieu qu'elle le remonstra un jour au roy son mari, et lui dit tout-à-trac que s'il vouloit se ruiner et faire confisquer son bien, elle ne vouloit perdre le sien, ni si peu qu'il lui estoit resté des roys ses prédécesseurs, lesquels pour l'hérésie avoient perdu le royaume de Navarre. Hérésie l'appelloit-elle, d'autant que le pape Jules avoit déclaré hérétiques mal-à-propos tous ceux qui iroient encontre sa sentence donnée sur la confiscation dudit royaume. »

prince de Condé, offensé de l'insulte qu'on lui avait faite en France en le soupçonnant d'avoir trempé dans la conjuration d'Amboise, se retira auprès de lui, et se déclara ouvertement pour la réforme : les huguenots, c'est ainsi que l'on désignait les nouveaux sectaires, fiers d'une telle protection, excitèrent des soulèvemens dans diverses provinces. François II, de l'avis de son conseil, convoque les états-généraux du royaume à Orléans, pour aviser aux moyens de prévenir les troubles ; Antoine de Bourbon et son frère y sont mandés : à peine arrivés à Orléans, ils sont arrêtés, et le prince de Condé est jugé par une commission du parlement, et condamné à mort ; mais le décès prématuré de François II ne permit pas d'exécuter la sentence. Charles IX successeur de son frère n'était âgé que de dix ans. Antoine de Bourbon avait des droits à la régence, et il y prétendit ; mais gagné par la reine mère, Cathérine de Médicis, il la lui abandonna (10), et se contenta du titre de lieutenant-général du royaume. Le premier acte du nouveau gouvernement fut de mettre en li-

1560

(Note 10.) On fit à cette occasion l'épigramme suivante :

« Marc-Anthoyne qui pouvait estre
Le plus grand seigneur et le maistre
De son pays, s'oublia tant,
Qu'il se contenta d'estre Anthoyne
Servant laschement une royne.
Le Navarrois en fit autant. »

1561. berté le prince de Condé. Antoine se déclara hautement avec lui le protecteur des calvinistes.

La reine Jeanne, séduite à son tour par les discours des apôtres de la nouvelle doctrine, embrassa leur croyance, et se déclara aussi pour le calvinisme. Son époux, zélé pour la réforme, crut qu'il suffirait, pour faire triompher la croyance nouvelle du catholicisme, de mettre aux prises les plus savans ministres des deux communions : il provoqua la tenue des colloques de Poissy, où le célèbre Théodore de Bèze plaida la cause du calvinisme ; mais Antoine fut le premier vaincu par l'éloquence du cardinal Charles de Lorraine ; et mécontent des ministres qu'il avait appelés, sollicité d'ailleurs par François d'Escars son chambellan, qu'appuyaient le légat et l'ambassadeur d'Espagne, il rentra dans le sein de l'Eglise. Il voulut alors ramener son épouse à ses anciennes opinions, et la forcer à aller à la messe; mais Jeanne n'était point versatile comme lui, et elle persista dans ses erreurs, avec une opiniâtreté, dit Le Laboureur, qui n'est que trop ordinaire en l'esprit des femmes, et contre laquelle échouèrent les prières et les menaces d'Antoine de Bourbon (11).

(NOTE 11.) Cathérine de Médicis voulut aussi la ramener à son ancienne croyance : « Madame, lui répondit-elle, si j'avais mon

Cependant les huguenots avaient pris les armes en France sous la conduite du prince de Condé et de l'amiral de Coligny : Antoine prit le commandement des troupes royales, et alla assiéger Rouen ; il se montra pendant le siège, au rapport de Brantôme, fort animé, brave, vaillant, courageux et le digne émule du duc de Guise (12) : il reçut un coup de feu à l'épaule pendant l'attaque ; la place ayant été emportée le 26 octobre 1562, il s'y fit porter par la brèche principale. Son incontinence rendit sa plaie mortelle ; il termina ses jours à Andely, le 17 novembre, en se rendant à son château de Saint-Maur-des-Fossés (13).

1562.

---

royaume et mon fils à la main, je les jetterais tous les deux au fond de la mer plutôt que d'aller à la messe. »

(Note 12.) « En toute ceste guerre, pour si peu que ledit roy la mena comme lieutenant-général du roy, il s'y monstra fort animé, brave, vaillant, courageux, échauffé, colère, et prompt à en faire pendre comme j'ay veu. Aussi les huguenots le haïssaient comme un beau diable, et le dépaignoient de vilaines injures : car ces messieurs savent aussi mal dire que bien dire. Le siège de Rouen se fit, où il n'espargna pas ny sa peine non plus que le moindre soldat du monde ; si bien que les s'apparcillant pour aller à l'assaut, moitié mené du brave et généreux courage qu'il a toujours possédé, moitié d'ambition et d'émulation qu'il portait de tout tems à M. de Guise, qui en telles actions se hazardoit toujours des plus avant. »

(Note 13.) Comme il avait été blessé au moment où il pissait, les huguenots lui firent cette plate épitaphe :

« Ami François, le prince ici gissant
Vécut sans gloire et mourut en pissant. »

D'un autre côté, le prince de Condé repoussé dans la Normandie par le duc de Guise, fut battu à Dreux le 19 décembre; le brave chevalier bigorrais Pierre d'Ossun, qui s'était distingué à Cérizoles, et dans toutes les guerres des règnes précédens, fut entraîné par son cheval avec les fuyards : il eut un si violent regret de cette fuite involontaire, qu'il en mourut de chagrin peu de jours après.

Si l'on en croit Mézeray, Antoine flotta jusqu'à sa mort entre Genève et Rome, et ne fut ni bon catholique, ni bon huguenot. De Thou nous le représente comme un prince plein de valeur, d'affabilité, de modération et d'amour pour la justice; son fils Henri, qui avait porté successivement les titres de comte de Viana, de duc de Beaumont et de prince de Béarn, prit à la mort de son père celui de duc de Vendôme. Antoine laissait encore de son mariage avec Jeanne d'Albret, une fille, Cathérine de Bourbon, qui épousa dans la suite Louis, duc de Bar.

Jeanne régna seule après la mort de son époux, et elle donna tous ses soins à l'éducation de ce fils qui devait un jour faire le bonheur de la France. Les hommes les plus savans et les plus vertueux furent chargés de l'instruire : c'étaient Pons de la Caze, le baron de Beauvais, La Gaucherie, Florent Chrétien; le zèle de

Jeanne pour le calvinisme lui avait fait choisir des précepteurs tous protestans : Henri reçut d'eux sa croyance.

La cour de Rome, effrayée des progrès de la réforme en France, crut devoir prendre des mesures pour en arrêter la propagation. Jeanne d'Albret en était le plus ferme appui : déjà le cardinal d'Armagnac, légat du saint-siège, lui avait écrit pour lui reprocher l'abandon qu'elle faisait de la foi de ses ancêtres ; elle avait répondu fièrement à ses remontrances (14) : le

1563.

(Note 14.) Nous allons rapporter quelques fragmens de la lettre du prélat et de la réponse de Jeanne. Le cardinal s'exprime ainsi :

« Madame, le devoir du service auquel je suis né, et lequel j'ay continué de faire fidèlement jusques icy à l'endroit des feus roy et royne vos père et mère, et après successivement au roy de Navarre vostre seigneur, et à vous, a tel pouvoir sur moy, que je demeureray toujours ferme, constant et sans varier jusques à la fin en toutes choses que je penseray appartenir à vostre bien, honneur, bon nom, et à la grandeur de vostre maison ; et ne vous céleray jamais ce que doit venir à vostre cognoissance, si j'en suis adverty le premier, estimant, Madame, que vous prendrés tousjours en bonne part ce que vous sera dit de vostre ancien et très-affectionné et très-fidèle serviteur. »

« Véritablement, Madame, il n'y a chose qui soit plustost cause d'une rébellion que quand le prince veut oster par force une ancienne religion receuë et observée de ses sujects : et si vous pensés, Madame, qu'il leur sera force de passer par là, considérés, je vous supplie, le pays où ils sont enclos, et environnez de deux grands et les plus puissans roys de l'Europe, qui n'abhorrent rien tant que ceste nouvelle religion que vous favorisés. »

« Je sais bien, Madame, que vous aymez mieux perdre le royau-

pape Pie IV la cita, le 29 septembre 1563, à comparaître devant lui dans six mois, sous peine d'excommunication; son monitoire fut publié

me, duchés et principautés, et vous contenter de cinq cens livres de rente, pluslôt que de laisser vostre entreprinse, fondée comme vous croyez à l'advancement de l'évangile, et au zèle de l'honneur de Dieu: mais, Madame, messieurs vos enfants n'ont pas mérité de vous que vous les priviés volontairement de si beaux héritages que les feux roys, de saincte mémoire, vos ancestres avoyent gardé si soigneusement, ayant mis premièrement la couronne d'un royaume et de tant de duchés et comtés sur vostre teste, pour la rendre heureusement à monseigneur le prince vostre fils, qui s'en trouvera privé avant que de l'avoir reçue, si vous n'y pourvoyez selon le soin naturel que toute mère a de ses enfants, et que chacun doit avoir des siens, s'il n'est pas pis qu'infidelle. C'est, Madame, le tesmoignage de l'évangile, et le vray fruict qu'elle apporte, non une infinité de meurtres, larrecins, voleries, sacrilèges, rébellions, apostasies et tant d'autres maux si barbares et cruels que nous avons veus et voyons encore estre faits par la main des nouveaux, eux se disant évangélistes et réformateurs des abus qui soubs prétexte d'abominer les superstitions et idolâtries, comme dit Sainct Paul, sont et font des sacrilèges. J'excuseray tousjours, Madame, ceux qui seront décens par leur simplicité, de quelque mal'heureux hypocrite qui sera vestu d'une peau de brebis: mais, Madame, puisqu'ils viennent appertement vestus d'une peau de loup, pourquoy voulez-vous adhérer à eux, et participer à tant d'énormes crimes qu'ils commettent tous les jours, voulans persuader au peuple qu'il faut prendre les armes contre les roys et princes pour vivre en liberté de leurs consciences?»

« Madame, je m'estonne si très-fort, quand je voy que les personnes de si bon entendement s'abusent à leurs opinions, que je perds souvent ma patience; mais, Madame, je ne suis pas aujourd'huy si marry de chose de ce monde, que d'entendre que vous, à qui Dieu a fait beaucoup de grâces, continuiés à supporter et tenir au près de vous telles gens, qui sont la ruine de vostre conscience, de vos biens et de vostre grandeur.»

et affiché dans les carrefours de Rome. La cour de France regarda comme une entreprise sur ses droits la démarche du saint-siège, et pro-

« Et si d'aventure vous trouvés mauvais que je parle ainsi et vous dy mon avis si librement comme je fais, si ne me repentiray-je point d'avoir fait si bon office selon le commandement de Dieu, et mon devoir en cest endroit, et ne m'en souciray non plus que le fidèle et très-loyal serviteur se doit soucier de la cholère de son maistre malade, quand il luy conseille quelque chose pour le bien et utilité de sa santé. Et sur ceste surreté que j'ay tant de ma conscience que de l'affectionnée servitude que je vous doy, vous supplieray, Madame, de rechef et incessamment de ne rejetter ce que je vous en dis, ains de le vouloir recevoir comme la meilleure chose que je fais ny que je sçaurais jamais faire, moyennant l'ayde de Nostre Seigneur Dieu, lequel je prie, Madame, vous donner en toute perfection de santé, très-longue et très-heureuse vie, en vous suppliant tant et si très-humblement que je puis, vouloir excuser la prolixité en la présente, venant de l'abondance du cœur qui la fait estendre plus avant que ce que je pensois faire lorsque je l'ay commencée. De la propre main de vostre très-loyal et très-obéissant serviteur le cardinal D'ARMAIGNAC. — A Belle-Perche, le 18.e jour d'aoust 1563. »

Le caractère altier et opiniâtre de Jeanne se peint dans sa réponse : « Mon cousin, ayant depuis l'aage de cognoissance veu de quelle façon vous avés esté porté au service de feus roy et royne mes père et mère, l'ignorance meshuy ne me sera excuse que je ne la confesse, loue et estime, et joigne avec icelle la continuation envers ceux qui ayans hérité de leurs biens ont eu mesme part en vostre bonne et fidèle volonté, laquelle j'eusse desiré demeurer aussi ferme comme me l'assurés. »

« Mes sujects tant ecclésiastiques que nobles et rustiques, sans qu'entre tant j'en aye trouvé de rebelles, m'ont offert, en continuant tous les jours, la mesme obeyssance, vray opposite de rébellion ; je ne fay rien par force ; il n'y a ny mort, ny emprisonnement, ny

testa au mois de décembre, contre les lettres monitoriales. Jeanne s'inquiéta peu des menaces du pontife, et continua de se montrer la pro-

condemnation, qui sont les nerfs de la force. Je sçay quels voisins j'ay : l'un je sçay qu'il hait la religion que je tiens ; je n'ayme pas la sienne aussi ; mais pour cela je m'assure que nous ne laisserons d'estre amis et voysins, et n'ay si mal pourvu à mes affaires et ne suis si destituée de parens, alliés ny amis, tant privez qu'estrangers, que mon remède ne soit prest, s'il en eusait autrement : l'autre qui me soustient, c'est l'appuy, c'est la racine dont le plus grand honneur que j'aye est d'en estre une petite branche, et lequel n'abhorre la religion réformée, comme vous dites, la permettant près de sa personne aux grands, entre l'esquels l'heur de mon fils n'est si cher que je le spécifieray, et puis parmy tout son royaume, chose assez approuvée par lettres et commissions tendantes à conserver l'une et l'autre religion, sans en abhorrer l'une. »

« Vous vous estes fait une response que j'approuve, touchant que j'ayme mieux estre pauvre et servir à Dieu : mais je n'en voy le danger, espérant au lieu de diminuer à mon fils, lui augmenter ses biens, honneurs et grandeurs, par le seul moyen que tout chrestien doit chercher ; et quand l'esprit de Dieu ne m'y attireroit point, le sens humain me mettroit devant les yeux infinité d'exemples. »

« Ostés la poultre de vostre œil pour voir le festu de vostre prochain, nettoyez la terre du sang juste que les vostres ont espandu, tesmoin ce que vous sçavez que je sçay. »

« Je ne veux pas pour cela approuver ce que sous l'ombre de la vraye religion s'est fait en plusieurs lieux, au grand regret des ministres d'icelle et des gens de bien ; et suis celle qui plus crie vengeance contre ceux-là, comme ayans pollué la vraye religion. »

« Vous vous estonnez et moy aussy, de quoy les personnes de bon entendement s'abusent, et si vous en perdés patience, j'en ai encore moins que vous, et vous rends bien la pareille : car je ne suis tant marrie de chose du monde, que de vous à qui Dieu a fait la grâce autrefois de faire entendre sa vérité, la rejetter ainsi, et sup-

lectrice des huguenots : elle confia son fils au prince de Condé et à l'amiral de Coligny, leurs chefs, pour qu'il fît sous eux ses premières armes, et le jeune Henri se montra le digne élève de ces grands capitaines.

La réforme commençait à s'introduire dans le Bigorre ; les ministres y prêchaient leur doctrine ; quelques barons la reçurent favorablement ; le peuple, imitateur des grands, accourut aux prêches ; quelques prêtres embrassèrent les nouvelles opinions et quittèrent le célibat : l'immense majorité des Bigorrais demeura néanmoins fidèle au catholicisme.

Les deux cultes n'étaient pas encore ennemis : les églises leur étaient communes ; mais, comme l'observe un moderne, les sectes protégées deviennent bientôt intolérantes. Les calvinistes

---

porter tant d'infâmes idolâtries qui sont la ruine de vostre conscience ; et néanmoins l'advancement de vos biens et honneurs mondains. Je crois que si vous ne péchez contre le Saint-Esprit, pour le moins vous en approchez de bien près. »

« Je sçay bien, Dieu merci, sans que vous l'enseigniez, comme je dois faire pour complaire à Dieu, au roy mon souverain seigneur, et à tous les autres princes, et mes alliez et confédérez, lesquels je cognois mieux que vous ne faites : et davantage je says aussi comment il faut laisser mon fils grand et vivre en l'église, hors laquelle il n'y a point de salut, et en laquelle je m'assure du mien. »

« De la part de celle qui ne sçait comme se nommer, ne pouvant estre amye, et doutant de la parenté jusques au temps de la repentance et pénitence, qui vous sera cousine et amye. JEANNE. »

demandèrent à Jeanne l'abolition de l'ancienne croyance ; la reine se contenta de proscrire les processions publiques et les enterremens dans les églises. Le clergé catholique se souleva, et Jeanne, qui se trouvait alors à Tarbes pour y présider les états de Bigorre, révoqua son ordonnance : elle donna, au mois de juillet 1567, un nouvel édit par lequel elle garantissait également le libre exercice des deux cultes (15).

1566.

1567.

Dans tous les tems de troubles l'esprit de parti sert de prétexte et de voile au brigandage. Un bandit de la vallée d'Aure, nommé Jean Guilhem, se déclare l'ennemi juré du catholicisme, ramasse quelques soldats, et vient piller les églises de Ger, de Pintac, et des villages voisins ; ses succès grossissent sa troupe : il s'empare de l'abbaye de l'Escale-Dieu, dont il fait son quar-

---

(NOTE 15.) On peut juger des excès qui causèrent la révolte du clergé catholique, par les mesures qu'il fallut prendre pour les réprimer. La reine, par l'édit de Tarbes, « défend de porter des armes à feu, de recevoir et loger ceux qui porteraient de pareilles armes. Elle prohibe les assemblées publiques et particulières faites en armes, et les assemblées de communautés convoquées sans observer les formes légales. Elle défend enfin de forcer et piller les temples, de rompre et abattre les autels et les images, de se provoquer ou s'injurier dans l'une et l'autre religion, et de porter aucun obstacle au libre exercice de l'un et l'autre culte. Les contrevenans seront punis comme criminels de lèze-majesté, par la mort et la confiscation des biens. »

tier-général, et projette de surprendre le château-fort de Mauvezin pour en faire le boulevard de ses opérations; mais il se voit bientôt assiégé dans sa retraite par un parti de catholiques que commandaient les seigneurs de Montsérié, de Tilhouse et d'Ourout : il est pris avec ses principaux officiers, et périt avec eux du dernier supplice.

La cour de France s'occupa dès-lors de prévenir les troubles qui semblaient devoir éclater en Bigorre : le chevalier Raymond de Cardaillac, seigneur de Sarlabous, fut envoyé à Tarbes par le parlement, pour veiller au maintien du catholicisme dans le comté (16). Il assemble

---

(Note 16.) Le parlement de Toulouse avait reçu du roi l'ordre de se saisir en son nom des terres et domaines de la reine de Navarre ; le monarque expliquait ainsi les motifs qui le portaient à prendre cette mesure :

« Charles par la grâce de Dieu, roy de France, à nos amés et féaux les gens tenans nostre cour de parlement de Tholose. Nous avons, puis n'a guières adverti que nos très-chers et très-aymez tante, et le prince de Navarre son fils, nostre très-cher et très-aymé frère, sont à présent avec ceux de nos sujects qui se sont eslevez et assemblez en armes contre nous et notre authorité; mais comme les biens et honneurs qu'ils ont receu de ceste couronne sont en nombre infinis, aussi ne pouvons-nous croire qu'ils y soyent allez de leur bonne volunté. Autrement avec juste occasion il y auroit en leur endroit grand argument d'ingratitude, attendu la manifeste et notoire rébellion des dits eslevés. Et d'autant que nous avons tousjours embrassé, comme nous avons fait jusques icy la protection de leurs personnes et biens, tout que des nostres propres, il nous seroit mal séant à ceste heure

les états dans le palais épiscopal le 18 septembre 1568, leur représente les maux que les discordes civiles auxquelles la religion servait de pré-

qu'ils sont réduits en ceste captivité, si avecques pareille, voire mesme plus grande affection, nous ne nous employions pour conserver à son entier à ladite dame royne ce qui lui appartient et pourra cy-après escheoir et appartenir audit prince son fils, pendant mesmement sa minorité et bas aage. Pour ce est-il que nous desirans le faire, et après avoir recherché tous les moyens d'y parvenir, n'en ayant point trouvé de plus expédiens, à cet effect, et pour obvier en ce faisant aux sinistres entreprinses qu'aucuns de mauvaise volonté seroyent pour faire et esécuter sur le pays de ladite royne, à son desservice, que nous saisir et emparer, non seulement de ceux qui sont en notre dition, mais aussy des autres qu'elle tient en souveraineté. A ceste cause, nous vous mandons, ordonnons, et très-expressément enjoignons par ces présentes que toutes les terres, villes, places, chasteaux et seigneuries apartenans à ladite dame royne, et estant de nostre ressort et jurisdiction, vous ayez à vous saisir et mettre en vostre main...... Donné à Paris le 18.me d'octobre 1568. »

C'est en conséquence de cette commission que le parlement envoya de Sarlabous : la chronique de Mazières nous a conservé le discours de ce seigneur aux états assemblés :

« Messieurs, leur dit-il, il vous est plus notoire que je ne sçauroîs le dire qu'en toutes les terres de l'obeyssance du roy, le feu de division et discorde civile est tellement enflammé, sous prétexte de la religion, qu'aucuns, soy disants vouloir réformer icelle, ont bien ozié prendre les armes pour defendre leurs hérézies, lesquelles aboutissent au mespris et contemnement de l'honneur de Dieu; infractions de ses commandements, anéantissement des saincts sacremens, et mille rébellion contre l'authorité royale, trouble du repos publiq, et autres fins très-pernicieuses, de manière qu'ils ont attanté sur la sacrée personne de sa majesté, et ne cessent journellement d'inquiéter ses sujects par meurtres, boutefeux, saccagements et voléries. Donques pour aporter quelque remède à tant de maux et réprimer l'audace

texte, avaient causés dans le royaume, et il les requiert, de par le roi de France, leur suzerain, de nommer sur le champ deux de leurs barons catholiques pour gouverner en son nom le comté de Bigorre, et y prévenir ou réprimer les désordres. Le sénéchal Arnaud de Pardaillan, baron de Gondrin, d'Antin et de Bonnefont, dont Charles IX s'était assuré la fidélité en lui accordant le collier du Saint-Esprit, fut chargé du gouvernement, conjointement avec Jean, baron de Bazilhac, officier expérimenté. Le juge-mage Arnaud de Caza, était huguenot : on mit à sa place le sieur de Galosse.

Antoine de Lomagne, baron de Tarride et vicomte de Gunois, reçut ordre du roi de France de marcher contre les huguenots du Béarn : les catholiques de Bigorre et de Béarn

1569.

---

de ces hardis entrepreneurs, la cour du parlement de Toulouse, trouvé bon que le païs de Bigorre soit deffendu, régi et gouverné par deux chefs prins de l'ordre de la noblesse, qui soient affectionnés au service de Dieu et du roy, faisant profession de la religion catholique, apostolique et romaine, et pour les choisir avec vous luy a pleu me commettre; et moy, pour m'acquitter de ma commission, je vous requiers de me donner vos avis sur le choix et nomination de deux seigneurs que vous jugerés estre les plus dignes de ceste charge; vous exhortant y procéder avec autant de religion et de conscience comme vous desirés employer au service de Dieu et de vostre roy souverain. »

Ce discours était écrit, et fut lu par le secrétaire des états, Jacques Abeauxis.

se joignirent à lui ; le baron de Bazilhac se chargea de diriger l'artillerie ; Arnaud de Gontaut, seigneur d'Audeaux, sénéchal de Béarn, Antoine d'Agdie, seigneur de Sainte-Colomme, Henri de Béarn, seigneur de Gerderest, le comte de Négrépelisse, le vicomte d'Echaux, les seigneurs de Horgues, de Saint-Martin, de Bonasse, d'Aure, d'Ourout, étaient sous leurs ordres : l'armée catholique se composait de quatre compagnies de cavalerie et de trente-trois d'infanterie. De l'autre côté le baron d'Arros commandait les calvinistes, avec le titre de lieutenant-général de la reine de Navarre, princesse de Béarn, comtesse de Bigorre et de Foix ; le comte de Grammont l'aidait de ses conseils et de son épée : douze compagnies d'infanterie recevaient leurs ordres.

Le baron de Tarride, après s'être emparé de plusieurs places, alla assiéger Navarrens, où s'étaient réunies toutes les forces des huguenots. Il assembla les états de Béarn à Luc, le 5 juillet 1569 : il y fut décidé que les protestans seraient exclus de tous les emplois.

Cependant la reine Jeanne voyant la fâcheuse position de son parti, s'adressa à Gabriel de Lorges, comte de Montgommeri, pour recouvrer les terres que lui avaient enlevées les catholiques. Celui-ci se rend aussitôt dans le comté de Foix, où il assemble les troupes de la reine : les vicomtes de Burniquel, de Paulin, de Caumont, de Montamat, de Sévignac, de Montelar se rangent sous sa bannière ; il marche rapidement vers le Bigorre (17) : en vain le capitaine d'Arné et Raymond de Pujo, de Vic, veulent l'arrêter ; il arrive à Trie, où il brûle le couvent des carmes ; il fait massacrer tous les religieux, et pendre le prieur à l'entrée du monastère (18) ; il traverse le Rustan, passe l'Adour à Montgaillard, se rend à la Loubère, et de là à Ibos, laissant à sa droite Tarbes, que

___

(NOTE 17.) « Aiant mis en équipage sa compaignie, il ne fit aucun séjour, ains à la veue de messieurs les maréchaux d'Amville et de Montluc, des seigneurs de Grammont, de Lavedan, de Sarlabous, de Beleguarde, de Séviguac et autres qui avoient leurs régiments et compaignies en pied tant en Languedoc qu'en Gascoigne, lesquels n'en bougèrent ni firent aucun semblant d'empescher, il passa les rivières l'Auriège et Garonne, et le neufvième jour du mois d'aoust, parut sur le costeau qui borde du costé d'orient la plaine de Bigorre, et ayant jetté sa veue sur l'estendue de la plaine et considéré l'assiette de la ville de Tarbe, il entra en défiance du passage sans estre contraint à se battre, ce qu'il ne voulut faire, parce qu'il désiroit conserver ses forces entièrement pour lever le siège. »

(NOTE 18.) Ce prieur était parent de Montgommeri : après avoir fait mutiler tous les religieux, dont on jeta les cadavres dans un puits voisin, il demanda grâce à son neveu, en considération des liens du sang qui l'unissaient à lui : « Aussi, répondit le comte, n'ai-je garde de vouloir vous traiter comme eux, ains vous rendrai les honneurs dus à votre naissance et dignité, et serez pendu au-dessus de la porte principale du couvent. » Ce qui fut exécuté.

défendait le chevalier de Villambitz avec deux mille hommes : un détachement s'avança cependant jusqu'au faubourg de la Sède, et y brûla quelques maisons; Jacques de Lavedan, prieur de Momères, sortit à la tête de quelques cavaliers pour les en chasser, et les mit en fuite.

Montgommeri arrive le 16 août sur la frontière du Béarn, et il entre trois jours après dans Navarrens, dont le vicomte de Tarride avait abandonné le blocus pour se retirer à Orthez. Il va l'y attaquer, emporte la place d'assaut, et le fait prisonnier avec le baron de Bazilhac, et un grand nombre d'autres seigneurs, tant bigorrais que béarnais. Le vicomte de Tarride mourut le huitième jour de sa captivité; Bazilhac trouva le moyen de s'échapper, et d'aller joindre les catholiques de France que commandait le maréchal Blaise de Montluc.

Après avoir rapidement réduit le Béarn, le comte de Montgommeri, quitte ce pays, qu'il laisse sous le gouvernement du vicomte de Montamat; et renonçant au projet qu'il avait formé de venir rançonner le Bigorre, il se rend à Condom, dans le dessein d'aller joindre les restes de l'armée protestante échappés à la défaite de Montcontour ; mais les maréchaux d'Amville et de Montluc lui barrant le passage, il est forcé de se replier sur le Bigorre : il va d'abord à Maubourguet; de là il se dirige sur Tarbes, qui refusait de lui payer la contribution qu'il en avait exigée (19); il saccage en passant Caixon, Baloc, Vic, Pujo, Andrest, la Reüle et Saint-Lézer. Sur ces entrefaites, de fausses alarmes engagent le chevalier de Villambitz à évacuer Tarbes; Gentien d'Amboise, alors évêque, se retire à Luz (20); les Tarbais courent

(Note 19.) Voici une lettre qu'il avait écrite de Condom aux consuls de Tarbes :

« Messieurs, je pensais que les impôts que je vous ay faicts, ne voulant aller à la rigueur por chastier les mauvais offices faits par la plus part de tout le païs de Bigorre envers la royne votre comtesse contre les édictz du roi, vous eust preparés à vous contenir soubs l'obeissance que luy devés et lui payer ses droictz; mais j'entends que cela a produit une chose toute contraire, de sorte que vous ne faictes semblant que de n'en voloir rien fere. A ceste cause je vous ay voleu mander par ceste lettre que si dans six jours après la réception d'icelle vous n'avez mis en effaict se que je vous ay desja escrit et que le thrésorier n'en rande tesmoinage, j'iray avecq' l'armée sur les lieux pour vous visiter autrement que je ne volois, vous faire cognoistre que je vous avois espargne pour votre bien, et portant ne faillés de me tenir vivres touts prets par toutes les villes affin qu'allant aux montaignes je n'en aye point faute, car j'ay délibéré de faire une visite universelle et vous montrer que je ne m'en vay pas comme vous pensés, et si vous faictes faute de communiquer ceste présente aux autres villes, je vous demenderay raison d'icelle sur les lieux. Atendant quoy je prie Dieu vous donner grâce d'estre bien advisés. De Condom, le xviii jour de novembre 1569.

Votre bon amy, G. DE MONGOMMERY. »

(Note 20.) Ce prélat, pendant son exil, fit élever une petite chapelle sous l'invocation du Sauveur, non loin des sources miné-

se réfugier dans les montagnes, en sorte que le comte trouve la place sans défense et entièrement déserte; il brûle les églises de Sainte-Marie et de Saint-Jean, le couvent des carmes, et un grand nombre de maisons: l'église des cordeliers fut conservée pour servir de temple aux protestans. Les troupes huguenotes se répandent alors dans le Bigorre, et s'emparent de Lourdes, de Bagnères, d'Ibos, de Castelnau, qu'ils mettent à contribution; le chevalier de Villambitz est tué en défendant l'Escale-Dieu; toutes les églises du comté sont saccagées. Enfin, après un séjour de trois semaines, le comte de Montgommeri abandonne le Bigorre à la mi-décembre, pour se rendre à l'armée des princes, et ses soldats brûlent, en quittant Tarbes, l'église qui leur avait servi de temple.

Les habitans y rentrent alors et se chargent de leur propre défense sous les ordres du seigneur de Horgues. Le baron de Beaudéan reprend le commandement de Bagnères. François de Béarn, seigneur de Bonasse, avait conservé le château de Lourdes. Les prêtres rentrèrent dans leurs foyers et s'occupèrent de rebâtir les églises.

---

rales appelées aujourd'hui de Saint-Sauveur, du nom de la chapelle; on y lisait cette inscription: « Vos haurietis aquas de fontibus Salvatoris. »

Les huguenots, quoique peu nombreux en Bigorre, y faisaient néanmoins de grands ravages : un parti occupait le château de Bénac, d'où il faisait des courses dans le plat-pays; ceux de Béarn venaient piller les habitans des vallées voisines : ils se présentèrent un jour au nombre de quinze cents sur les hauteurs occidentales de la vallée de Sales, et tentèrent de surprendre quelques villages ; mais ils furent prévenus, et les Salesans, aidés de leurs femmes, qui s'étaient armées de haches et de leviers de fer, en firent un grand carnage, et les forcèrent à la retraite (21).

(Note 21.) « Il advint en l'année 1569 que les Assonois se résolurent d'aller attaquer les Salezans; mais comme ils furent arrivés sur le coupeau de la montaigne d'où se découvre toute la vallée de Sales, la plus grande partie d'entr'eux s'arresta, voyant la difficulté de la descente, et la montée qu'il fallait faire sur la retraite ; mais ceux qui estoient bouillants au combat descendirent sans estre apperçus jusques au Vergons ; là ils furent descouverts par un paysan qui fouissoit dans sa terre, murée d'une muraille seiche, lequel ayant bien reconneu que c'estoient les ennemis, dressa contr'eux le manche de son foussoir par dessus ladite muraille, comme si ce feust comme le canon d'une arquebuse. Les Assonois qui avoient quitté leurs rangs pour courir après le bestailh, se rallièrent, et tandis qu'ils se mettoient en ordre, le Salezan eut le temps d'aller faire entendre aux habitans de son village que les ennemis estoient là et venoient par le pied de la montaigne. Or le chemin que les Béarnois tenoient pour arriver au village de Sales, duquel toute la vallée prend le nom, est assez étroit et fermé d'en bas d'une muraille seiche, à cause de quoi les Salezans firent deux exploits de diligence fort utiles à vaincre

Cependant le vicomte de Montamat, que Montgommeri avait laissé en Béarn, ayant appris que les catholiques se relevaient en Bigorre, résolut de les chasser de nouveau de Tarbes. Il se présenta devant la place le 20 janvier 1570, et la somma de se rendre. Horgues, ayant com-

1570.

l'ennemi. Premièrement ils envoièrent une partie de leurs gens, armés des premières armes qu'ils peurent trouver, vers la montaigne qui domine ledit chemin, aux fins de jetter et faire rouller pierres sur les ennemis, et l'autre partie composée d'hommes et de femmes, alla par dessous le chemin à la faveur de la muraille seiche qui lui servait de défense. Les Assonois, qui estoient partis de leur pays en nombre de 1500 hommes, à dessein de mettre à feu et à sang le village de Sales, et d'enlever tout le bestailh de Vergons, pour leur tenir lieu de celui que les Salezans estoient allés prendre au lieu d'Asson peu de jours auparavant, se voyant arrestés court et frustrés de leurs intentions, et en grand soucy de se démesler de la difficulté du chemin et de la furieuse attaque des Salezans qui firent un merveilleux effort sur le premier rencontre : et ayans fouillés les Béarnois occis, leur trouvèrent du pain et des cuions pleins de vin dans leurs poches ; mesme un d'iceux y avoit serré pour son disner une poule bouillie bien enveloppée dans un linge ; les Salezans encouragés de ceste première victoire, et alléchés par la douceur des viandes qu'ils avoient trouvées, et espérant encore d'en trouver davantage, allant plus rudement à la meslée, où ils exploietèrent si bien que 70 Béarnois demeurèrent sur la place, et les autres prindrent la fuite. Les femmes de Sales firent preuve de leur courage en ceste rencontre, car les unes administroient la poudre aux hommes, et les autres armées de gros leviers, suivoient courageusement et assommoient qui à coup de leviers, qui à coup de pierres, les Béarnois à mesure qu'ils estoient blessés et portés à terre. Le gros de la troupe qui estoit monté sur le coupeau de la montagne, voyant le désordre de ces soldats, fit battre le tambour pour la retraite ; et ne pouvant les secourir, se contenta de recevoir les fuyards sous l'enseigne. »

blé d'eau les fossés, refusa de parlementer; mais les huguenots parvinrent à les tarir : les habitans, hors d'état alors de se défendre contre des forces supérieures, abandonnèrent la ville pendant la nuit ; le seigneur de Horgues ne voulut point quitter son poste. Le vicomte de Montamat, maître de Tarbes, admira la constance du brave guerrier, et le renvoya sans rançon à son château de Horgues (22).

(Note 22.) Voici les détails de ce siège de Tarbes, d'après la chronique de Mazières.

« M. de Montamat entra dans les bourgs de la Sède et de Carrère-Longue, sans y trouver aucune résistance et croïoit passer aussi librement par le reste de la ville ; mais estant arrivé près du Mauhourguet, il se vist arresté par un grand fleuve d'eau qui regorgeoit des fossés, et apperceut que les portes estoient closes; au moïen de quoy il se logea en Carrère-Longue. Messieurs de Bénac, de Basian, de Montcorneil et de Laons, estoient de la partie et descendirent au logis de Jean Mauran ; et sur la nuict, messieurs de Montcorneil et de Basian sortirent pour aller recognoistre le bourg-vieux et les endroits plus foibles de la muraille ; mais ils furent descouverts et saluès de plusieurs arquebusades. Il y avait dans le bourg-vieux deux bons arquebusiers, l'un nommé Imbert, facteur de la maison de Prat, et l'autre Guonet, serrurier, lesquels ne tiroient aucun coup sans porter domage, et eux deux, à la faveur de la lune qui estoit belle et claire, blessèrent et tuèrent un grand nombre de soldats assiégeants à la veuë de messieurs de Basian et de Montcorneil, lesquels ayant considéré que l'eau les empeschoit d'aller plus outre, et qu'ils ne pouvoient demeurer là sans perdre beaucoup de gens, se retirèrent dans Carrère-Longue ; cependant ils despechèrent quelques gens vers les sources des canaux pour tarir l'eau des fossés, et en vinrent à bout avant la minuit; or M. de Basian estoit fort

La ville restait déserte : il importait peu au vicomte de la garder : il se retira sans y laisser de garnison, et retourna en Béarn. Les habitans

désireux de parler au capitaine Forgues, et l'aiant fait appeler, il lui feust respondeu par un soldat qu'il dit hardiment ce qu'il voudroit, car le capitaine Forgues le pouvoit entendre; alors M. de Basian le pria de se rendre, luy promettant qu'aucun mal ne luy seroit fait: et le capitaine Forgues fit répliquer qu'il y auroit pensé jusques au lendemain et alors il fairoit response. Mais quand les assiégés eurent prins guarde à l'eau qui tarissoit, et considéré qu'ils n'estoient pas en tout 50 hommes pour se défendre, ils prièrent le capitaine Forgues de se résoudre à ce qu'il jugeroit estre le plus utile; il leur conseilla de se sauver durant le calme de la nuict, et tandis que les ennemis ne les pressoient, et pour luy il dit qu'il ne bougeroit s'estant obligé de respondre à la parole que son cousin de Basian luy avoit fait dire. Il y avoit une bresche près l'église Sainct-Jean, laquelle despuis a esté réparée, et feust avisé que par icelle pourroient sortir plus commodément ceux qui se voudroient retirer, sans estre apperceus de l'ennemy, et sans plus atandre sortirent à la file Manran, Lacroix, Bacquerie et plusieurs autres, lesquels furent descouverts par le chanoine Possino, du haut de la tour du chasteau du comte qui respond au fossé. Le chanoine avec son arquebuse chargée et preste à tirer, et croïant que ceux qui sortoient feussent des ennemis, lascha le coup et visa justement dans l'estomac de Jean Manran, au dessous du tétin gauche, et le porta mort à la renverse : les autres passèrent outre et se sauvèrent. Les ennemis ayant en moyen d'aborder la muraille qui n'estoit plus deffendue, la sapèrent près la porte de l'horloge, et avant le jour eurent fait ouverture sufisante pour y entrer, et au point dudit jour ils feurent dans la ville; ils prinrent prisonniers le capitaine Forgues et sa femme, et tous les autres qui y estoient demeurés : messieurs de Gamaches, juge d'apeaux, Balestrade, sindic du païs de Bigorre, et quelques autres qui ne faisoient profession d'armes, feurent mis à rançon, et est croiable qu'aussi bon marché en eurent eu ceux qui sortirent; mais il se doutoient

de cette malheureuse cité, craignant d'y être trop fréquemment harcelés par les huguenots de Bénac et de Montaner, ne songèrent point à revenir dans leurs foyers : ils restèrent quelque tems dispersés dans les villes et les villages que tenaient encore les catholiques. Mais bientôt, honteux de laisser à la merci des religionnaires la capitale du comté, et enhardis par les promesses du duc d'Anjou, Edouard-Alexandre, frère de Charles IX, qui leur faisait espérer des secours, ils résolurent d'y rentrer et de se mettre à l'abri de leurs entreprises. François de Bonasse avait huit cents hommes sous ses ordres dans le château de Lourdes : cédant aux prières et aux représentations des Tarbais, il alla s'établir avec eux dans leur ville au mois d'avril, et leur promit de mourir avec tous les siens pour leur défense.

Les barons d'Arros et de Montamat ayant appris ces dispositions, marchèrent aussitôt contr'eux, et assiégèrent de nouveau Tarbes. Bonasse ne pouvant défendre les faubourgs,

___

qu'on revaucheroit sur eux le dommage qu'ils avoient fait aux assiégeants à leur arrivée. Quand M. de Montamat eut donné la curée du pillage de la ville à ses gens et qu'il eust prins la rançon desdits sieurs juge et sindic, et des autres qu'il avoit en son pouvoir, il les congédia, et renvoya le capitaine Forgues dans sa maison sans aucun dommage, et luy se retira avec ses troupes en son gouvernement. »

les brûla en se retirant vers la ville, et ralentit ainsi les efforts des assiégeans ; cependant Montamat ayant fait avancer son artillerie, commença à battre les murs du bourg-vieux ; la brèche fut ouverte le second jour, et l'on monta à l'assaut (23). Bonasse, animant les siens par

---

(NOTE 23.) Mazières nous a conservé de ce troisième siège les détails suivans :

« M. de Montamat adverty des affaires de Bigorre fit avancer les compaignies de Béarn vers la frontière, en attendant qu'il eust les pièces de canon qu'il faisoit venir de Navarrens, pour assiéger Tarbe, de quoy Bonasse eut avis, et se résolut de soutenir le siège, mais parce que la longueur de la ville requeroit plus grand nombre de soldats qu'il n'avait avec soy pour la défendre, car il n'avoit en tout plus de 800 hommes, il se retrancha dans les bourgs vieux et neuf, et mit le feu au Maubourguet et au bourg Crabé, qui estoient aux extrémités. Cependant M. de Montamat logea son camp, et les canons à l'opposite des ruines du Maubourguet, et commença les batteries contre les murailles du bourg-vieux, au coing septentrional plus proche desdites ruines, et dans deux jours il eût fait bresche sufisante pour venir à l'assaut. Ayant reconneu ladite bresche et remarqué que le fossé estoit presque sec, et comblé des ruines de la muraille, il disposa ses gens pour aller à l'assaut, et les exhorta à porter vaillament, leur remonstrant qu'ils avoient à combattre avec des gens proscrits et fuyarts, qui venoient d'estre battus au siège de Navarrens, et qui s'estoient réfugiés à Tarbe, non pour y faire exploits de guerre, mais pour y piller et dérober, et qu'estant de telle sorte, ils n'auroient le courage de se défendre. Bonasse d'autre part representoit aux siens l'extrémité en laquelle ils estoient, et qu'il n'y avoit autre remede pour s'en exempter que de se bien défendre ; qu'il leur seroit plus honorable de mourir en soutenant l'assaut, que tomber vivants à la discrétion de leurs ennemis, lesquels estoient résolus de n'épargner non plus le couard que le magnanime, ains les faire passer

ton exemple, repousse les assaillans et les culbutte dans les fossés. Montamat recommence l'attaque avec une nouvelle ardeur : il est en-

galement par le tranchant de l'espée. La résolution des assiégeants fut grande pour venir à l'assaut, mais celle des assiégés ne feut pas moindre à la soutenir, et feut tué grand nombre de soldats d'une part et d'autre, mais plus du costé des assiégeants, lesquels furent si brusquement repoussés qu'il leur convint tourner en arrière : pour cela M. de Montamat ne perdit courage, ainsi il se délibéra de presser l'ennemy sans luy donner aucun relasche : il fit choix d'autres capitaines et soldats pour donner un second assaut ce mesme jour, et les ayant exhortés à faire mieux leur devoir que les premiers, les envoia droit à la bresche. Ils désiroient bien faire, et le tesmoignèrent par leur exploit, car ils donnèrent teste baissée contre les assiégés, et sembloit à leur démarche que rien ne pourroit résister devant eux ; néantmoins les assiégés sontindrent le choq avec une si obstinée résolution, que les assaillants eurent du pire. En ce conflit moururent les meilleurs soldats de Bonasse, et en grand nombre, et jaçoit qu'ils eussent fait grand carnage de ceux qui estoient venus à l'assaut ; néantmoins Bonasse commença d'entrer en défiance de ses forces et jugeant qu'il luy seroit mal aisé de soutenir deux autres assauts, et après avoir consulté avec Pendens et Guarrebaque et autres capitaines qui restoient, feust résolu qu'ils sortiroient la nuit suivante par la porte de Nolibos qui regarde le midy, et se sauveroient vers la ville de Lourde. Mais tandis qu'ils s'apprestoient pour exécuter ce dessein, un lieutenant capituloit avec les ennemis pour les mettre dans la ville, et déjà il en avait introduit plusieurs par une basse fenestre qui respond au fossé près la porte du bourg-neuf. Ce lieutenant accourut à Bonasse pour le détourner du dessein, luy figurant mille reproches et mille blasmes qu'on luy donneroit s'il abandonnoit la deffense de la ville après avoir bravé l'ennemy, voire battu et telement affoibly qu'au désespoir de plus combattre, et ne songe qu'à la retraite. Bonasse picqué du point d'honneur, se laissa facilement persuader, et s'atandit à faire bon guet, et à disputer les affaires et

core repoussé avec une perte considérable, il cherche alors à prendre la place par trahison : un lieutenant de Bonasse, qui se laisse gagner,

tenir ses gens prets pour accueillir de mesme façon qu'auparavant les ennemis s'ils y retournoient davantage. M. de Montamat, à la faveur du lieutenant de Bonasse qui luy tenoit la main dans la ville s'apresta pour envoier à l'assaut le lendemain, dès aussitost que la lumière du jour seroit esparse. Aiant donques l'aurore guidé sur le rison le fatal et triste jour qui devoit faire de la ville de Tarbe le cimetière de tant de vaillants soldats et capitaines, grossir et rougir les ruisseaux de sang humain, tapisser les rues de Tarbe d'herbes vertes comme un pred durant la saison printanière, voicy que M. de Montamat se présente à l'assaut, assuré d'estre secouru de ceux qu'il avoit jettés dans la ville. Bonasse d'autre part et ses gens se trouvèrent à la bresche bien armés et mieux encouragés pour se bien défendre. Comme ils sont venus aux mains, et que d'une guerrière audace chacun tasche d'abattre ce qu'il a devant, ceux qui estoient entrés par la fenestre sortent à la veue, et accourent furieusement envelopper les gens de Bonasse par derrière : les assiégés se voyant attaqués de deux endroits et ne sçachant ce que ce pouvait estre, furent bien estonés et combatirent en confusion et désordre, jusqu'à ce qu'estant pressés et oppressés de la multitude, ils n'eurent plus aucun moien de se défendre, ains furent taillés en pièces ou faits prisonniers de guerre. Bonasse mourut en combattant après avoir veu déferre sa compaignie, et les autres capitaines, excepté le Grec de Pondens, auquel, par exprès commandement de M. de Montamat, les soldats sauvèrent la vie, l'aiant recogneu à la marque qui leur avoit esté baillée de son habillement de satin jaune. Il restoit encore le sieur de Guarrebaque, lequel s'estoit sauvé dans la tour du boulevard ; et trente hommes des habitants de la ville qui estoient cachés dans la maison de François de Palatzs, à cause que durant le siège ils avoient capitulé avec le capitaine Vidau leur concitoyen, tenant le party des assiégeants, que si la ville estoit prinse, il leur feroit sauver la vie pourveu qu'ils se rendissent dans la maison de Palatzs. Or le moy

introduit pendant la nuit cinq cents huguenots dans la ville, par une poterne qui ouvrait dans les fossés du nord ; Montamat tente en

___

estoit de double intelligence parce qu'il y avoit deux Palatzs, et les pauvres gents entendirent qu'il faloit se retirer chez François Palatzs pour estre la maison d'iceluy plus renommée que celle de l'autre ; mais le capitaine Vidau s'expliqua disant qu'il les avoit assignés chez Frim Palats ; tèlement que ces misérables aiant veu la perte de la ville accoururent vers la maison de François Palazts leur azile prétendu, et illec attendoient l'arrivée du capitaine Vidau, en la protection duquel ils se croioient estre ; mais ils furent abusés, car les soldats qui alloient au pillage les ayant trouvés en ladite maison, se jetèrent sur eux comme lions affamés, et l'un après l'autre les poignardèrent sans en avoir aucune mercy, jaçoit que les pitoyables adieux qu'ils se disoient et les charitables embrassements qu'ils se donnoient sur le poinct qu'on les massacroit eussent deu fléchir à commisération le courage des scites et des plus félons hommes de la terre. Quant au sieur de Guarrebaque, il se maintint constamment dans la tour du boulevart et ores que plusieurs volées de canon fussent tirées contre la muraille, et que d'autre part on essaïat de la saper, pourtant il ne se voulut rendre, et est probable qu'il eust conservé sa vie dans ceste tour, à cause qu'on n'y pouvoit entrer qu'avec une longue eschelle et par une porte assez estroite, et que le camp ne se fust amusé là pour un seul homme, pour lequel avoir M. de Montamat s'avisa qu'il avoit en sa troupe un cousin dudit sieur de Guarrebaque, lequel il emboucha pour parler audit sieur de Guarrebaque, et lui promettre de sa part sa vie sauve s'il se vouloit rendre. Ledit sieur de Guarrebaque estant interpellé par son cousin qui lui donnait toute asseurance de parlementer, ouvrit la porte de la tour, et comme il se soutenoit pour regarder en bas, il fut tué d'une arquebusade. Ce coup fait, il n'i resta plus aucun de touts ceux qui avoient soutenu le siège, qui ne feust tué ou détenu prisonnier, et les prisonniers furent après massacrés de sang-froid, et demeura la ville de Tarbe pleine de corps morts, le nombre desquels et de ceux qui feurent trouvés

même tems un troisième assaut à la brèche. Bonasse y vole avec les siens; mais bientôt il est enveloppé; il se voit trahi, et ne songe plus qu'à s'ensevelir sous ces murs qu'il n'a pu défendre, et à rendre au moins son trépas illustre; il fait voler la mort autour de lui; ses capitaines secondent sa valeur: ce n'est que las de frapper et couverts de blessures qu'ils tombent et rendent enfin le dernier soupir. Tarbes devient pour la troisième fois la proie des religionnaires; ils passent tous les

autour de la bresche feust d'environ deux mille; et pour les ensevelir après que M. de Montamat se feust retiré dans le Béarn, et fait retirer les canons et les troupes du pays de Bigorre, les hommes et les femmes des prochains villages s'assemblèrent, et ayant amassé les habits, armes, aneaux et autres choses que les Béarnois n'avaient eu le loisir de prendre, car ils délogèrent incontinent sur l'avis que M. de la Valette, lieutenant pour le roy en la Haute-Guienne, s'approchoit pour les combattre, comblèrent de corps morts les fossés et les puids, et employèrent environ de huict jours en ce funeste office. Cecy feust environ la feste de Pasques de la susdite année 1592. Depuis ença la ville de Tarbes demeura sans habitants, et l'herbe creut par les rues comme en un pred, qu'estoit chose fort déplorable à voir, et passèrent trois ans entiers durant lesquels n'y eut aucune garnison; aussy n'estoit-elle défensable à cause des ruines que le canon y avoit faites. »

Olhagaray raconte ce siège avec quelque détail. M. Deville qui le rapporte aussi se méprend en attribuant au capitaine Vidal la trahison qui introduisit les huguenots dans la ville; il se trompe encore en disant qu'il n'était point bigorrais, puisque Mazières nous dit le contraire : quelques personnes, versées dans la connaissance de nos annales, présument qu'il était de Pouyastruc.

habitans au fil de l'épée ; ils rasent les fortifications, et n'abandonnent cette cité malheureuse qu'après l'avoir saccagée. Des villageois vinrent rendre les derniers devoirs à leurs infortunés compatriotes et à leurs généreux défenseurs ; ils les ensevelirent dans les fossés.

Cependant la paix conclue quelque mois après, le 15 août, à Saint-Germain-en-Laye, 1570. vint procurer quelques momens de trève aux Bigorrais. Le roi de France voulut la cimenter par le mariage du jeune Henri de Bourbon avec sa sœur Marguerite. Jeanne d'Albret se rendit à Blois sur l'invitation du monarque, et l'alliance projetée y fut conclue le 11 avril 1571. On convint que le cardinal de Bourbon unirait les deux époux sans les assujétir aux cérémonies de l'église romaine, pour ne point blesser la croyance du duc de Vendôme.

Des querelles de préséance entre deux magistrats de Rabastens, ramenèrent pour quelque tems les hostilités dans le Bigorre, quoique la paix ne fut point rompue entre les partis. Le consul prit le pas sur le juge royal dans une occasion d'éclat : celui-ci, pour se venger de cet affront, livre la ville aux huguenots ; Merlin et Ladons, l'un ministre, l'autre officier de la reine de Navarre, sont mis en possession du château : de là ils vont faire le dégât aux environs. Le maréchal de Montluc, qui ne cherchait que le prétexte de recommencer la guerre, saisit celui qui se présentait : il envoie Mausan dans le Lavedan pour soulever les catholiques, et il va lui-même assiéger Rabastens avec le baron de Bazilhac et celui d'Antin, le nestor de l'armée catholique (24). Il s'empara facilement

---

(NOTE 24.) Le maréchal nous donne lui-même dans ses commentaires une relation très-détaillée de ce siège : nous en transcrirons quelques fragmens :

« Au point du jour j'eus l'artillerie en batterie devant la ville, et dans peu de volées le canon fit bresche. Leur délibération n'estoit pas de garder la ville, car ils avaient remply toutes les maisons de paille et de fagots. Et comme ils virent que nos gens alloient à l'assaut, tout à coup ils mirent le feu dans la ville, et coururent se jetter dans le chasteau, hommes, femmes et enfans ...... Nous commençâmes à battre leur grande tour où était l'horloge, et en même tems que la batterie se faisait, nos soldats gaignèrent la porte de la ville qui estait tout auprès de celle du chasteau à dix pas au plus....... Tout le jour notre artillerie battit le visage de la tour, et à la fin ladite tour fut ouverte. »

« Je fis remuer deux canons à main gauche tout auprès de la muraille de la ville, qui voyait l'autre visage de main gauche. Mon intention estoit que si je pouvais faire tomber la tour devers nous elle comblerait tout le fossé qui estait plein d'eau, et remplirait les fausses brayes de cet endroit-là, et que nous pourrions aller à l'assaut par dessus la ruine qui m'aurait comblé le fossé, car la tour était fort haute. Tout le quatrième jour avec ces deux canons je battis ce visage de la tour, et à la fin j'en fus maistre, et il ne demeura que le costé de main droite et les coins. Alors je fis tirer au premier canton, qui faisait visage à l'artillerie première, du costé de main gauche, et des deux pièces que j'avais remuées la nuit à l'autre canton qui tirait vers la ville. En dix ou douze coups les cantons furent rompus ; et la tour tombée

de la ville, que les habitans avaient abandonnée pour se retirer dans le château. L'artillerie commença à battre les tours, et le cinquième

devers nous, et là où je la demandais : mais quelque hauteur et grosseur qu'elle eust, elle ne sceut du tout remplir le fossé, dans lequel il fallait descendre bien profond. »

« Le cinquième jour du siège et le vingt-troisième jour de juillet 1570, un jour de dimanche, environ les deux heures après midi, je me délibérai de donner l'assaut, et fut l'ordre tel que M. de Sainct-Orens, maréchal de camp, amènerait les troupes à la bresche, les unes après les autres ..... et fut ordonné que les deux capitaines qui étoient de la garde auprès de la bresche donneraient les premiers, qui estoient Lartigues et Salles de Béarn, et en achevant nostre ordre, on me vint dire que nos deux canons qui battaient par flanc, lesquels la nuict on avait remués, estoient abandonnez et qu'il n'y avait homme qui s'y osast montrer..... Tibauville commissaire d'artillerie qui tiroit de ces deux canons avait été contraint de les abandonner, et monsieur de Bazillac mesme. Et comme à mon arrivée je vis ce désordre, je me ressouvins d'abord d'une quantité de fascines que j'avais faites apporter le jour devant, dans la ville, et dis aux gentils-hommes ces paroles : gentils-hommes, mes compagnons, j'ai toujours veu et ouy-dire qu'il n'y a travail ni faction que de noblesse ; suivez-moi tous je vous prie, et faites comme moi. Ils ne se firent pas prier, et allâmes à grand pas droit aux fascines...... Incontinent que l'artillerie fut couverte, Tibauville rentra et les canoniers, et commença à tirer plus furieusement qu'ils n'avaient fait tous les autres jours, car il semblait qu'un coup n'attendait pas l'autre, et tout le monde le secourait d'une fort grande volonté »

« Je fis apporter huit ou dix flascons de vin que madame de Panias m'avait envoyé, et le délivray aux gentils-hommes...... Lors je fis donner l'assaut : les deux capitaines y allèrent ; quelques uns de leurs soldats et les enseignes ne firent pas fort bien. Et comme je vis que ceux-là n'y entreraient pas, monsieur de Sainct-Orens marcha avec quatre enseignes, et les mena jusques auprès de la bresche, qui ne

jour, 23 juillet, la brèche fut praticable, et l'on donna l'assaut. Les premiers assaillans furent vivement repoussés ; le maréchal s'avança

firent pas mieux que les autres, car ils estoient encore demeurez loin quatre ou cinq pas de la contr'escarpe, laquelle n'empescha pas que nostre artillerie ne fist ce qu'elle vouloit faire, et tous se mirent les génoux à terre derrière. Soudain je connus bien qu'il falait que d'autres y missent la main que nos gens de pied........ et dis à la noblesse : gentils-hommes, mes amis.......... suivez hardiment, et sans vous estonner donnez, car nous ne saurions choisir une mort plus honorable........ Et ainsi nous marchasmes tous d'aussi bonne volonté qu'à ma vie je vis aller à l'assaut, et regarday deux fois en arrière, je vis que tous se touchaient les uns les autres....... J'avais fait porter trois ou quatre eschelles au bord du fossé : et comme je me retournay en arrière pour commander que l'on apportast deux eschelles, l'arquebusade me fut donnée par le visage du coin d'une barricade qui touchait à la tour. Je crois qu'il n'y avait pas là quatre arquebusiers, car tout le reste de la barricade avait été mis par terre des deux canons qui tiroient en flanc. Tout à coup je fus tout en sang : car je le jettois par la bouche, par le nez, par les yeux...... Alors presque tous les soldats et presque aussi tous les gentils-hommes commencèrent à s'estonner et voulurent reculer : mais je leur criay, encore que je ne pouvois presque parler à cause du grand sang que je jettois par la bouche et par le nez. Où voulez-vous aller, où voulez-vous aller ? Vous voulez vous espouvanter pour moy ? Ne vous bougez, ny n'abandonnez point le combat....... Et dis aux gentils-hommes : je m'en vais me faire panser, et que personne ne me suive, et vengez moy si vous m'aimez. Je pris un gentil-homme par la main...... et ainsi fus conduit à mon logis, là où je trouvai un chirurgien du régiment de M. de Goas, nommé maistre Simon, qui me pansa et m'arracha les os des deux joues avec les doigts, si grands estoient les trous, et me coupa force chair du visage, qui estoit toute froissée. »

« Voicy monsieur de Madaillan mon lieutenant, lequel estoit à mon costé quand j'allay à l'assaut, et monsieur de Goas à l'autre, qui venoit voir si j'étois mort, et me dit : monsieur réjouissez-vous,

lui-même à la tête de cinquante gentilshommes : « Il n'est combat que de noblesse, leur dit-il ; il faut que nous espérions que la victoire doit venir pour nous autres qui sommes gentilshommes ; allons, je vous montrerai le chemin, et je vous ferai connaître que jamais bon cheval ne devient rosse. » Arrivé à la brèche, il reçoit un coup de feu qui l'oblige à quitter le combat ; il remet le commandement au chevalier de

---

prenez courage, nous sommes dedans. Voilà les soldats aux mains qui tuent tout : et assurez-vous que nous vengerons vostre blesseure. Alors je luy dis : je loüe Dieu de ce que je vois la victoire à nous avant que de mourir. À présent je ne me soucie point de la mort. Je vous prie de vous en retourner, et montrez-moi toute l'amitié que vous m'avez portée, et gardez qu'il n'en eschappe un seul qui ne soit tué. Et à l'instant s'en retourna : et tous mes serviteurs mesme y allèrent : de sorte qu'il ne demeura auprès de moy que deux pages, et l'advocat de Las, et le chirurgien. L'on voulut sauver le ministre et le capitaine de là dedans nommé Ladons pour les faire pendre devant mon logis ; mais les soldats faillirent de les tuer eux-mesmes et les ostèrent à ceux qui les tenoient, et les mirent en mille pièces. Les soldats en firent sauter cinquante ou soixante du haut de la grande tour qui s'estoient retirés là dedans, dans les fossés, lesquels se noyèrent. Il se trouve que l'on en sauva deux qui s'estoient cachez. Il y avait tel prisonnier qui vouloit donner quatre mille escus : mais jamais homme ne voulut entendre à aucune rançon, et la pluspart des femmes furent tuées, lesquelles aussi faisaient de grands maux avec les pierres. Il s'y trouva un espagnol marchand qu'ils tenoient prisonnier là-dedans, et un autre marchand catholique aussi qui furent sauvés. Voilà tout ce qui demeura en vie des hommes qui se trouvèrent là-dedans, qui furent les deux que quelqu'un desroba et ces deux marchands qui estoient catholiques. »

Goas, en criant à sa troupe : vengez-moi si vous m'aimez. Le château fut emporté l'épée à la main, et tous ceux qui y étaient renfermés furent massacrés. Le maréchal se retira deux jours après à Marciac, et les hostilités cessèrent.

Jeanne d'Albret était toujours à la cour de France : quoiqu'elle eut consenti au mariage de son fils avec la princesse Marguerite, elle semblait appréhender cette union. « Je demeure en ma première opinion, mandait-elle à Henri, qu'il faut que vous retourniez en Béarn ; mon fils, on ne tâche qu'à vous séparer de Dieu et de moi. » Elle mourut sur ces entrefaites, le 9 juin 1572. Elle avait l'esprit orné, un grand caractère, et des talens supérieurs (25).

1572.

(Note 25.) On a fait pour le tombeau de cette princesse, à Vendôme, l'inscription suivante :

« JEHANNE D'ALBRET, ROYNE DE NAVARRE,

NÉE EN 1528, DÉCÉDÉE LE 9 JUIN 1572.

De son sexe elle eut les vertus
Et les qualités d'un grand homme :
Que peut-on en dire de plus ?
Ne jugeons point sa querelle avec Rome.
Ni les erreurs de l'esprit de parti :
Mais respectons la demeure dernière
De celle en qui la France entière
Voit la mère du bon Henri. »

CHAPITRE III.

Henri de Bourbon. — Son mariage. — La St.-Barthélemi. — Sarlabous à Tarbes. — Siège de Lourdes. — Prise de St.-Sever. — Négociations avec le Béarn. — Lizier à Tarbes. — Préparatifs de Grammont. — Mort de Baudéan et de Lizier. — Siège de Tarbes. — Négociations. — Nouveaux troubles. — Paix. — Formation de la ligue. — Cathérine régente. — Abus dans l'église. — Acquisition de l'usufruit des Quatre-Vallées. — Les ligueurs en Bigorre. — Tentatives sur Tarbes. — Henri devient roi de France. — Il déclare son domaine particulier non réuni à la couronne. — Siège de Tarbes par les ligueurs. — Arrivée de Villars. — Siège de Lourdes. — Les ligueurs entièrement chassés. — Edit qui réunit le Bigorre à la couronne de France.

Henri de Bourbon, duc de Vendôme, devint par le décès de sa mère, l'héritier des biens immenses qui formaient le domaine de la maison d'Albret. Il se rendit à Paris, accompagné de Henri prince de Condé, son cousin; ses noces y furent célébrées le 17 août 1572, avec magnificence. Hélas! ce gage de la réconciliation des deux partis n'était-il donc qu'un piège tendu aux huguenots? Un roi faible, sollicité par une mère ambitieuse et cruelle, ordonne six jours après le massacre de ces malheureux. Le 24 août, jour de saint Barthélemi, vit à Paris l'exécution de ces ordres atroces. Presque tous les gouverneurs des provinces frémirent d'horreur en les recevant (1), et en attendirent la révocation. Henri de Bourbon, mandé par le roi de France, en reçut l'exprès commandement d'embrasser le catholicisme : il céda aux circonstances, et fit publiquement, le 2 septembre, abjuration du calvinisme.

Les Bigorrais espérèrent retrouver enfin le repos après tant de troubles, sous le règne de leur nouveau comte : les villes se repeuplèrent, et les deux partis, oubliant leurs querelles, ne craignirent pas d'habiter dans les mêmes murs. Tarbes, trois ans abandonnée, retrouva des citoyens. Mais le calme ne fut pas de longue durée.

(Note 1.) Le vicomte d'Orthe, gouverneur de Bayonne, s'est immortalisé par sa noble réponse :

« Sire, écrivit-il au roi, j'ay communiqué le commandement de vostre majesté à ses fidèles habitans et gens de guerre de la garnison ; je n'y ay trouvé que bons citoyens et fermes soldats, mais pas un bourreau. C'est pourquoi eux et moy supplions très-humblement vostre majesté vouloir employer nos bras et nos vies en choses possibles : quelques hazardeuses qu'elles soyent, nous y mettrons jusqu'à la dernière goutte de nostre sang. »

Arnaud de Caza, auquel sa croyance avait fait perdre la charge de juge-mage, était revenu à Tarbes, et y avait pris son ancien rang. Le chevalier de Sarlabous, ennemi juré du protestantisme, résolut de se défaire d'un homme qu'il haïssait personnellement : il se rendit pendant la nuit sous les murs de Tarbes, au mois d'avril 1573, à la tête de ses cavaliers; un de ses gens d'armes se chargea de l'introduire : s'étant fait ouvrir la porte du bourg-neuf, comme chargé de dépêches pressantes, il feignit d'appeler un valet de pied qu'il disait être à sa suite, et prononça d'une voix forte le nom du chevalier, qui s'élança aussitôt dans la ville avec ses lances. Le bruit de la cavalerie répandit l'alarme dans la ville, et Caza, qui connaissait toute la haine que lui portait Sarlabous, ne l'eut pas plutôt entendu nommer, que s'élançant tout nu dans les fossés, il les traversa à la nage, se sauva à Gayan, où il prit des vêtemens, et de là alla se réfugier à Pau, qu'il ne quitta plus.

Bientôt on apprit à Tarbes que les protestans du Béarn, excités par Arnaud de Caza, formaient le dessein de reporter la guerre en Bigorre : les Tarbais épouvantés coururent cacher leurs effets les plus précieux dans les châteaux et les villages voisins, et n'habitant la ville que pendant le jour, ils passaient la nuit dans les

1573.

campagnes. M. de la Valette, gouverneur de la Haute-Guienne, leur envoya une garnison pour les rassurer; le baron de la Peyre y conduisit la compagnie de Grammont: les barons de Montesquiou et de Larboust s'y rendirent aussi avec leurs troupes, sur la nouvelle que le baron d'Arros marchait vers le Bigorre avec trois mille hommes. Les Béarnais allèrent attaquer Lourdes : la ville après une vive résistance, fut prise d'assaut le 8 juin, pillée et saccagée; mais le château ne pût être emporté : les habitans des vallées de Lavedan, à la nouvelle de l'arrivée du baron d'Arros, avaient pris les armes sous les ordres des seigneurs d'Arras et de Vieuzac; ils s'avancèrent vers Lourdes au nombre de mille hommes, jetèrent des secours dans le château, et campèrent à l'entrée des vallées, pour en fermer l'issue aux protestans; les capitaines d'Ourout, de Cazavant, d'Estivaire et de Pontac se joignirent à eux, et attaquèrent les Béarnais; après un combat où le brave seigneur d'Ourout se signala particulièrement (2),

---

(Note 2.) Ayant attiré les Béarnois à l'escarmouche hors la ville, peu s'en falut que le capitaine Ourout, homme fort courageux si autre de son tems, n'i demeurast engagé, luy aïant esté tué son cheval entre les jambes. »

La maison d'Ourout était une branche cadette de l'illustre maison d'Antin, dont nous rapportons la généalogie dans la note 14 du cha-

Les huguenots furent repoussés de Lourdes, et obligés de se réfugier dans le Béarn. Un autre parti de protestans s'emparait en même tems de Saint-Sever de Rustan; Jean Parisot, vulgairement appelé le capitaine Lizier, ancien gouverneur du château de Barbazan-dessus, et qui commandait sous les ordres du baron d'Arros une compagnie d'arquebusiers, s'en rendit maître, brûla le couvent des bénédictins et presque toute la ville, et livra tout au pillage; de là il courut saccager les villages voisins, et ne se retira qu'après avoir désolé toute la contrée.

Pendant que les catholiques et les protestans étaient aux prises, il se formait en France un

---

titre 2, livre IV. Elle tire son origine de François I.er, quatrième fils d'Arnaud IV baron d'Antin; il mourut avant 1571, laissant plusieurs fils, entr'autres: 1.º Germain I.er, lieutenant du sénéchal de Bigorre, dans les vallées de Barèges, Lavedan et Azun, époux de l'héritière d'Ourout, et mort vers 1625; 2.º Dominique, tige des seigneurs de Saint-Pé et Hon; 3.º Etienne, tige des seigneurs de Boucosse, barons de Sauveterre. Germain I.er fut père de François II, seigneur d'Ourout, lieutenant du sénéchal dans les vallées, vivant en 1631, lequel eut pour fils le brave Germain II, lieutenant du sénéchal dans les vallées, commandant du fort de Lourdes, qui repoussa les protestans, et Odigéos prisonnier en 1666, et mourut l'année suivante, laissant un fils, Jean-François, lieutenant du sénéchal dans les vallées, mort après 1693, père de Jean-Hector I.er, lieutenant du sénéchal dans les vallées, et syndic de la noblesse, mort en 1714, lequel eut pour fils Jean-Hector II, mort en 1780, ne laissant pour toute postérité qu'un fils naturel.

troisième parti, celui des mécontens ou politiques, dont le duc d'Alençon, frère du roi, et les Montmorency, étaient les chefs : beaucoup de religionnaires se joignirent à eux, et Henri de Bourbon, forcé de professer le catholicisme, saisit cette occasion de se rapprocher des huguenots ; mais la reine-mère ayant appris leur projet d'enlever le duc d'Alençon, fit arrêter, 1574. le 24 février 1574, et ce prince, et Henri, qui fut enfermé à Vincennes, puis au Louvre.

Cependant le bruit se répandit en Bigorre que les huguenots de Béarn reprenaient les armes et se disposaient à de nouvelles excursions : les habitans de Tarbes, se défiant de ceux de leurs concitoyens qui professaient la réforme, eurent recours au comte de Grammont, lieutenant-général du roi de France en Bigorre, et qui demeurait alors en son château de Séméac, et le supplièrent de pourvoir à leur sûreté ; le comte se rendit aussitôt à Tarbes, harangua les deux partis et les exhorta à vivre en bonne intelligence ; les barons de Castelbajac et de Bénac furent en même tems envoyés vers le baron d'Arros pour conclure avec lui une trève ; leurs propositions furent agréées, et le traité de paix signé et échangé entre les plénipotentiaires, le 11 mars. Ce traité n'était qu'un piège tendu aux Bigorrais : le capitaine Lizier recevait dans le même instant du baron d'Arros l'ordre de surprendre Tarbes avec sa compagnie, appuyée par les gens d'armes du vicomte de Montamat. Il se rendit en diligence sous les murs de la place, et au point du jour quelques uns de ses arquebusiers, déguisés en charpentiers, se présentèrent à la porte de l'Horloge, qui était mal gardée, et s'emparèrent du poste : l'un d'eux alla aussitôt sonner la cloche de l'église de Saint-Jean. Lizier accourut au signal, et s'empara sans difficulté de la ville, dont il mit les habitans à rançon (3); quelques citoyens seulement furent sacrifiés au ressentiment du jeune Caza, fils du juge-mage destitué.

Le comte de Grammont, vivement indigné de la perfidie avec laquelle les Béarnais s'étaient joués de la bonne foi des Bigorrais, résolut d'en tirer vengeance ; il demanda des secours en France : le lieutenant-général de la Valette, gouverneur de la Haute-Guienne, lui envoya des troupes, qu'il cantonna provisoirement dans les châteaux de Séméac, d'Asté, de la Fitole,

---

(Note 3.) Les chanoines de la Sède s'étaient retirés sur la voûte de l'église ; Lizier ayant voulu monter pour les faire prisonniers, reçut à la tête, de l'un d'eux nommé Galaupio, une tuile lancée vigoureusement, qui le renversa ; il traita alors avec eux, et comme ils sentirent que dénués de vivres ils ne pourraient résister long-tems, ils se rendirent.

de Tostat et de Lescurry (4); il établit à Soues son quartier-général, et se disposa à assiéger Tarbes. De son côté, Lizier faisait réparer les fortifications, recurer et combler d'eau les fossés, et fondre les cloches des églises pour en faire des canons; il approvisionnait la place en mettant à contribution les villages qui, dépourvus de garnisons, n'osaient se refuser à ses exactions.

Les habitans de Trébons, comptant sur la protection du baron de Baudéan (5), gouverneur

___

(Note 4.) « Il distribuoit ses compaignies à mesure qu'elles arrivoient, par les villes et chasteaux, et les faisoit nourrir par estapes, et mesme il mit dans sa maison de Séméac les capitaines Forgues et Lisserace, et posa garnison dans les autres chasteaux d'Asté et de Lafitole; M. de Bazilhac en receut aussi dans son chasteau de Tostat, et M. de Viellepinte dans son chasteau de Lescurri. M. de Baudéan estoit gouverneur de la ville de Baignères et avoit une garnison entretenue. M. de Grammont alla prendre logis chez M.e Dominique Lasserre, recteur de Soues, comme estant un lieu propre pour y recevoir les compaignies et y dresser le camp, à cause qu'il est voisin de Séméac, et posé sur la rivière de l'Adour, en belle commodité d'avoir foings et paille, aiant auprès de soy les villages de Sales, Alier, Bernac, Vielle et plusieurs autres en l'estendue d'une petite lieue. »

(Note 5.) La maison de Beaudéan, non encore éteinte, date dans nos annales de la fin du treizième siècle. Arnaud I.er de Baudéan, rendit en 1283 hommage à Constance de Moncade. Jean de Lavedan, seigneur de Baudéan, gendre du vicomte Arnaud IV de Lavedan, vivait en 1422; il fut père d'Arnaud II, qui eut pour fils Ancelot; Arnaud III, fils de celui-ci, fut père d'Antoine, père de Gérard, lequel eut pour fils Jean-François I.er, baron de Baudéan. Jean-François II son fils fut père de Jean-François III, dont le fils Fran-

de Bagnères, méprisèrent ses menaces, et refusèrent absolument tout subside. Lizier furieux marche avec quelques troupes contre Trébons le 23 avril; il s'avance seul, enveloppé d'une cape blanche, jusqu'aux portes de Bagnères, où le hasard lui livre M. de Baudéan : le baron, prenant le guerrier huguenot pour le seigneur de Saint-Martin qu'il attendait, s'avance vers lui sans défiance, et ne reconnaît son erreur qu'en l'entendant lui crier de se rendre; il met aussitôt l'épée à la main; mais un coup de pistolet qu'il reçoit dans la poitrine l'étend mort sur la place. Lizier retourne alors à Trébons, dont il brûle l'église ; il fait massacrer le consul Guillaume de Péré, assommer tous les habitans qu'il rencontre, et mettre le feu au village : il ne revient à Tarbes qu'après avoir assouvi sa rage. Jean de Cardailhac d'Ozon prit alors le commandement de Bagnères.

Cependant les catholiques, brûlant de venger la mort du baron de Baudéan, cherchent l'oc-

---

Soit baron de Baudéan, vivait en 1730; il est fameux dans nos contrées par le cruel despotisme qu'il exerçoit dans ses domaines, enlevant les femmes et les filles de ses vassaux, assouvissant sur elles sa brutalité, et condamnant à une éternelle prison ceux qui osoient en murmurer.

Les armes de Baudéan sont écartelées au premier et quatrième d'or à un pin de sinople; au second et troisième d'argent à deux ours rampants de sable.

casion d'attirer Lizier hors de ses murs; les seigneurs de Mun, de Lubret et d'Ourout apprennent que le village de Boulin n'a pas encore satisfait à la réquisition du farouche religionnaire : ils excitent les habitans à la refuser, sûrs que Lizier viendra l'exiger les armes à la main, ils s'embusquent dans les environs. Le huguenot arrive en effet le 28 avril, suivi de quelques troupes, et est aussitôt enveloppé (6).

(NOTE 6.) « Il ne feut pas si tost à la campagne qu'un sentinelle mis exprès à l'arbre de Soyeaux qui est un lieu fort élevé par dessus les autres costeaux qui ceignent la plaine, le découvrit, lequel haussant une toile, donna le signe auxdits sieurs de Mun et de Lubret, qui estoient cachés dans un valon près le vilage de Boulin, que la proye estoit hors du giste. Ils s'avancèrent avec leurs gens de cheval et de pied vers un taillis qui est sur le chemin que Lizier devoit tenir, et sur la rencontre il y eut une furieuse charge. Lizier estoit le plus foible des gens, néanmoins il combattit comme en désespoir; et tant luy que les siens à mesure qu'on les pressoient tâchoient de rendre la pareille; ils tuèrent le cheval du sieur d'Asson de Bagnères, blessèrent le capitaine La Barthe de Castelnau de Maignouac, et plusieurs autres; mais aussi ledit Lizier feust blessé d'une pistolade par le genouil gauche, et se sentant incommodé de ceste blessure, et voiant tailler ses gens en pièces par lesdits sieurs de Mun et de Lubret, assistés du capitaine Ourout et autres gens de cheval, outre 80 arquebusiers logés dans ledit taillis; et ceux qui estoient venus au secours du chasteau de Séméac avant, mit son espérance dernière en la vitesse de son cheval, et se tirant de la meslée, courut à la métairie de M. de Dours, où il serra sa playe avec quelques linges; mais parce que le bastiment estoit couvert de paille, il eust peur d'y estre bruslé, et sortit pour gaigner le chemin de Tarbé, et se sauver à course. Son malheur porta qu'entre la métairie et le chemin il y avoit

Il se défend en désespéré ; blessé d'un coup de feu au genou, il quitte la mêlée et prend la fuite vers Dours : il veut ensuite regagner la grande route ; mais son cheval s'abat dans un bourbier. Les catholiques le joignent alors ; il leur demande la vie : « souviens-toi de Baudéan, » lui crient-ils, et ils le percent de coups. Quelques soldats de Trébons voulurent, en le mutilant, se venger de tous les maux qu'il leur avait faits. Brun, lieutenant de Lizier, ayant appris à Tarbes que son chef était aux prises avec les catholiques, courut à la tête de ses cavaliers pour lui porter des secours ; mais à la vue des troupes bigorraises qui retournaient au camp, et dont la contenance lui apprit assez le sort de Lizier, il s'empressa de regagner ses retranchemens.

Le comte de Grammont se disposa alors à attaquer Tarbes : il fit avancer les troupes et

---

un pred, lequel faloit traverser, et comme le cheval estoit d'une extrême vitesse, aiant rencontré quelque endroit marescageux, il demeura prins par les jambes dans le marescage. Cependant MM. de Mun et de Lubret arrivèrent avec le capitaine Ourout, auxquels Lizier demanda la vie ; ils lui dirent qu'il se souvint de M. de Baudéan, et le tuèrent. Tost après arrivèrent aussi les soldats du capitaine Porgues, et ceux de Trébons enlevèrent les oreilles à Lizier, et un soldat des Angles emporta la perruque, et après avoir tué le cheval, l'ensevelirent dans une mesme fosse avec le maistre. De tous ceux qui estoient partis de Tarbe avec Lizier, il n'en eschapa pas un pour raporter les nouvelles à la ville. »

l'artillerie (7); M. de Samazan de Cornac, gouverneur de Marciac, vint se joindre à lui avec quelques lances et quatre pièces de canon,

---

(NOTE 7.) « Il retira les compaignies des garnisons, les faisant aprocher vers les villages voisins de ladite ville, aïent baillé le soing de leur entretien à Menaud de Prat et Arnaud-Guilhem de Darré, qu'il establit commissaires des vivres. M. le vicomte de Larboust avec sa compaignie de chevaux légers, eut son quartier au lieu de la Loubere; Mrs. de Fontaignilles, de Mun et baron Jacques, feurent logés à Bordères avec leurs compaignies de cavalerie; Mr. de Massis avec six vingts chevaux à Odos; Mrs. d'Auzat et de Sainct-Pau avec les 80 compaignie d'Argoulets au village d'Aureilhan, auquel lieu les soldats qui estoient venus des environs de Tournay et Bordes avoient été logés après la défaite de Lizier; le capitaine Mouret au lieu d'Areix; le capitaine Caubotte en la ville d'Ibos; le capitaine Viennac, frère du capitaine Forgues, vint accompagné de 500 arquebusiers choisis en Lavedan, et eut pour son quartier le Marcadieu de Tarbe; le capitaine Fontau avoit 150 arquebusiers; et les capitaines d'Us et Tilhouse, 300; lesquels joincts avec ceux qui vindrent de Semeac, et ceux que les capitaines Mouret, Caubotte, Mont de Baron, Ossun Arimeron conduisoient, faisoient le nombre de 1500 hommes arquebusiers, et les gens de cheval estoient environ 800 hommes. Avec ces forces et deux pièces de canon, l'une desquelles Mr. de Gramont avoit fait venir de Marsac et l'autre du chasteau de Lourde, la ville de Tarbe feut assiégée, le 8.e jour du mois de may, et le mesme jour, après que Mr. de Cazeaux eut fait le département de la corde, plomb et poudre nécessaires, avec 650 soldats des capitaines Viennac et Fontau, ils donnèrent les premiers contre l'église et convent des carmes, et l'emportèrent facilement. La nuict suivante ils prirent le bourg-neuf, et contraignirent les assiégés à se retrancher dans le bourg-vieux, où ils se maintindrent à la faveur des fossés qui l'environnent. Mr. de Gramont comit le sieur de Gargant pour faire bastir mantelets, à quoy feust travaillé par six fustiers dont les deux feurent blessés en abordant la porte des Repanties. Le capitaine Jegun,

l'armée catholique était de huit cents hommes d'armes et de quinze cents gens de pied. La ville fut investie le 8 mai; le couvent des carmes fut emporté le même jour, et les assiégés rejetés jusques dans le bourg-vieux; le lendemain on prépara les batteries pour attaquer la ville. Brun se sentant hors d'état de soutenir le siège, profita de la nuit pour évacuer la place, et se sauver en Béarn. Le comte de Grammont entra sans résistance dans le bourg-vieux et y mit garnison. Raymond de Pujo fut chargé de marcher vers Caixon, pour en faire déloger un parti de huguenots qui s'en était emparé sous la conduite du capitaine Saint-Pé : les religionnaires en furent chassés, et le Bigorre put jouir enfin de quelques instans de calme.

La guerre avait occasionné de grands frais; le peuple déjà épuisé par les contributions que les troupes tant huguenotes que catholiques

---

commissaire de l'artillerie, Jean et Bernard d'Adourret, canoniers de Campan, préparoient la batterie qui devait commencer le x.e jour dudit mois de may; à quoi le capitaine Brun et ses gens prindrent guarde, et jugèrent qu'ils n'avoi nt moïen de résister, par quoy dès la nuict du ix.e jour dudit mois de may ils quittèrent la ville et firent leur retraite en Béarn, passant par le village de Bordères, sans que personne les suivit, d'où plusieurs eurent opinion qu'on leur avait cédé le passage. Le lendemain M. de Grammont entra dans le bourg-vieux de la ville et y mit en garnison les compaignies des capitaines d'Uz et Tilhouse, réduites à 140 soldats, outre les lieutenants et enseignes.

avaient levées pour leur subsistance, ne pouvait que péniblement subvenir aux dépenses des garnisons (8). Les états du comté furent assem-

---

(Note 8.) On en pourra juger par l'attestation suivante donnée par le maréchal de Montluc à la requête du syndic des états, et que nous transcrivons d'après une copie informe :

« Blaise de Montluc, maréchal de France, à tous ceux qui ces présentes verront et à qui il appartiendra, salut. Attestons et certifions par les présentes que par plusieurs diverses années, nous avons sceu, veu et entendu que le comté et diocèse de Bigorre avec plusieurs églises tant cathédrales que collégiales, abbatiales et priorales et monastères de divers ordres, spécialement l'église cathédrale de Tarbes, épiscopale, siège du chapitre, chanoines et prébendés, l'église collégiale de Saint-Jean, monastères tant des carmes que des cordeliers, le monastère de l'Escale-Dieu de l'ordre de saint Benoît, l'église abbatiale de Saint-Sever de Rustan, l'église abbatiale de Tasque, les prieurs de Saint-Lezer, Madiran et Bénac, avec leurs monastères, ensemble les églises archipresbytérales de Tournay, Campistrous, Cieutat, Chelle-Debat, Orleix, Andrest, Caixon, Montfaucon, Castelnau-Rivière-Basse, Montaner, Pontac, les Angles, Adé, Ibos, et plusieurs autres églises, paroisses et maisons des ecclésiastiques, lesquelles ont été brûlées et pillées tant au passage que fit le comte de Montgommery, que les vicomtes, en l'an 1569 au mois d'aoust, allant vers Navarreins au secours de leur parti contre le camp du roi, qui estoient devant, et après avoir fait lever le siège, assiégé et pillé la ville de Lourde et le chasteau, les villes de Tarbe, Ibos et Maubourguet ; et aussi passages et arrivées que firent le 22 janvier 1571, les sieurs de Montamat et barons de Basian et d'Arros et autres en la ville de Tarbes, laquelle ils pillèrent, et en icelle massacrèrent plusieurs habitans ; comme aussi les susdits y reutrèrent de rechef le 15 avril de l'an suivant, et y firent si grand massacre que le capitaine Bonasse, consuls de ladite ville et autres jusques au nombre de 2400 et plus feurent tués et massacrés, ledit diocèse et pays saccagé et pillé ; semblablement par la prise du

blés à Bagnères, depuis le 26 mai jusqu'au 10 juin, pour aviser aux moyens de les payer : les seuls frais du siège de Tarbes montaient à vingt-

chasteau de Rabastens, où tant l'église que le couvent des carmes furent démolis, et la plus part de la ville feut aussi bruslée et saccagée ; les ennemis s'estant emparés du chasteau nous feumes constraincts avec le camp du roi et le canon iceluy assaillir et battre jusques à ce que la bresche feust faite pour donner l'assaut ; estant ladite ville et chasteau de Rabastens de grande importance : que les ennemis s'estans emparés de l'église abbatiale de Saint-Sever de Rustan, et ce par le capitaine Lizier et autres confédérés, icelle feut pillée, ruinée et démolie, les maisons détruites par les ennemis, qui en emportèrent les biens, fruicts et ornemens, et massacrèrent plusieurs gens tant ecclésiastiques qu'autres ; comme le 12 mars 1574 la ville de Tarbes fut prise et en icelle massacrés les gens d'église, plusieurs autres pris et rançonnés, tant archidiacres, chanoines, prébandés, qu'autres bénéficiers, pris et pillés les ornemens des églises, documens, trésors, chartes de grande importance ; iceux habitans assiégés et venus en grande misere sur le haut de ladite église ; auxquels avoient les ennemis donné l'escalade, et assaillis par feu, et après les avoir pris, les rançonnèrent à de grandes sommes de deniers, lesquels ils furent contraincts de payer ; et du depuis tindrent et maintindrent lesdits ennemis ladite ville, jusques à ce que le camp du roy sous la conduite de M. de Grammont l'eust assiégée et remise sous l'obéissance du roy : ecore comme iceux ennemis s'emparèrent, soùs la conduite du capitaine Sainct-Pé, du chasteau et maison épiscopale, église et clôture dudit lieu de Caixon, d'où ils fesaient plusieurs courses, et coupèrent le trafic, et pillèrent tout le dit pays le long de la lisière du païs de Béarn pour la victuaille du chasteau de Montaner. Au moyen desquelles saisies de villes, chasteaux, églises, monastères et prieurés, les bénéficiaires ayant plusieurs revenus au pays de Béarn et aux environs, n'ont peu jouir depuis ladite année 1569, comme encore ne jouissent desdits revenus, mesme ceux dudit Béarn ; lequel diocèse de Tarbes est un petit district, et la plus part montueux et

neuf mille livres tournoises; on choisit le mode des emprunts forcés sur les communes et les citoyens les plus aisés pour combler les dépenses: des syndics particuliers furent chargés d'effectuer l'emprunt. La tranquillité dont le Bigorre jouissait alors, et l'espoir de la voir long-tems durer permirent de réduire les garnisons. M. de Mausan, gouverneur de Tarbes, y commandait cinquante lances et cent arquebusiers: cinquante arquebusiers parurent suffire pour garder

---

infertile, et suject annuellement aux gresles, comme nous avons peu voir les années précédentes et celle-ci avons vu oculairement, par la propinquité des montaignes Pyrénées; et les églises, monastères, colléges, convents et autres maisons ecclésiastiques ruinées estant auparavant si bien basties et trafiquées qu'elles ne sauroient estre réédifiées et remises en leur premier estat avec deux millions d'or; outre la grande dépense qu'il convient de faire au diocèse et audit pays, pour les garnisons y estre entretenues ez villes de Tarbe, Lourde et Baignères, tailles, décimes et autres charges tant ordinaires qu'extraordinaires et autres impositions: de sorte que ledit pays ayant esté la pluspart greslé et bruslé par plusieurs années, mesme celle-ci, est si pauvre que les habitans d'iceluy et bénéficiers sont forcés d'abandonner leurs maisons, et d'aller mendier; comme aussi attestons avoir veu lesdits édifices, maisons, église épiscopale, siège du chapitre, monastères, prieurés, colléges et autres églises, passant par le diocèse, et par le rapport que plusieurs gentilshommes et autres personnes notables nous ont fait des dégasts, massacres, prinses de villes, pillage et ruines d'icelles, prinse desdits documens, ensemble des gresles et garnisons continuelles, et par plusieurs plaintes et remonstrances que le sindic du clergé et autres personnes et habitans dudit diocèse nous ont faites. A la réquisition desquels nous avons dépesché lesdites présentes, signées de nostre main, et scellées du sceau de nos armes. A Bagnères, le 13 septembre 1575. »

la place. Jérôme de Laval, sieur de La Brousse, tint Bagnères avec vingt hommes. M. de Horgues occupa avec douze soldats le château de Bénac.

Henri d'Albret, baron de Miossens, avait remplacé le baron d'Arros comme lieutenant-général de Henri de Bourbon. Se conformant aux sages intentions de son maître, qui regardait comme de sa religion tous ceux qui suivent tout droit leur conscience, et qui se déclarait être de celle de tous ceux-là qui sont braves et bons, le baron voulut consolider par un traité la paix qui régnait alors entre les Béarnais et les Bigorrais, et faire rentrer ces derniers sous l'obéissance de leur légitime souverain. Il écrivit à ce sujet aux états de Bigorre, qui s'assemblèrent à Tarbes le 7 mars 1575, sous la présidence de M. de Horgues, lieutenant militaire, ou comme on disait alors, de robe courte, du vicomte Antoine de Labattut, sénéchal du roi de France en Bigorre; et l'on entama le négociations.

Sur ces entrefaites, M. de Mausan étant décédé au mois d'août, fut remplacé par son frère, M. d'Arcizac, dans le gouvernement de Tarbes. M. d'Asson d'Arras succéda à peu près en même tems à M. de La Brousse dans celui de Bagnères.

Cependant Henri de Bourbon, après avoir langui deux ans dans une honteuse prison, ayant appris que son cousin le prince de Condé

1575.

et le prince Palatin amenaient des troupes allemandes au secours des huguenots de France, s'échappa furtivement pour s'aller joindre à eux au mois de février 1576, et rétracta son abjuration forcée. Le Bigorre se ressentit de la nouvelle situation des protestans ; les religionnaires, commandés par M. de Larroque-Bénac, s'emparèrent de Vic et du château de Lescurry au mois de mai. Les Bigorrais reprirent les armes, et allèrent, sous les ordres du vicomte de Labattut, sénéchal, et du chevalier de Sarlabous, assiéger Vic, qui se rendit par composition le quatrième jour. Le château de Lescurry fut de même recouvré par les catholiques, et l'ordre se rétablit.

Ces troubles étaient sans doute désapprouvés par Henri, et la voie de la douceur était bien plus conforme à ses vues. Le baron de Miossens ayant recommencé les négociations, la paix fut arrêtée, et le Bigorre retourna à l'obéissance de son souverain légitime : le lieutenant-général du prince prit, le 4 juillet, possession du château de Lourdes comme place de sûreté, et y mit une garnison sous les ordres de M. d'Incamps (9).

(NOTE 9.) « Le 4 juillet M. de Miossens print possession du chasteau de Lourde et reçeut les clefs d'iceluy par les mains de M. de Saint-Martin, sindic de la noblesse de Bigorre, et y laissa le capi-

C'est à la fin de la même année que s'éleva en France cette fameuse ligue des catholiques contre les huguenots, qui produisit tant de funestes effets pour la religion et l'état. La guerre recommença en France; mais la paix se soutint dans les états de Henri : il en avait nommé régente sa sœur Cathérine qu'il aimait tendrement; cette princesse vint se mettre à la tête du gouvernement. Sa sagesse sut maintenir l'union entre les sujets de son frère, pendant que ses grâces, sa bonté lui gagnaient tous les cœurs. Les discordes civiles semblaient éteintes; les partis n'étaient plus ennemis : heureux effet d'une administration paternelle (10). Bernard de Montaut, baron de Bénac et sénéchal de

1577.

_____

taine Incamps pour commander en son absence. Depuis ençà les affaires de la guerre furent calmes en Bigorre par le soing que le roy de Navarre, lieutenant-général pour le roy en Guienne, et madame la princesse de Navarre sa sœur eurent dudit païs, qu'expressément ils prindrent sous leur protection et sauve-garde, et y constituèrent gouverneur particulier M. le vicomte de Labattut, sénéchal, lequel osta les guarnisons des villes; et M. de Labattut estant décédé, M. le baron de Bénac feust constitué en l'office de sénéchal de Bigorre et eut en singulière recommandation l'entretien de la paix entre les habitans des païs de Béarn et Bigorre. »

(Note 10.) « Le roy de Navarre, comte de Bigorre, aspirant à la couronne de France, avoit laissé madame la princesse de Navarre sa sœur unique pour gouvernante de toutes ses terres, et les Bigordans se contentoient et s'estadissoient à contenter de tout leur possible ceste dame, de laquelle aussi ils espéroient et attendoient une singulière faveur, protection et assistance. »

Bigorre, l'aidait de ses conseils, et gouvernait sous elle avec le titre de lieutenant-général. Armand de Gontaut, sieur d'Andeaux et de Saint-Geniez, fut ensuite nommé pour remplir cette commission honorable.

1581.

Les troubles religieux qui depuis tant d'années désolaient l'église, avaient introduit dans la discipline ecclésiastique des abus, que la cour de Rome tolérait, faute de pouvoir mieux faire. Le siège de Tarbes était alors occupé conjointement par deux évêques : l'un laïc, Théophile de Grammont, percevait les revenus et était communément appelé M. de Tarbes ; l'autre, Salvat d'Iharse, sacré évêque de Bigorre, n'avait que quelques droits modiques, et une pension de huit cents livres pour son traitement : la maison de Grammont, peu contente de cet arrangement, réduisit encore, en 1584, la pension à trois cents livres, et voulut partager avec le prélat le droit de nommer aux bénéfices vacans par mort.

1584.

La maison de Bourbon-Lavedan, comme héritière de celle de Lyon, avait succédé aux droits que le testament d'Isabelle d'Armagnac avait conférés au vicomte Gaston de Lyon, sur le comté d'Armagnac, la baronnie de la Barthe, et les vallées de Nestes, d'Aure, de Barousse et de Magnoac ; ces droits, par une transaction conclue à Blois le 8 juillet 1512, avec le roi de France Louis XII, qui prétendait aussi à la succession de la maison d'Armagnac, avaient été réduits à l'usufruit des Quatre-Vallées (11). Anne

---

(Note 11.) Il ne sera pas indifférent de jeter un coup d'œil général et rapide sur l'histoire de ces vallées. Celle d'Aure, qui est la principale, tire, dit-on, son nom du latin *aura*, le zéphir, qui y souffle habituellement. Les premiers habitans connus sont une horde de ces Convènes que Pompée établit au deçà des Pyrénées ; une vieille chronique veut que ce fussent des Arrévasces de l'Hispanie : Arreau semble, il est vrai avoir conservé leur nom. C'est dans cette ville que naquit à la fin du quatrième siècle saint Exupère, évêque de Toulouse, patron de la vallée. Les Sarrasins qu'Abdérame conduisit en 732 en France, passèrent dans ce pays et vinrent s'y retrancher après leur défaite à Tours; leurs compatriotes chassés d'Aragon vinrent aussi s'y réfugier : les Aurois, pour se prémunir contre leurs entreprises, bâtirent alors les châteaux de Bazus, Grézian, Estensan, Bourisp et autres. Enfin, ils formèrent le projet de se délivrer de leur oppression : ils se réunirent en armes, et demandèrent des secours aux chrétiens d'Aragon, qui arrivèrent sous la conduite de leur comte ou roi ; ils attaquèrent les infidèles, les taillèrent en pièces, et obligèrent ceux qui échappèrent à aller chercher un asile dans les cavernes et les vallons les plus écartés. Les Aurois choisirent alors pour leur seigneur le prince aragonais, qui transmit cette dignité à une branche cadette de sa maison. Arnaud d'Aragon, que le prieur Louis de Brugèles fait fils d'un comte Forton, la laissa à son fils Garcie-Arnaud, dont le fils nommé Arnaud comme son aïeul, bâtit en 1039 le prieuré de Sarrancolin, et se qualifia comte d'Aure. A sa mort, ses deux fils Garcie-Arnaud et Auriol-Mense se partagèrent sa succession : l'un fut vicomte d'Aure ; l'autre vicomte de la Barthe : leurs successeurs Othon I.er vicomte d'Aure, et Sanche I.er vicomte de la Barthe, rendirent vers 1080 hommage de leurs terres au comte de Bigorre Centulle I.er. Sanche-Garcie, fils d'Othon I.er rendit vers 1125 hommage-lige de la vicomté d'Aure au comte Centulle II ; il avait

de Bourbon, vicomte de Lavedan et baron de Barbazan, ayant contracté des dettes considérables, soit pour subvenir aux dépenses des

alors un fils, Othon II, qui laissa sa succession à sa sœur Bertrande d'Aure, épouse de Guy de Comminges, fils du comte Bernard III; une de leurs filles porta en dot la seigneurie d'Aure à la branche de la Barthe, en épousant Sanche II d'Aure, vicomte de la Barthe, dont le frère Sanche-Garcie, avait épousé l'héritière d'Asté. Sanche II, seigneur d'Aure, Magnoac, Neste et Barousse, fut père d'Arnaud-Guillaume I.er, lequel n'eut que deux filles : 1.° Véronique, morte vers 1280 sans postérité; 2.° Brunissende, mariée vers 1263 à Bertrand de Fumel. Bernard de la Barthe, frère cadet d'Arnaud-Guillaume I.er, lui succéda, et donna en 1300 une constitution à ses sujets : c'est à la même époque que l'on rapporte aussi l'origine des états des vallées, où, singularité remarquable, le peuple seul était admis à l'exclusion de la noblesse et du clergé. Bertrand de Fumel ne laissa point Bernard de la Barthe jouir paisiblement d'une succession qu'il prétendait appartenir à sa femme Brunissende : il lui fit long-tems la guerre; mais enfin la querelle fut terminée en 1339 par une transaction : Bernard se désista et restitua les Quatre-Vallées à sa nièce, dont la postérité conserva le nom de la Barthe. Arnaud-Guillaume II fils de Brunissende, fut père de Géraud, lequel eut pour fils Jean, mort sans postérité en 1398; ce prince avait désigné par testament pour son héritier Bernard VII, comte d'Armagnac, qui prit alors le titre de baron de la Barthe et seigneur des Quatre-Vallées, qu'il transmit en 1418 à son fils Jean IV, lequel vers 1450 le laissa à Jean V, son fils. Celui-ci fit donation de ces domaines le 15 novembre 1462, à sa sœur Isabelle, qu'il avait osé épouser publiquement : Isabelle en fit à son tour donation, ainsi que de tous ses droits patrimoniaux, le 16 mai 1473, à Gaston de Lyon, sénéchal de Toulouse, qui lui avait sauvé la vie au sac de Lectoure. Mais Louis XI avait fait confisquer à son profit, par arrêt du parlement, tous les biens de la maison d'Armagnac : l'évêque de Lombez prit possession en son nom des Quatre-Vallées en 1475. Charles I.er d'Ar-

dernières guerres, dans lesquelles il avait toujours suivi le parti de Henri, soit pour payer la dot de ses filles, prit le parti de traiter avec son suzerain, de la cession de tous ses droits à la succession d'Armagnac. Henri nomma Philippe de Montaut, baron de Bénac et sénéchal de Bigorre, et Pierre de La Barrière, conseiller d'état et juge-mage de la sénéchaussée, pour traiter en son nom avec le vicomte : la cession des droits d'Anne de Bourbon à la succession d'Armagnac fut consentie à Henri de Bourbon le 17 mars, moyennant une somme de cinquante mille livres tournoises, qui fut incontinent employée au rachat des châteaux d'Andrest et de Siarrouy engagés aux créanciers du vicomte, et

---

magnac, frère de Jean V, et Louise de Lyon, fille de Gaston, réclamèrent leurs droits : l'Armagnac fut restitué en 1484 à Charles I.er, et une transaction du 8 juillet 1512 assura à Louise de Lyon l'usufruit des Quatre-Vallées, qu'Anne de Bourbon-Lavedan, son petit-fils, vendit en 1584 à Henri de Bourbon-Vendôme, qui de son côté avait recueilli le reste de la succession d'Armagnac : il la tenait de sa mère, à qui elle était venue de Marguerite d'Angoulême-Valois, épouse et héritière de Charles II, duc d'Alençon et comte d'Armagnac, petit-neveu et successeur de Charles I.er d'Armagnac. Henri réunit définitivement ces terres à la couronne par l'édit de 1607 ; les Quatre-Vallées conservèrent leurs états, qui en 1789 furent annexés à ceux du Bigorre ; le décret de l'assemblée nationale, du 4 février 1790, réunit ces deux pays pour en former le département du Bigorre, nommé ensuite département des Hautes-Pyrénées.

Les armes d'Aure sont d'or au levrier rampant de gueules, avec une bordure de sable chargée de dix besans d'or.

à l'acquisition des terres de Montgaillard et de Préchac.

La mort de François-Hercule de Valois, duc d'Alençon et d'Anjou, le dernier des fils de Henri II, arrivée le 10 juin, rapprocha Henri de Bourbon du trône de France, alors occupé par Henri III : le roi de Navarre en devint l'héritier présomptif. C'est alors que la ligue, dont les vues ambitieuses de la maison de Lorraine étaient le principal mobile, vint rallumer par son fanatisme le feu des discordes civiles dans toutes les provinces. Trois partis distincts, les ligueurs, les huguenots et les royalistes, prirent les armes les uns contre les autres, et commencèrent la guerre des trois Henris : Henri de Lorraine, duc de Guise; Henri de Bourbon, roi de Navarre, comte de Bigorre et de Foix, et Henri de Valois, roi de France, en étaient les chefs.

La sage administration de Cathérine de Bourbon et d'Armand de Gontaut ne put préserver entièrement le Bigorre des troubles qui agitaient le reste de la France; quelques troupes de ligueurs entrèrent dans le comté au mois de mai 1585 : la ville de Tarbes, munie d'une bonne garnison et gouvernée par M. de Horgues, était hors de leurs atteintes : ils se jetèrent sur les places plus faibles. Le baron de Castelnau-Chalosse s'empara de Rabastens, et marcha contre Vic, qui se racheta pour douze cents livres; le baron de Bénac, sénéchal, fit défense à cette ville de payer le prix de sa composition; mais elle était hors d'état de s'y soustraire : les Bigorrais furent obligés, pour ravoir Rabastens, de promettre à Castelnau une composition de quinze mille livres. D'un autre côté, le vicomte de Larboust et M. de Tarbes vinrent occuper Bordes, près de Tournay : le sénéchal se contenta de les menacer de les aller attaquer à la tête de la noblesse et des milices, et ne les fit point déloger. Un autre parti de ligueurs commandés par le sieur de La Palu, après avoir fait le dégât en Béarn, vint se rafraîchir en Rivière-Basse, où il fut poursuivi par les Béarnais, qui prirent leur revanche. M. de Sarlabous, royaliste, craignant que les huguenots n'entrassent plus avant dans le pays, offrit des secours aux Bigorrais, qui les refusèrent sur l'assurance du sénéchal, calviniste, que les Béarnais ne s'avanceraient point en Bigorre : ils continuèrent en effet leur route vers le Comminges.

La garde des clefs de la ville occasionna à Tarbes une querelle assez vive entre le consul, Menaud de Prat, et le gouverneur, M. de Horgues : celui-ci déjà cassé par l'âge et les infirmités, allait renoncer au commandement lorsque le sénéchal, instruit du différend, ordonna la remise des clefs au chef militaire. Ce guerrier termina peu de tems après une carrière qu'il avait honorablement parcourue. Les états choisirent pour le remplacer le seigneur de Lespouey, officier distingué, récemment arrivé de l'armée des princes lorrains : cette nomination déplut aux huguenots, qui soupçonnaient le nouveau gouverneur d'être fort attaché au parti de la ligue, et le seigneur de Sainte-Colomme forma le dessein de s'assurer de Tarbes, en s'y introduisant par surprise. Un béarnais, Jandet de Bruges, fut chargé de lui en faciliter les moyens. Un endroit des fortifications septentrionales où les murailles étaient interrompues, entre le bourg-neuf et le bourg-vieux, et où les fossés paraissaient guéables, sembla à celui-ci l'issue la plus facile : les arquebusiers de Sainte-Colomme la tentèrent pendant la nuit du 25 au 26 mai 1587; mais l'eau, qui était plus haute que Jandet ne l'avait pensé, mouilla leurs munitions, et empêcha l'effet de leurs armes à feu, ainsi que des pétards avec lesquels ils se proposaient de faire sauter la porte comtale. Le capitaine Charles d'Antist, qui gardait le poste, s'étant aperçu de leur entrée, se jeta sur eux la lance au poing, et les avait déjà vigoureusement repoussés avec les seules troupes du corps de garde, lorsque M. de Lespouey arriva avec de

1587.

nouveaux soldats, et rejeta entièrement les assaillans hors de la ville. Jandet, convaincu de trahison, fut livré à la fureur des soldats, qui le massacrèrent.

C'est ainsi que les Bigorrais, quoique soumis à Henri, voulaient échapper au joug des huguenots, et se maintenir tranquilles sous l'autorité de la régente, de même que quoique catholiques ils avaient réuni leurs efforts pour se soustraire à la domination des ligueurs. Henri, que son amour pour la belle Corizandre d'Andoins, comtesse de Guiche (12), avait ramené dans ses domaines après la bataille de Coutras, reconnut combien le gouvernement de sa sœur était approprié au caractère de ses sujets : obligé d'aller rejoindre son armée, il confirma en partant la régence à cette princesse, et lui témoigna dans les lettres qu'il fit expédier à cet effet par le vertueux Du Plessis Mornay, son premier ministre, toute la satisfaction que lui causaient la douceur et la sagesse de son administration.

Un grand nombre d'accidens étranges devaient, à ce que prophétisaient les astrologues

---

(Note 12.) Le souvenir s'est perpétué en Bigorre des visites que Henri faisait à cette dame au château d'Asté : il y venait à cheval et faisait quelquefois désaltérer sa monture dans un petit ruisseau situé à l'entrée du village, et qui porte encore de nos jours le nom de *Laca de Bourbon*.

du tems, signaler l'année 1588, et bouleverser la face du globe. « Leur pronistic, dit Péréfixé, fut secondé par quantité d'effroyables prodiges qui arrivèrent par toute l'Europe. » Des tremblemens de terre, des tempêtes horribles, des brouillards d'une densité jusqu'alors inconnue, des météores ignés de formes fantastiques, semblèrent en effet s'accorder avec les prédictions des savans. Le Bigorre eût aussi sa part de ces funestes phénomènes : les premiers mois de cette année fatale furent signalés à Bagnères par des froids excessifs, des pluies, des neiges, des grêles prodigieuses : les animaux domestiques troublaient par des cris lugubres le silence des nuits ; une peste affreuse succéda à ces effrayans avertissemens : les habitans aisés désertèrent leurs foyers pour éviter la contagion, qui n'eut plus à dévorer alors que le bas peuple ; mais rentrés trop tôt dans leurs demeures encore infectées, les Bagnérais qui avaient échappé aux premiers ravages, furent les victimes d'une nouvelle épidémie qui se développa l'année suivante, et dépeupla presqu'entièrement leur ville (13).

1588.

(NOTE 13.) Ces faits se trouvent consignés dans une enquête faite d'office soixante ans après, par M. Roger de Berne, avocat au parlement de Toulouse, sur la requête que voici, des consuls de Bagnères :

« A vous monsieur le juge ordinaire et magistrat de la ville de

La mort de Henri III, le dernier des Valois, arrivée le 2 août 1589, appela Henri de Bourbon au trône de France ; mais il eut à combattre

---

Bagnères, supplient humblement noble Jean d'Asson, sieur d'Arras, maîtres Jean Dumont, Jean Arqué, et Jean Lanne, consuls de la ville de Bagnères : disant qu'il y a soixante ans ou environ qu'il se serait passé en cette ville beaucoup de choses dignes de remarque, tant pour la gloire de Dieu, le bien et l'honneur de la ville, et l'édification des habitans ; lesquels à cause des grandes guerres qui troubloient dans ce tems-là cette province singulièrement par dessus toutes celles du royaume, ou à cause du peu de soin et d'industrie de nos devanciers, n'auroient pas été couchés par écrit, du moins qu'il s'en soit trouvé aucun mémoire dans les registres de la maison de ville, comme la chose le mériteroit, et singulièrement pour raison des grandes maladies de peste dont la ville fut affligée deux fois, quasi consécutivement l'une après l'autre, et si extraordinairement que la première fois il mourut de six parties les cinq du peuple, et la seconde tous les principaux habitans, et les personnes de condition qui s'étoient absentées à la première, et d'autant que l'un et l'autre fléaux avoient été prédits par une femme vertueuse native de Baudéan, nommée Liloye, qui vivoit en odeur de sainteté ; elle faisait sa demeure ordinaire dans l'église de Notre-Dame de Médoux, y vacant en prières et oraisons : pour raison desquelles et de sa grande vertu elle était souvent favorisée des visites de la Sainte-Vierge, et cette sainte Dame s'apparoissoit à elle et lui parlait familièrement, ainsi que le bruit est encore commun et l'a toujours été dans ce pays, et notamment pour ce sujet lui ayant déclaré que Dieu était irrité et qu'il enverrait bientôt quelque grand fléau s'il n'y avait de l'amendement dans cette ville, et si l'on ne tâchoit d'apaiser Dieu, et lui ayant pour ce sujet commandé d'avertir les consuls, ce qu'elle auroit fait nombre de fois ; comme aussi pour n'avoir ajouté foi lesdits consuls et habitans à tous ses avertissemens, l'effet de cet avis s'en étant ensuivi par les deux pestes qui survinrent immédiatement après, la ville auroit été avertie par la même susdite Liloye de ce que la Sainte-

long-tems encore pour voir toutes les provinces de ce beau royaume réunies sous sa domination. Le parti royaliste se rangea sous sa bannière; mais la ligue redoubla d'efforts pour lui disputer la couronne, et ce ne fut qu'à force de victoires et de travaux qu'il en devint paisible possesseur.

Vierge lui auroit de rechef révélé, et de ce qu'il falloit qu'on fit pour faire cesser ce fléau et apaiser Dieu; auquel avis les habitans s'étant ravisés et y ayant ajouté foi, l'auraient accompli par le moyen des vœux qu'ils firent soudain, en considération desquels ils furent miraculeusement tout à coup délivrés, et la dévotion des habitans et des lieux circonvoisins accrut merveilleusement envers la Sainte Vierge, et a continué pour cette grâce, et pour plusieurs autres depuis; et d'autant qu'il importe que ces faveurs et bienfaits soient connus de tous pour en laisser la mémoire à la postérité, afin d'en pourvoir de nouveau, et pour ne laisser perdre celle de plusieurs circonstances qui arrivèrent en ce tems là, qui seront l'édification du public restant encore en vie, plusieurs bons vieillards qui le savent ayant été présens. Il vous plaira ordonner qu'il sera enquis de tout ce dessus, et à cet effet, députer un commissaire pour ouïr quelques personnes en la présence de quelques prud'hommes dignes de foy, de celles qui restent encore en vie, ou autres qui en savent quelque chose, pour icelle enqueste juridiquement faite, estre rapportée devant vous, et ensuite estre ordonné qu'elle soit remise et enregistrée dans le livre de la maison de ville, pour servir de mémoire à la postérité, et ferez bien. Arras, consul; Dumont, consul; Lanne, consul. — Fait enquis du contenu en ladite requeste, le 17 janvier 1648; Berne, commissaire pour exercer l'office de juge.»

Domengea Liloye était fille de Mathieu Jouanolou de Baudéan, et avait épousé un paysan du quartier des Palombières de Bagnères, nommé Lame; elle en avait eu une fille nommée Andréelle, avec laquelle elle alla embrasser la vie monastique au couvent de Bolbonne. L'enquête nous apprend qu'à l'approche de Liloye, les cloches de l'abbaye tintèrent d'elles-mêmes pour célébrer sa venue.

Son avènement au trône semblait avoir réuni son domaine privé à celui des rois de France : il en était autrement dans l'esprit du monarque, et il donna à ses anciens sujets, par lettres-patentes du 13 avril 1590, l'assurance qu'ils ne seraient point confondus avec les peuples qu'il rangeait sous ses lois par la force des armes; ces lettres furent enregistrées dans les divers parlemens du royaume; celui de Paris refusa seul de les entériner : Henri ordonna l'entérinement à deux reprises, par de nouvelles lettres du 28 avril et du 29 mai 1591. La Guesle, son procureur-général, s'opposa à l'exécution de ces ordres : « J'empêche pour le roi, dit-il, l'entérinement des lettres du 13 avril 1590, et lettres de jussion subséquentes. » La cour, conformément à ces conclusions, rendit un arrêt, le 29 juillet, par lequel elle déclarait ne pouvoir procéder à la vérification de ces lettres.

1590.

1591.

L'année suivante Henri appela auprès de lui sa sœur chérie. Cathérine partit au mois d'octobre pour l'aller rejoindre, laissant le timon des affaires à Armand de Gontaut, et le gouvernement particulier du Bigorre au baron de Bazilhac (14), que les états du pays avaient dé-

1592.

(Note 14.) La baronnie de Bazilhac comprenait les terres de Tostat, Viellenave, Marsas, Ugnoas, Chiis, Bazet, Dours et autres. Le premier baron de Bazilhac que nous rencontrons dans nos annales

signé pour remplir ce poste éminent. Le départ de la régente sembla être pour ce comté le signal des troubles et des agitations politiques : un prébendé d'Ibos introduisit un parti de ligueurs dans cette ville, d'où ils chassèrent le sieur de Galosse, qui y commandait ; l'église qui présentait les dehors plutôt d'une forteresse

---

est Bernard Ier, qui accompagna en 1062 le comte de Bigorre dans son pélerinage du Puy en Velay. Bernard II de Bazilhac fut en 1145, témoin de l'hommage d'Arnaud d'Aragon, sieur de Poueyferré, à Pierre de Marsan. Bernard III de Bazilhac suivait en 1256 le parti de Gaston de Moncade dans ses querelles avec Esquivat. Vital de Bazilhac fonda à Tarbes vers 1282 le couvent des carmes. Raymond-Aimeri de Bazilhac signa en 1292, avec les autres barons de Bigorre, les réclamations des états en faveur de Constance. Le baron de Bazilhac était sénéchal de Bigorre en 1361. Aimeri de Bazilhac fut un des premiers conseillers du parlement de Toulouse créé en 1443. Arnaud de Bazilhac était abbé de Saint-Pé en 1446. Godefroi de Bazilhac accompagna à Rome vers 1463, le cardinal Pierre de Foix, évêque de Tarbes. Bernard IV de Bazilhac eut entr'autres enfans : 1.° Simon, baron de Bazilhac, mort sans postérité ; 2.° Pierre, qui succéda à son frère, et fut remplacé par son fils Gaston, qui vivait en 1582, et eut deux fils : 1.° Jean, baron de Bazilhac, chevalier des ordres du roi, gouverneur de Bigorre en 1592, qui fut père d'Etienne, son successeur, mort sans postérité ; 2.° Paul, qui fut baron de Bazilhac après son neveu Etienne, et ne laissa pour héritière qu'une fille, Cathérine, qui porta la baronnie de Bazilhac dans la maison de Sévignac ; l'héritière de celle-ci la porta dans la maison d'Audric, d'où elle passa à celle de Campeils, par donation de l'héritière, Paule d'Audric, veuve du marquis de Montluc, et remariée au marquis de Lamothe-Gondrin, qui mourut sans postérité, en faveur du marquis de Campeils son parent.

L'écu de Bazilhac est contre-carrelé de gueules et d'or au lion d'azur,

féodale, que d'un édifice religieux, devint leur citadelle; de là ils firent le dégât dans la plaine environnante. Les ligueurs de Comminges entrèrent de leur côté dans le Bigorre, et les campagnes furent au pillage (15); les infortunés laboureurs voyant leur bétail et leurs moissons devenir la proie d'un soldat avide, abandonnant leurs champs, s'exilèrent volontairement de leur malheureuse patrie, et allèrent chercher un asile au delà des Pyrénées.

Etienne de Castelnau-Laloubère, et Henri, marquis de Montpezat, vinrent mettre le siège devant Tarbes, où ils s'étaient ménagé des intelligences: déjà ils avaient gagné le clergé, et les moines mettaient tous leurs soins à disposer le peuple en faveur de la ligue. Le baron de Bazilhac de son côté demanda des secours à M. d'Incamps qui commandait à Lourdes : le capitaine lui envoya aussitôt cent dix arquebusiers;

_____

(Note 15.) « Le peuple de Comenge jusques aux païsans, assemblé en un tourbillon, vint fondre sur la plaine de Bigorre, et y fit tel désordre qu'il n'en avoit esté veu de pareil depuis le commencement des guerres quant au pillage; car il y avoit un capitaine qui avoit son bagage assorti de 500 moutons, l'autre d'une troupe de jumants, l'autre de vaches, et généralement capitaines, soldats, valets et volontaires estoient si chargés de meubles que la charge leur estoit ennuieuse. Aussi après le brigandage, les païsants de Bigorre abandonnèrent la culture des terres par manque de bestailh, et la plus grande partie d'iceux print la route d'Espaigne. »

le sieur de Sus lui amena en outre une trentaine d'hommes d'armes, avec quatre-vingts argoulets; le baron de Bénac, sénéchal, eut l'adresse de les introduire dans la place sans que les ennemis le soupçonnâssent; mais ils en furent bientôt instruits par les transfuges, et ils écrivirent aussitôt au marquis de Villars-Brancas, pour l'appeler à leur secours : « La porte vous est ouverte, lui disaient-ils, pour butiner tout le Bigorre, et courir tout le Béarn jusqu'à Bayonne; le Bigorre est à vous....... » Villars, séduit par la perspective qu'ils lui présentaient, marcha aussitôt vers le Bigorre, et vint camper devant Tarbes : le baron de Bazilhac, craignant de ne pouvoir défendre cette cité, l'abandonna, malgré les représentations de M. de Frexo, son lieutenant, et de Menaud de Prat, consul, qui lui reprochèrent vivement sa lâcheté. Il alla se réfugier avec ses troupes et une partie des habitans dans le château de Rabastens; d'autres Tarbais se sauvèrent à Séméac et dans les villages voisins. M. de Sus se retira en Béarn, et les arquebusiers d'Incamps regagnèrent Lourdes. Les seigneurs de Dours, de Roquépine, et toute l'armée de Villars entrèrent alors dans la ville sans éprouver de résistance. Le marquis n'y fit pas un long séjour : laissant le gouvernement de cette cité au baron de Castelnau-La loubère (16), il marcha vers Lourdes, et fit sommer M. d'Incamps de se rendre : « Le roi mon maître, répondit le brave capitaine à l'envoyé de Villars, m'a confié cette place pour la garder, et non pour la rendre à ses ennemis. » Le marquis, qui prévit une vigoureuse résistance, ne voulut pas s'arrêter à assiéger Lourdes, et il passa en Béarn.

(Note 16.) La terre de Castelnau était située dans la vallée d'Azun : les villages de Gaillagos, Arras, Ourout, Ayzac, en relevaient. Jean-Bernard, chevalier, seigneur de Castelnau, vivait vers 1260, et eut pour fils Bernard I.er mort vers 1300, père de Menaud, chevalier. Garcie-Arnaud I.er fils de ce dernier, épousa en 1339 Mahaud de Julos, héritière de Laloubère, dont il eut Jean-Raymond de Castelnau-Laloubère, qui vivait en 1366, et fut père d'Odet : celui-ci eut de Cathérine de Grammont, son épouse, deux fils. 1.º Bernard II, qui continua la maison de Castelnau-Laloubère ; 2.º Raymond-Garcie, chef de la branche de Castelnau-Mauvissière, dont était Michel de Castelnau, ambassadeur en Angleterre, qui a laissé des mémoires fort estimés, et est mort en 1592 : son fils Jacques prit le nom de Castelnau-Bochetel, qu'il transmit à sa descendance.

Bernard II de Castelnau-Laloubère, qui vivait en 1404, fut père de Garcie-Arnaud II, sieur de Castelnau, Julos, Laloubère, Lézignan, Paréac, Saint-Hyppolite, Soubagnan, Liac, et Escoubés, père de Raymond-Guillaume, qui eut deux fils : 1.º Bernard III, mort en 1479 sans postérité ; 2.º Lancelot, qui épousa Marguerite de Coarraze, recueillit la succession de son frère, et la laissa à son fils Antoine, qui fut père de Claude, lequel hérita de la baronnie de Coarraze en 1537, à la mort de son cousin Jean, et en prit les nom et armes. Il eut deux fils : 1.º Jean, baron de Coarraze et de Castelnau, mort en 1580 sans postérité ; 2.º Etienne I.er successeur de son frère, gouverneur de Tarbes en 1593, lequel eut pour fils : 1.º Etienne II, qui lui succéda ; 2.º Jean-Jacques, marié en Béarn, tige des Castelnau qui existent encore de nos jours.

Les armes de Laloubère sont d'or, à deux loups passants de sable.

Armand de Gontaut n'était plus : le roi nomma pour le remplacer ce Jacques de Caumont, seigneur de La Force, si miraculeusement échappé au couteau des sicaires de la Saint-Barthélemi. La Force résolut de recouvrer Tarbes ; il somma le baron de Castelnau de rendre la place ; celui-ci sentit son infériorité, et capitula. Tarbes rentra sous la domination de Henri, qui par sa conversion venait de ramener à son parti presque toute la France ; et dès-lors le Bigorre fut délivré de la funeste influence de la ligue. Les états s'assemblèrent à Lourdes pour aviser aux moyens de consolider la tranquillité publique : ils se séparèrent aux cris de vive le roi, et la paix fut solennellement publiée à Tarbes.

1594.

Il tomba sur les montagnes de la vallée de Barèges, au mois de janvier 1598, une si prodigieuse quantité de neiges, qu'entraînées par leur propre poids, elles se détachèrent des sommets voisins de Saligos, et, roulant avec fracas, vinrent ensevelir le village sous leur masse : les habitans qui avaient prévu à tems cette catastrophe, s'étaient réfugiés dans les villages environnans. Les mêmes causes produisirent, le 10 février 1601, de plus grands désastres (17) : les

1598.

1601.

(Note 17.) « Le 10.ᵉ jour du mois de febvrier en l'année 1601, il y eut un orage de neige, qui tomba sur les villages de Chèze et

avalanches emportèrent les villages de Chèze et de Saint-Martin, et firent périr plus de cent personnes : les églises seules résistèrent au torrent destructeur, et sauvèrent un grand nombre d'habitans qui étaient allés y chercher un asile. On s'occupa dans la suite de rebâtir Chèze; mais Saint-Martin demeura détruit.

Le parlement de Paris sollicitait vivement le roi de réunir à la couronne les fiefs qu'il possédait en France avant son avènement : Henri y répugnait; mais enfin se rendant aux raisons de

---

Sainct-Martin, et tua 107 personnes des habitans de Chèze, emporta les maisons de l'un et l'autre villages, sauf deux qui en restèrent à Chèze, et une à Sainct-Martin, et les églises furent aussi garanties, parce que l'église de Sainct-Martin fut écartée du rencontre de la neige; et celle de Chèze fut assez forte pour résister au choc de la neige, qui la couvrit par dessus la voûte; la plus grande partie des habitans de Chèze ayant préveu la tempeste, se retira dans l'église, et là feust conservée; mais les autres qui l'attendirent aux maisons, se perdirent à cause que la neige tomba de nuit et les surprint dans leurs couches. Les habitans du lieu de Sainct-Martin eurent à tems quitté leur maisons et se feurent retirés aux plus prochains villages, sauf un vieillard qui s'opiniâtra de ne quitter sa maison, et prolongea sa vie jusques au lendemain seulement; ceux qui s'estoient refugiés aux villages voisins s'y sont habitués, et n'ont plus basti ez lieux de leurs ancienne demeure, si qu'à présent ledit village de Sainct-Martin est composé d'une seule maison, et celui de Chèze a bien peu de maisons anciennes, les propriétaires desquelles ont fait nouveaux hastimens, ou épars parmy les villages circonvoisins où ils ont transféré leurs domiciles. »

Des évènemens semblables, mais moins désastreux, se renouvelèrent dans les années 1762 et 1787.

l'avocat-général de Belloy, et des plus fameux publicistes, il donna au mois de juillet 1607, un édit solennel (18) par lequel il déclarait toutes

---

(NOTE 18.) « Henry, par la grâce de Dieu roy de France et de Navarre, à tous présens et advenir, salut. Les roys nos prédécesseurs depuis plusieurs siècles encà, se sont avec beaucoup de prudence tellement rendus soigneux de leur domaine, que comme chose sacrée ils l'ont tiré hors du comerce des hommes, et par le serment solennel de leur sacre, obligés à sa conservation et augmentation; lequel serment ils ont déclaré pour ce regard faire part de celuy de fidélité qu'eux, à qui toute fidélité est deuë, doivent à leur couronne. Ceste conservation a comblé ce royaume d'autant de bien que la distraction y avait auparavant apporté de mal, et quant à l'accroissement et augmentation, ç'a esté le principal remède qui a préservé l'état de la confusion en laquelle il estoit tombé, eslevé et maintenu l'authorité et puissance royale en ceste grandeur admirable entre toutes les grandeurs, reigles et polices qui soient aujourd'huy sur la face de la terre, relevé l'ordre légitime de la monarchie, par la réunion de tant de grandes seigneuries détenuës et possédées par seigneurs particuliers. La cause la plus juste de laquelle réünion a pour plus part consisté en ce que nosdits prédécesseurs se sont dédiés et consacrés au public, duquel ne voulans rien avoir de distinct et séparé, ils ont contracté avec leur couronne une espèce de mariage communément appelé sainct et politique, par lequel ils l'ont dottée de toutes les seigneuries qui à tittre particulier leur pouvoit appartenir, mouvantes directement d'elle, et de celles lesquelles y estoient jà unies et rassemblées; la justification de ce grand et perpétuel dot se peut aisément recueillir d'une bonne partie desdites unions, et spécialement de la très-illustre remarque qu'en fournit la ville capitale de la France. auparavant domaine particulier du très-noble et très-ancien tige de nostre royale maison. De sorte que s'il y a réünions expresses, elles ont plustost déclairé le droict commun, que rien déclairé de nouveau en faveur du royaume. Aussi auparavant et sans icelles réünions expresses, nosdits prédécesseurs ont esté maintenus par des arrests de nostre cour de parlement en la possession des terres et seigneuries qui leur estoient rendues contentieuses, sous prétexte de quelque prétendue division entre le domaine public et privé. Et néanmoins la sincère affection que nous portions à feue nostre très-chère et très-aymée sœur unique, et le soin de payer nos créanciers auxquels nous et nos prédécesseurs roys de Navarre et ducs de Vandosme avions engagé et hypothéqué plusieurs parts et portions du patrimoine par nous possédé de nostre chef et à titre particulier, nous ont retenus de déclairer ceste union. Au contraire par nos lettres-patentes du 15 d'avril 1590, aurions ordonné que nostre domaine ancien tant en nostre royaume de Navarre, souveraincté de Béarn et de Domezan, païs bas de Flandres, que nos duchés, comtés, viscomtés, terres et seigneuries enclavées en ce royaume, feust et demeurast desuni, distraict et séparé de celui de nostre maison et couronne de France, sans y pouvoir estre aucunement comprins ni meslé, s'il n'estoit par nous autrement ordonné; et que Dieu nous ayant fait ceste grâce de nous donner lignée, y voulussions pourvoir. Et à ceste fin pour ne changer l'ordre et les formes observées en la conduitte et maniement d'iceluy nostre domaine, aurions déclairé nostre intention estre qu'il fust manié et administré par personnes distinctes, tout ainsi qu'il estoit auparavant nostre advènement à la couronne. Et sur les difficultés que nostre cour du parlement de Paris faisoit de procéder à la vérification desdites lettres, aurions fait despêcher deux autres lettres en forme de jussion, les unes au camp de Chartres du 28.e jour d'avril 1591, les autres du 29 may ensuivant; nonobstant lesquelles nostre procureur-général se seroit rendu partie pour la défense des droicts de nostre couronne, lesquels ayant représentés à nostre cour, s'en seroit ensuivi arrest du 29 juillet 1591, par lequel elle auroit arresté ne pouvoir procéder à vérification desdites lettres. D'ailleurs, aucuns de nos autres parlemens, pressés de nos très-exprès commandemens auroient vérifié lesdites lettres du 23 d'avril. Mais despuis ayans considéré les moyens sur lesquels nostredit procureur-général s'est fondé, ensemble les raisons qui ont meu nos dictes cours; touchés de l'affection que nous devons à nostre royaume, auquel nous nous sommes totalement dédiés, et postposant nostre particulier au public; sçavoir

ses possessions mouvantes de la couronne de France, réunies au domaine royal (19).

faisons que de l'advis de nostre conseil, auquel estoit nostre très chère compaigne et espouse, et assistez de plusieurs princes de nostre sang, et autres princes, officiers de nostre couronne, et autres grands personnages, et de nostre certaine science, pleine puissance et authorité royale, avons révoqué et révoquons par cestuy nostre édict perpétuel et irrévocable, nosdites lettres-patentes du 13 avril 1590; ensemble les arrests intervenus en conséquence d'icelles en aucunes de nos dictes cours de parlement : et en tant que besoin serait, confirmé et confirmons ledit arrest de nostre cour de parlement de Paris du 29.e juillet 1591 : et en ce faisant, déclairé et déclairons les duchés, comtés, viscomtés, baronnies et autres seigneuries mouvantes de nostre couronne, ou des parts et portions de son domaine, tellement accreus et réünis à iceluy, que deslors de nostre advènement à la couronne de France, elles sont devenues de mesme nature et condition que le reste de l'ancien domaine d'icelle : les droicts, néantmoins, de nos créanciers demeurant en leur entier, et en la mesme force et vertu qu'ils estoient auparavant nostre advènement à la couronne. Si donnons en mandement à nos amés et féaux les gens tenans nos cours de parlement, chambres des comptes, baillifs, sénéchaux, prévôts, juges ou leurs lieutenans, et autres nos officiers qu'il appartiendra, chascun endroit soy, que cestuy nostre présent édict ils facent lire, publier et enregistrer ; et le contenu d'iceluy garder et observer inviolablement sans souffrir qu'il y soit contrevenu en aucune sorte et manière que ce soit : car tel est nostre plaisir. Et afin que ce soit chose ferme et stable à toujours, nous avons faict mettre nostre scel à ces présentes ; sauf en autres choses nostre droict, et l'autruy en toutes. Donné à Paris au moys de juillet l'an de grâce 1607, et de nostre règne le 18.e. »

(NOTE. 19) Le Bigorre cessa donc dès-lors d'avoir des comtes : Henri avait été le dernier. Trente-trois princes ou princesses avaient avant lui porté ce titre ; en voici le tableau chronologique : nous y avons compris ceux que le séquestre des rois de France empêcha de jouir, et dont les droits ne furent reconnus que plus tard.

819. Donat-Loup, *marié à Faquilène.*
826. Ignigue, *dit l'Arriscat.*
829. Daton-Donat.
.... Donat-Daton.
.... Loup-Donat.
944. Raymond I.er
960. Louis, *marié à Amerna.*
983. Garcie-Arnaud, *marié à Richarde.*
1036. Gersende, *mariée à Bernard-Roger de Carcassonne.*
1038. Bernard I.er, *marié, 1.º à Clémence, 2.º à Stéphanie.*
1065. Raymond II.
1080. Béatrix I.re, *mariée à Centulle de Béarn.*
1096. Bernard II.
1113. Centulle II, *dit le Jeune, marié à Amable.*
1128. Béatrix II, *mariée à Pierre de Marsan.*
1161. Centulle III, *marié à Matelle d'Aragon.*
.... Stéphanie-Béatrix, *mariée, 1.º à Pierre de Dax, 2.º à Bernard de Comminges.*
1191. Pétronille, *mariée, 1.º à Gaston de Moncade, 2.º à Nugne-Sanchez d'Aragon, 3.º à Guy de Montfort, 4.º à Aymard de Rançon, 5.º à Boson de Matas.*
1251. Esquivat de Chabannes, *marié, 1.º à Maskarose de Lomagne, 2.º à Agnès de Foix.*
1283. Constance de Moncade, *mariée, 1.º à Alphonse de Barcelonne, 2.º à Henri d'Angleterre.*
1295. Marguerite de Moncade, *mariée à Bernard-Roger de Foix.*
1302. Gaston I.er de Foix, *marié à Jeanne d'Artois.*
1315. Gaston II, *marié à Eléonore de Comminges.*
1343. Gaston-Phébus, *marié à Agnès de Navarre.*
1391. Mathieu de Foix-Castelbon, *marié à Jeanne d'Aragon.*
1398. Elisabeth, *mariée à Archambaud de Grailly.*

1412. Jean de Foix-Graïlly, *marié*, 1.° *à Jeanne de Navarre*, 2.° *à Jeanne d'Albret*, 3.° *à Jeanne d'Aragon.*
1436. Gaston, *marié à Éléonore d'Aragon.*
1471. François-Phébus.
1483. Cathérine, *mariée à Jean d'Albret.*
1517 Henri d'Albret, *marié à Marguerite d'Angoulême-Valois.*
1555. Jeanne, *mariée*, 1.° *à Guillaume de Clèves*, 2.° *à Antoine de Bourbon.*
1572. Henri de Bourbon, *marié à Marguerite de Valois.*

(241)

LIVRE SEPTIÈME.

PRÉCIS DES ÉVÈNEMENS DEPUIS LA RÉUNION DU BIGORRE A LA COURONNE, JUSQU'A SON ORGANISATION EN DÉPARTEMENT DES HAUTES-PYRÉNÉES.

CHAPITRE PREMIER.

État politique du Bigorre.— Mort de Henri IV.— Extinction de la maison de Bourbon-Lavedan.— Louis XIII. — La présidence des Etats de Bigorre déférée à l'évêque. — Première histoire écrite de Bigorre. — Nouvelles guerres de religion. — Montblanc en Barèges. — Précautions contre l'armée de Rohan. — Le sénéchal de Bigorre réduit aux Etats aux fonctions de commissaire du roi.

Le comté de Bigorre, devenu province de France, ne perdit point ses privilèges; Henri les lui confirma par lettres-patentes du mois d'août 1608 (1) : l'assemblée des états conserva 1608.

(NOTE 1.) « Henry, par la grâce de Dieu roi de France et de Navarre, à tous ceux qui ces présentes lettres verront, salut. Nos prédécesseurs roys de France ont exempté et deschargé dès long-tems nos

ses prérogatives : elle continua de répartir annuellement les impositions, et de s'occuper des intérêts généraux du pays ; la justice continua

subjects de nostre païs et comté de Bigorre deppendant de nostre ancien domaine, pauvre, stérile et subject à diverses incommodités de gresles, gellées et autres accidens par sa proximité et la plus part d'icelluy estant dans les montz Pyrénées, obligé à de grandes despenses et veilles continuelles pour la conservation de la frontière contre les ennemis de l'estat, du payement et impost de douze lances, ensemble de touts droicts qui pourroient estre mis sus en nostre païs de Gascongne et Guyenne par forme d'octroy, creue, ou autrement en quelque sorte et pour quelque cause que ce fut en payant chascun en la somme de seize cens soixante-quatorze livres pour payement et solde de quatre lances et demye fournies, à quoy aurait esté réduicte la taxe des habitans du payement et solde des gens de guerre. Et l'année M. V.^c LXXII le feu roy Charles nostre très-cher seigneur et frère auroit accordé ladite exemption à nostre faveur, nostre vie durant, laquelle aurait en l'année M. V.^c LXXV. esté confirmée par le feu roy dernier décédé nostre très-cher seigneur et frère, et par nos lettres patentes du mois de juing M. V.^c LXXX. seize. Mais combien que par l'édict de réunion de nostre domaine ancien à celluy de la couronne faict au mois de juillet M. VI.^c sept, duquel nostre dict païs de Bigorre faict partie du premier et plus ancien, la dignité dudit domaine et des officiers soit creue, nos subjects craignant que soubs prétexte dudict édict que l'on les voulleust troubler en la jouissance de leurs dicts privillèges et exemptions, ils nous ont très-humblement supplié et requis voulloir sur ce déclarer nostre intention ; sçavoir faisons qu'ayant faict veoir en nostre conseil lesdites lettres d'octroy et affranchissement et les vérifflcations d'icelles, et voulans traicter nosdicts subjects habitans de nostre païs et comté de Bigorre le plus favorablement qu'il nous sera possible, leur continuant les franchises et privillèges qui leur ont esté accordés par nos prédécesseurs rois de France et nous depuis nostre advènement à la couronne, à iceuls, pour ces causes et autres bonnes considérations à ce nous mouvans,

d'être rendue au nom du sénéchal par ses officiers de robe longue : il fut toujours le chef de la noblesse, le lieutenant politique du souverain,

―――――――――――――――――――――――――

avons de nouveau en tant que besoin seroit continué et confirmé, continuons et confirmons durant nostre règne, de nostre pleine puissance et auctorité royale lesdits exemption, affranchissement et descharge, à eulx accordés et confirmés, en payant chascun an la somme de seize cens soixante et quatorze livres tournois pour le payement et solde de quatre lances et demye fournyes, ainsi qu'ils ont faict cy-devant jusques à huy, pour en joyr par eulx pleinement et paisiblement tout ainsi qu'ils en ont bien et deuement joy et usé, joyssent et usent encores à présent, declarans à cest effet par ledict édict d'union n'avoir entendu et n'entendons aucunement déroger auxdicts privillèges et franchises soubs lesquelles jusques à maintenant ont vescu lesdicts habitans de nostre païs de Bigorre, et que nostre intention est qu'ils y soient continués et confirmés sans aucun changement tout ainsi que avant ledict edict : s'y donnons en mandement à nos amés et féaulx les gens de nos comptes, cour des aydes à Paris, trésoriers généraux de France à Bordeaulx, senéschal de Tholose ou son lieutenant et à tous nos autres justiciers et officiers qu'il appartiendra, que de nostre présente grace, vouloir, et continuation, ils facent, souffrent, et laissent joyr et user pleinement et paisiblement nosdicts subjects du païs et conté de Bigorre durant nostre règne, à la charge et condition susdicte, sans permettre qu'ils soient cottisés, imposés ny contraincts pour aucune imposition extraordinaire par le scindicq et receveur du païs de Commenge ny autres; auxquels nous deffendons de les comprendre èz estats de la recepte dudict païs, ny leur faire mettre et donner ny souffrir estre mis ou donné aucun empeschement soubs prétexte de nostre édict d'union de nostre domaine, ains si mis ou donné estoient les facent oster, et mettre incontinent au premier estat et deu, et à ce obéir et entendre tous ceulx qu'il appartiendra par toutes voyes raisonnables nonobstant oppositions et appellations quelconques pour lesquelles ne voullons estre defferé, et que par les commissions expédiées ou à expédier pour imposer et lever deniers et

et en cette qualité président des états (2) ; il eut en outre le titre de gouverneur de Bigorre sous l'autorité du gouverneur de Guienne.

Le peuple, las des guerres passées, se trouvait heureux ; affranchi des discordes civiles et libre de toutes entraves dans l'exercice de son

---

autres choses, pour quelque cause que ce soit sur nos subjects de Gascongne et Guyenne soit mandé comprendre exempts et non exempts, privillégiés et non privillégiés, auxquels nous n'avons entendu et n'entendons comprendre lesdicts habitans de Bigorre, ains les avons exemptés et réservés et ausdites commissions, et aux dérogatoires des dérogatoires y contenues dérogé et dérogeons, car tel est nostre plaisir, et afin que ce soit chose ferme et stable à tousjours nous avons faict mettre nostre scel à ces présentes. Donné à Paris au mois d'aoust l'an de grâce mil six cens huict et de nostre règne le vingtiesme. »

Ces lettres, signées Henry et contre-signées Brulart, furent enregistrées le 27 août à la chambre des comptes, et le 5 septembre à la cour des aides, signifiées le 20 octobre suivant aux trésoriers généraux de Guienne, le 24 mars 1609 aux élus de l'élection de Comminges, et le lendemain au syndic du même pays.

(NOTE 2.) Nous croyons en outre, n'ayant pas de preuves contraires, que dans l'intervalle des sessions le sénéchal était le syndic général des états, c'est-à-dire qu'il était l'exécuteur de leurs délibérations et le défenseur de leurs droits. Peut-être conserva-t-il cette attribution après avoir perdu la présidence ; mais il est plausible qu'elle ne lui fut point laissée après qu'il eut été investi de la commission du roi, vu que les fonctions des deux charges étaient incompatibles. On a vu il est vrai dans les dernières années de l'ancien régime, le syndic-général des états revêtu en même tems de l'office de subdélégué de l'intendant politique d'Auch ; mais c'était, ainsi que le titulaire me l'a dit lui-même, une nouveauté regardée comme contraire aux principes.

culte, il satisfaisait gaiement aux besoins de l'état, qui d'ailleurs exigeait peu. Les partis semblaient avoir oublié leurs querelles ; mais les haines n'étaient qu'assoupies, le fanatisme les nourrissait en secret, et il dicta à Ravaillac l'affreux parricide qui, le 14 mai 1610, enleva à la France un monarque adoré. 1610.

A peu près au même instant s'éteignit en Bigorre la maison de Bourbon-Lavedan (3) : Jean-

---

(NOTE 3.) C'était un rameau bâtard de la branche aînée de la maison de Bourbon. Pierre, fils du premier duc de Bourbon, Louis le Grand, dont nous avons donné la généalogie dans la note 6 du chapitre 2, livre VI, succéda au duché de Bourbon en 1342, et le laissa en 1356 à son fils Louis II le Bon, qui le transmit en 1410 à son fils Jean I.er, mort en 1434. Charles, fils de celui-ci, et mort en 1456, fut père de Jean II le Bon, qui mourut en 1488, ne laissant que des bâtards : l'un d'eux fut Charles de Bourbon, qui épousa Louise de Lyon, usufruitière de Lavedan, et mourut en 1502, laissant trois fils : 1.º Jean, vicomte de Lavedan, 2.º Gaston, seigneur de Bazian, tige des barons de Bazian ; 3.º Menaud, baron de Barbazan-debat, mort à ce qu'il paraît sans postérité. Charles eut aussi trois fils : 1.º Anne, vicomte de Lavedan ; 2.º Menaud, baron de Barbazan-debat, dont le fils, nommé Anne comme son oncle, ne procréa que des filles ; 3.º le seigneur de Malause, tige des marquis de Malause. Le vicomte Anne mourut en 1590, laissant quatre enfans : 1.º Jean-Jacques, vicomte de Lavedan, mort en 1610. 2.º Jeanne, mariée au sieur de Begolle ; 3.º une autre Jeanne, mariée au sieur de Montbalat ; 4.º Magdelaine, épouse du sieur de la Corne. Après la mort du vicomte Jean-Jacques, le Lavedan fut possédé par sa veuve, Marie de Gontaut Saint-Geniez, qu'il avait déclarée son héritière universelle, et passa ensuite à la maison de Montaut-Bénac, dans la personne de Philippe II de Montaut, marquis de Bénac, époux de

Jacques avait suivi la fortune de Henri dans ses guerres contre la ligue, et lui était attaché, suivant le témoignage du monarque lui-même, plus qu'aucune autre famille de France : il mourut à Orleix sans postérité, laissant sa succession à Marie de Gontaut Saint-Geniez, sa veuve.

Louis XIII monta à l'âge de huit ans sur le trône dont un crime abominable venait de précipiter son père : Marie de Médicis fut déclarée régente. Les catholiques espérèrent que la nouvelle cour, moins tolérante, acheverait de ren-

---

Judith de Gontaut Saint-Geniez, nièce de Marie et son héritière par testament de 1643. Louis XIV érigea en sa faveur le Lavedan et la baronnie de Beaucens en duché-pairie, ainsi que nous le dirons plus loin. Philippe II mourut en 1654, laissant un fils, Philippe III, duc de Navailles, pair et maréchal de France, mort en 1700, qui avait eu quatre enfans : 1.º Philippe IV, marquis de Navailles, mort en 1698; 2.º Charlotte, abbesse de Sainte-Croix de Poitiers; 3.º Françoise, mariée à Charles de Lorraine duc d'Elbœuf; 4.º Gabrielle-Eléonore, héritière de Lavedan et de Bénac, mariée à Henri d'Orléans, marquis de Rothelin. Marie d'Orléans-Rothelin, son héritière, porta en dot cette succession à son époux Charles de Rohan, prince de Rochefort, qui reçut en 1780 l'hommage de Castelloubon.

Il paraît que la seigneurie de Lavedan ne passa pas sans difficulté de Marie de Gontaut Saint-Geniez, à la maison de Montaut-Bénac, puisqu'un Gilles de Larroche recevait en 1643 l'hommage de la vicomté de Castelloubon, ainsi qu'il est rapporté dans l'ancien livre terrier de cette vallée. Un Charles de Larroche de Bourbon, sans doute héritier de ce Gilles, s'intitulait en 1664, comte de Lavedan, s'il en faut croire une transaction entre ce seigneur et diverses communes.

verser un parti que Henri IV avait ménagé, et protégé contre leur haine.

Les Bigorrais s'empressèrent de solliciter du nouveau monarque la conservation de leurs anciens privilèges, et la même modicité d'impositions annuelles en faveur du trésor royal, fixées depuis long-tems (4) à une contribution

---

(NOTE 4.) Les incendies qui ont dévoré la plus grande partie de nos archives, nous ont enlevé les titres primordiaux de cette concession, et nous ne saurions aujourd'hui en préciser l'époque : elle existait déjà plusieurs règnes avant celui de François I.ᵉʳ, ainsi qu'on en trouve la preuve dans les lettres suivantes de ce prince :

« François, par la grâce de Dieu, roy de France, à nos amés et féaulx les généraulx conseillers par nous ordonnés sur le faict et gouvernement de nos finances, et à tous commissaires commis ou à commettre pour mettre sus, asseoir et imposer de par nous au payement de nos gens de guerre, et autres nos deniers, tant au païs de Gascoigne que autres nos païs estant delà la rivière de Garonne, salut et dilection. Nostre très-cher et très-amé beau-frère le roy de Navarre nous a faict dire et remontrer que par autres nos lettres patentes données à Bloys le cinquième jour d'aoust 1522, cy-attachées sous le contre-scel de nostre chancellerie, et pour les causes y contenues et déclairées, nous promîmes et octroyasmes à nos chers et bien amés les manans et habitans du conté de Bigorre, que jusques à certain temps, lors advenir, ils fussent et demourassent francs, quittes, exempts et deschargés du payement et impost de douze lances, selon, et en ensuivans *les précédens octrois à eulx faicts par nous et nos prédécesseurs roys*, ensemble de tous autres deniers qui pourroient estre mis sus de par nous audict pays de Gascoigne, par forme d'octroy, crüe, ou autrement en quelque manière que ce fust, en payant par chascun an la somme de seize cens soixante-quatorze livres tournois pour le paiement et soulde de quatre lances et demye fournies, à quoy nous et *iceulx nos prédécesseurs* avons réduict et modéré le

de 1,674 livres tournois : le roi fit expédier au mois d'août des lettres de confirmation de toutes

taux et impost desdits habitans dudict payement et soulde desdicts gens de guerre, et pour ce que ledict octroy vienderoit à expirer, nostre dict beau-frère le roy de Navarre nous a humblement supplié et requis vouloir encores continuer et prolonger ausdicts manans et habitans dudict conté de Bigorre ledit octroy pour tel autre temps qu'il nous plaira, et sur ce nos grace et libéralité leur impartir : pour ce est ce, que nous ce considéré, inclinans libéralement à la prière et requeste de nostre dict beau-frère le roy de Navarre, désirant pour amour de lui, bien et favorablement traicter lesdits manans et habitans en touts et chascuns leurs affaires, et les continuer et entretenir ez dons et octrois qui par nous et nosdits prédécesseurs leur ont esté cy-devant faictz; à iceulx, par ces cantes et autres bonnes considérations à ce nous mouvans, avons permis et octroié, permettons et octroyons, voulons, et nous plaist de grace spéciale par ces présentes, que durant la vie d'icelluy nostre beau-frère le roi de Navarre, à dacter du jour et dacte de l'expiration d'autres dictes nos semblables lettres patentes cy-attachées comme dict est ils soient et demeurent francs, quittes, exempts et deschargés dudit paiement et impôts de douze lances, ensemble de tous autres deniers mis et à mettre sus de par nous audict pays de Gascoigne, par forme d'octroy ou autrement en quelque manière que ce soit, en paiant par chascun an, la vie durant de nostre dict beau-frère le roy de Navarre, ladicte somme de 1674 livres tournois, pour ledict paiement et soulde de quatre lances et demye fournies, ainsi qu'ils ont cy-devant faict; et vous mandons et expressément enjoignons et ordonnons en tant qu'il vous appartiendra que de nos présens grâce, vouloir, continuation et exemption vous faictes, souffrez et laissez lesdicts manans et habitans dudict comté de Bigorre, joir et user durant ledict temps et vie de nostre dict beau-frère, bien et en la forme et manière dessus dite, et sans leur faire mettre ou donner ni souffrir estre faict, mis ou donné durant ledict temps aucuns destour ou empeschement; au contraire, lesquels si faict, mis ou donné estoient, vous leurs faictes

les franchises et immunités dont jouissait le comté (5).

―――――

ôter, et mettre incontinent et sans délay, à pleine délivrance, et en premier estat et deu, car tel est nostre plaisir, nonobstant quelsconques ordonnances, restitutions, mandemens et deffenses à ce contraires. Donuées à Royan, le xx.ᵉ jour de juing, l'an de grâce MDXXXII et de nostre règne le dix-huictiesme. Par le roi : BAYARD. »

(NOTE 5.) Voici la teneur de ces lettres :

« Louis, par la grâce de Dieu roi de France et de Navarre, à touts présents et advenir salut. Sçavoir faisons que nous avons reçu l'humble supplication de nos chers et amés subjects, manans et habitans de nostre pays de Bigorre, dépendant de nostre ancien domaine de Navarre, et à présent rénny à ceste couronne, contenant que ledit pays est fort pauvre, et subject à divers accidens comme gelées, gresles et autres inconvéniens du ciel, à cause de la proximité des monts Pyrénées ; obligés à grandes despenses ez vallées, de gardes, pour estre scituées à la frontière d'Espaigne, estant anciennement chargés de l'entretènement de douze lances, réduictes depuis l'année M.D.LXXII. à quatre et demie fournyes, au lieu desquelles ils payent par chascun an la somme de seize cens soixante-quatorze livres, pour toutes charges de tailhes, taillons et impositions quelconques, dont ils auroient par nos prédécesseurs roys esté déchargés ; comme aussi en considération de leur grande fidélité, s'estans rédimés de la subjection des Anglois et rendus volontairement en l'obéissance de ceste coronne, auroient esté par nos prédécesseurs roys gratifiés de plusieurs beaux privilèges, franchises, dons, octrois et exemptions des droits, quy leur ont par eux esté concédés ainsin qu'il est plus au long contenu par les anciens titres de privilèges à eux confirmés de tems en tems par nos dits prédécesseurs roys, et mesmement par lettres de déclaration du feu roy Henri le Grand nostre très honoré seigneur et père, que Dieu absolve, après la réunion par luy faicte de son ancien domaine à ceste coronne, donné à Paris au mois d'aoust M.DC.VIII., vérifiées en nostre chambre des comptes, où il est expressement porté que les suppliants jouiront durant le règne de nostre dit feu seigneur et père,

(250)

On ne tarda pas à voir les effets de la faveur que reprenaient à la cour les catholiques : Philippe de Montaut, baron de Bénac, sénéchal

desdits privilèges, sans qu'ils peussent estre contraincts par les recepveurs et sindicqs du païs de Comenge ny autres, pour aucune imposition extraordinaire, soubs prétexte de l'edict de la réunion, dont lesdits suppliants ont esté exceptés, ainsin qu'il est au long contenu es dites lettres de vérification desdits privilèges et affranchissement faictes en nostre chambre des comptes, cy-attachées sous le contre-scel de nostre chancellerie, et dont lesdits suppliants ont bien et duement jouy et usé, jouissent et usent encores à présent ; mais d'aultant qu'au moyen de décès arrivé en la personne de nostre très-honoré seigneur et père, iceux suppliants doubtent que l'on leurs volera à présent donner quelque empeschement en la jouissance d'iceulx privilèges, s'ils n'avoient sur ce nos lettres de confirmation, nous requérant très humblement leurs voloir icelles octroyer : à ces causes, de l'advis de la royne régente nostre très-honorée dame et mère, et désirant traicter favorablement lesdits habitans, pour les mesmes considérations qu'ont eu nosdits prédécesseurs roys, et ne leurs volans rien retrancher pour leur donner toute occasion de continuer leur fidélité, avons touts et chascuns desdits privilèges, dons, octrois, et affranchissement des tailles, taillons et autres charges extraordinaires droit à eux accordés par nos dits prédécesseurs roys, et qui sont contenus par lesdites lettres et vérifification d'icelles ; confirmé et continué, confirmons et continuons par les présentes signées de nostre main, pour en jouir et user par lesdits suppliants tout ainsin et en mesme forme et manière qu'ils en ont cy-devant bien et deuement jouy et usé, jouissent et usent encores à présent, à la charge de payer par chascun an ladite somme de seize cens soixante-quatorze livres pour la solde desdites quatre lances et demie fournyes comme ils ont accoustumé. Sy donnons en mandement à nos amés et féaux les gens de nos comptes à Paris, trésoriers généraux de France en Guyenne, et esleus sur le faict de nos aydes et tailles, à ce que de nostre confirmation et contenu cy-dessus ils fassent, souffrent et laissent lesdits sup-

et gouverneur pour le roi en Bigorre, était huguenot : peut-être dut-il à sa croyance la perte d'une des plus belles prérogatives de sa charge, celle de présider les états du comté : elle lui fut enlevée par arrêt du conseil d'état de 1611, et déférée à l'évêque de Tarbes (6). 1611.
Salvat d'Iharse le Jeune remplissait alors le siège : c'était un prélat recommandable par ses qualités personnelles (7). Le monarque le désigna en 1612, 1612.

---

plians jouir et user pleinement et paisiblement sans souffrir qu'il leurs soit faict, mis, ou donné aucun trouble ou empeschement au contraire, lesquels, si fait, mis, ou donné estoit, ils fassent mettre à pleine et entière délivrance, car tel est nostre plaisir. Et affin que ce soit chose ferme et stable à tousjours, nous avons faict mettre nostre scel à ces dites présentes, sauf en autres choses nostre droit, et l'autruy en toutes. Donné à Paris au mois d'aoust l'an de grâce 1610, et de nostre règne le premier. »

Ces lettres furent enregistrées le 22 septembre à la chambre des comptes, et le 4 décembre suivant au bureau des finances de Guienne.

(Note 6.) Le père Lelong, dans sa Bibliothèque historique de la France, indique une histoire imprimée in-folio, des querelles des évêques de Tarbes au sujet de la préséance aux états : l'arrêt de 1611 était sans doute la décision de ces querelles ; l'ouvrage dont nous parlons aurait pu nous fournir des lumières intéressantes sur leurs prétentions et leurs intrigues pour les faire prévaloir ; mais nous n'avons pas été à portée de le consulter.

(Note 7.) C'est ce prélat qui fit composer le rituel de l'église de Tarbes, *ad usum sedis Tarbiæ*, court et familier, à ce que dit l'abbé Duco, et à la portée des esprits de son diocèse.

Sous son épiscopat eut lieu, en 1609, la translation des reliques de saint Orens, d'Auch où elles étaient conservées, à Huesca en Aragon, patrie du saint. La chronique de Mazières nous donne fort au long la

avec Jean de Pujo, juge-mage, pour recevoir en son nom la foi et hommage de ses vassaux de Bigorre. Salvat d'Iharse fut député deux ans

1614. après, avec Gratien d'Iharse, archidiacre de Rivière-Adour, par le clergé bigorrais, aux états-généraux de France, qui agitèrent beaucoup de questions, et n'en décidèrent aucune par la mésintelligence des trois ordres.

A cette époque un avocat à la cour sénéchale de Tarbes, nommé Mazières, composa une sommaire description du pays et comté de Bigorre, qui n'a jamais été imprimée : ouvrage plein de candeur et de naïveté. C'est la première histoire écrite de ce pays, supérieure en certaines parties à toutes celles qui ont été rédigées depuis.

1620. L'édit de main-levée des biens ecclésiastiques usurpés par les huguenots sur les catholiques, fut le signal d'une nouvelle guerre entre les deux partis. Les réformés, dans une assemblée géné-
1621. rale, tenue à La Rochelle au mois d'avril 1621,

---

description des cérémonies qui eurent lieu au passage de ces vénérables restes, que renfermait une châsse d'argent, et qu'accompagnaient l'archevêque d'Auch, Léonard de Traves, et les députés de Huesca, tant prêtres que chevaliers. L'évêque de Tarbes alla au devant d'eux jusqu'à Saint-Séver de Rustan : la châsse lui fut remise à l'entrée de Tarbes, et il la porta à la Sède, où il la reprit le lendemain pour la porter jusqu'à Azereix : c'est là qu'il la remit aux Espagnols, qui alors prirent congé du cortége français.

et gouverneur pour le roi en Bigorre, était huguenot : peut-être dut-il à sa croyance la perte d'une des plus belles prérogatives de sa charge, celle de présider les états du comté : elle lui fut enlevée par arrêt du conseil d'état de 1611, et déférée à l'évêque de Tarbes (6). Salvat d'Iharse le Jeune remplissait alors le siège : c'était un prélat recommandable par ses qualités personnelles (7). Le monarque le désigna en 1612,

1611.

1612.

---

plians jouir et user pleinement et paisiblement sans souffrir qu'il leurs soit faict, mis, ou donné aucun trouble ou empeschement au contraire, lesquels, si fait, mis, ou donné estoit, ils fassent mettre à pleine et entière délivrance, car tel est nostre plaisir. Et affin que ce soit chose ferme et stable à tousjours, nous avons faict mettre nostre scel à ces dites présentes, sauf en autres choses nostre droit, et l'autruy en toutes. Donné à Paris au mois d'aoust l'an de grâce 1610, et de nostre règne le premier. »

Ces lettres furent enregistrées le 22 septembre à la chambre des comptes, et le 4 décembre suivant au bureau des finances de Guienne.

(NOTE 6.) Le père Lelong, dans sa Bibliothèque historique de la France, indique une histoire imprimée in-folio, des querelles des évêques de Tarbes au sujet de la préséance aux états : l'arrêt de 1611 était sans doute la décision de ces querelles ; l'ouvrage dont nous parlons aurait pu nous fournir des lumières intéressantes sur leurs prétentions et leurs intrigues pour les faire prévaloir ; mais nous n'avons pas été à portée de le consulter.

(NOTE 7.) C'est ce prélat qui fit composer le rituel de l'église de Tarbes, *ad usum sedis Tarbiæ*, court et familier, à ce que dit l'abbé Duco, et à la portée des esprits de son diocèse.

Sous son épiscopat eut lieu, en 1609, la translation des reliques de saint Orens, d'Auch où elles étaient conservées, à Huesca en Aragon, patrie du saint. La chronique de Mazières nous donne fort au long la

avec Jean de Pujo, juge-mage, pour recevoir en son nom la foi et hommage de ses vassaux de Bigorre. Salvat d'Iharse fut député deux ans

1614. après, avec Gratien d'Iharse, archidiacre de Rivière-Adour, par le clergé bigorrais, aux états-généraux de France, qui agitèrent beaucoup de questions, et n'en décidèrent aucune par la mésintelligence des trois ordres.

A cette époque un avocat à la cour sénéchale de Tarbes, nommé Mazières, composa une sommaire description du pays et comté de Bigorre, qui n'a jamais été imprimée : ouvrage plein de candeur et de naïveté. C'est la première histoire écrite de ce pays, supérieure en certaines parties à toutes celles qui ont été rédigées depuis.

1620. L'édit de main-levée des biens ecclésiastiques usurpés par les huguenots sur les catholiques, fut le signal d'une nouvelle guerre entre les deux partis. Les réformés, dans une assemblée géné-

1621. rale, tenue à La Rochelle au mois d'avril 1621,

---

description des cérémonies qui eurent lieu au passage de ces vénérables restes, que renfermait une châsse d'argent, et qu'accompagnaient l'archevêque d'Auch, Léonard de Traves, et les députés de Huesca, tant prêtres que chevaliers. L'évêque de Tarbes alla au devant d'eux jusqu'à Saint-Sever de Rustan : la châsse lui fut remise à l'entrée de Tarbes, et il la porta à la Sède, où il la reprit le lendemain pour la porter jusqu'à Azereix : c'est là qu'il la remit aux Espagnols, qui alors prirent congé du cortège français.

se divisent la France par cercles, et y nomment des gouverneurs, auxquels ils donnent un chef supérieur ou généralissime : le duc de Bouillon fut désigné pour remplir cette dangereuse commission qu'il refusa ; presque tous les gouverneurs des cercles imitèrent son refus ; le duc de Rohan accepta cependant le cercle de la Haute-Guienne. Le duc de Mayenne commandait dans cette province pour le roi, et fut remplacé à son décès, arrivé l'année suivante, 1622. par Bernard de Nogaret d'Epernon, duc de la Valette. La guerre civile fut des plus meurtrières ; elle fut suspendue par un traité le 19 octobre ; on confirma l'édit de Nantes, et l'on accorda aux religionnaires Montauban et La Rochelle pour places de sûreté.

Le cardinal de Richelieu ayant fait enlever à l'Autriche la Valteline par le marquis de Coeuvres en 1624, pour la rendre aux Grisons, on 1624. prit des mesures dans les provinces méridionales pour empêcher que les Espagnols ne pussent venir se rédimer de cette perte sur les terres de France : le duc de la Valette envoya en Bigorre le sieur de Montblanc pour garder les passages de Gavarnie : celui-ci, ne croyant pas ses troupes suffisantes, voulait les renforcer par des levées extraordinaires dans la vallée de Barèges ; mais Guillaume Haurie, un des notables de Luz, s'y opposa : il en résulta quelques altercations, qui néanmoins n'eurent point de suite.

Cependant le duc de Rohan et son frère le duc de Soubise excitaient les huguenots à reprendre les armes : ils firent des mouvemens en 1625, sous le prétexte que l'on n'exécutait pas à leur égard le traité de 1622 ; deux campagnes les réduisirent à demander la paix, qui fut de nouveau conclue le 5 février 1626. Elle ne fut pas de longue durée ; les religionnaires recommencèrent la guerre l'année suivante : le duc de Buckingham amène d'Angleterre à leur secours une flotte de cent cinquante vaisseaux. Le cardinal de Richelieu envoie contre lui le maréchal de Schomberg, et fait assiéger La Rochelle, qui était le boulevard du parti. Le duc de Rohan ramassait des troupes dans le comté de Foix : on apprend à Tarbes, au mois de novembre, qu'il a quitté Mazères avec six mille fantassins et cinq cents cavaliers, pour marcher vers le Bigorre; Marc-Antoine de Campeils, baron de Luc, alors sénéchal et gouverneur du comté, engagea les communes à persévérer dans l'obéissance qu'elles devaient au roi : Bagnères fit réparer ses fortifications et recurer ses fossés; Campan et les Quatre-Vallées prirent des mesures pour faire une vigoureuse défense. Ces préparatifs, aidés de la présence du duc de la Valette, déconcertèrent sans doute les desseins du duc de Rohan; il abandonna ses projets sur le Bigorre, et la guerre se porta dans le Languedoc : les Bigorrais fournirent des munitions au duc de la Valette, et le sénéchal, ayant convoqué la noblesse du comté, alla rejoindre avec elle les troupes royales, au mois d'août 1628. La ruine du parti huguenot fut bientôt consommée, et les guerres de religion enfin terminées par l'édit de pacification du 14 juillet 1629.

1628.

1629.

L'évêque de Tarbes avait obtenu en 1611, comme nous l'avons déjà observé, la présidence des états de Bigorre, au préjudice du sénéchal : cet officier conservait encore la prérogative de présider le corps de la noblesse (8), et il avait

---

(NOTE 8.) Et peut-être avait-il aussi, comme nous l'avons insinué dans la note 2 précédente, l'office de syndic-général de ces états : la commission du roi vint l'exclure de fait de ces assemblées, puisqu'il ne pouvait plus prendre part à des délibérations dans lesquelles devaient être discutées les demandes que le monarque faisait par son organe : devenu officier du roi, il ne pouvait non plus exercer le syndicat de la province, c'est-à-dire être à la fois le mandataire de deux autorités qui devaient se contre-balancer : la présidence de la noblesse, le syndicat des états, et même la présence aux délibérations étaient incompatibles avec ses nouvelles fonctions. Le sénéchal ne fut plus alors qu'un homme investi d'une charge honorifique, dénuée de pouvoir et d'attributions réelles.

encore à ce titre une prépondérance qui sans doute fit ombrage au prélat. Salvat d'Iharse parvint à la lui enlever, en le faisant réduire en

1634. 1634, aux simples fonctions de commissaire du roi.

1643. Louis XIII termina le 14 mai 1643, un règne illustré par un ministre dont il connaissait les défauts, mais dont il savait apprécier les hautes qualités politiques, et par lequel il se laissa subjuguer moins par faiblesse que par défiance de ses propres lumières, et la conviction des talens supérieurs du cardinal.

CHAPITRE II.

Louis XIV.— Confirmation de privilèges.— Duché-pairie de Lavedan. — La cour sénéchale érigée en présidial. — Traité des Pyrénées. — Troubles à Bagnères. — Suppression du présidial. — Fondation du collége de Tarbes. — Rédaction de la coutume de Barèges. — Soulèvement du Lavedan. — Le séminaire de Tarbes.—Les capucins.— Embellissemens de Séméac. — Médous.— Guerriers bigorrais.— Maires héréditaires.—Discussion entre Vic et Saint-Lézer. — Anciens usages. — Coutume de Lavedan. — Antin érigé en duché-pairie.

Le règne brillant de Louis XIV, si fertile en grands hommes, en évènemens mémorables, en institutions utiles, ne nous offre que peu de faits à consigner dans les annales bigorraises. Ce prince confirma par lettres-patentes du mois de juin 1646 (1), les privilèges du comté, renouvelés ainsi de règne en règne depuis plusieurs siècles.

1646.

(Note 1.) Ces lettres sont conçues dans les mêmes termes que celles de Louis XIII, que nous avons rapportées *note 5 du chap. précédent.*

Guillaume Richard, abbé de Saint-Sever de Rustan, établit la même année la congrégation de Saint-Maur dans son monastère; il fut imité par Arnaud-François de Maytié, abbé de Saint-Pé, qui introduisit en 1650 la même réforme dans son abbaye.

1650

La vicomté de Lavedan et les baronnies qui en dépendaient, étaient passées depuis quelques années à la maison de Montaut-Bénac (2).

(Note 2.) Nous avons dit, note 3 du chapitre précédent, comment la succession de Lavedan était venue à la maison de Montaut-Bénac. Traçons succinctement ici la généalogie de cette famille, descendue de Jean I.er de Montaut, qui vivait encore en 1369, et avait épousé, comme nous l'avons marqué, *note 26 du chap. 1.er liv. I*, Louise, héritière de Bénac. Jean II, baron de Bénac, son fils, qui vivait vers 1400, fut père d'Arnaud, qui vivait en 1481, et eut entr'autres enfans: 1.° Jean III, baron de Bénac, qui n'eut qu'une fille, morte sans alliance: 2.° Anne, baron de Bénac, vivant en 1532, père de Jean-Marc, baron de Montaut et de Bénac, qui vivait en 1554, et eut plusieurs fils, entr'autres: 1.° Jean-Paul, baron de Bénac, mort sans postérité; 2.° Philippe I.er, successeur de son frère, sénéchal de Bigorre en 1599, mort sans postérité; 3.° Bernard, baron de Bénac après Philippe I.er, sénéchal de Bigorre avant lui en 1578: ce dernier, qui avait épousé l'héritière de Navailles, fut père de Philippe II, duc de Navailles, marquis de Bénac, sénéchal de Bigorre, qui épousa l'héritière de Lavedan, et fut créé pair de France.

Le brevet de cette érection est du 12 mai 1650; les lettres-patentes en furent expédiées au mois de décembre suivant, et ne furent point enregistrées; Philippe II étant mort en 1654, l'érection fut confirmée en faveur de Philippe III son fils, qui depuis fut maréchal de France, par lettres-patentes du mois de septembre de la même année.

Philippe, sénéchal de Bigorre, réunit ces domaines à ceux qu'il possédait déjà dans le comté, ainsi qu'en Béarn. Ses ancêtres, et lui-même s'étaient distingués sous les règnes précédens : deux de ses fils avaient, par leur valeur et leurs talens militaires, obtenu la bienveillance de Louis XIV ; ce fut en leur considération que ce prince érigea au mois de mai 1650, en faveur de leur père et de sa descendance masculine, la vicomté de Lavedan et ses dépendances en pairie de France, sous le titre de duché de Lavedan.

La cour du sénéchal de Bigorre était composée d'un juge-mage et de plusieurs conseillers; le roi, par un édit de 1654, l'érigea en siège présidial, en adjoignant aux anciens magistrats deux présidens, et un prévôt de la maréchaussée avec douze archers. Jacques de Pujo, seigneur de Caixon, était alors juge-mage, et Hector-Roger de Pardailhan de Gondrin, marquis d'Antin, remplissait la charge de sénéchal et gouverneur du comté de Bigorre. La peste

1654.

---

non enregistrées ; ce seigneur ayant acquis la terre de la Valette, demanda que le titre de duché-pairie y fut transporté, sous le nom de Montaut, ce qui lui fut accordé par lettres du mois de décembre 1660, qui, comme les précédentes, ne furent point enregistrées. Le Lavedan et les seigneuries en dépendantes reprirent alors leur ancienne qualité.

ravagea la même année la ville de Saint-Sever de Rustan.

1659. Le traité des Pyrénées, conclu le 7 novembre 1659, dans l'île des Faisans, sur la Bidassoa, entre les plénipotentiaires de France et d'Espagne, intéressait le Bigorre, en ce qu'il fixait enfin d'une manière non équivoque ses limites méridionales, en déclarant que la chute des eaux sur chaque versant indiquerait désormais les propriétés de chaque peuple.

1660. Un horrible tremblement de terre se fit sentir l'année suivante, au mois de juin, dans les montagnes du Bigorre, où il causa divers accidens funestes : la ville de Bagnères en particulier en éprouva de violentes secousses : plusieurs édifices y croulèrent et ensevelirent quelques personnes sous leurs ruines (3).

(NOTE 3.) Voici ce que l'on trouve dans les registres de l'église paroissiale de Bagnères :

« Le 21 juin 1660, à quatre heures du matin, un si terrible terre-tremble arriva, qu'il mit par terre une partie du clocher de l'église paroissiale Saint-Vincent de Bagnères, et quelques pierres des arceaux de la voûte, ensemble plusieurs maisons, entr'autres celle de feu Pierre Vergès, au bourg-vieux, contre l'horloge, dessous les ruines de laquelle ont été surprises écrasées et étouffées, Marie de Vergés, veuve à feu Dominique Estors, Cathérine de Vignoles, de la paroisse d'Antalos, et une servante de M. Dubouch, chirurgien de Tarbes, nommée Marie de Barran ; le devant de la maison de M. maître Rougier de Berné, juge, tenue à louage par Odot Bonsigues, cordonnier, est aussi tombée du même tremblement de terre, où s'est trouvée écrasée et étouffée la servante dudit Bonsigues Odet, nom-

Des troubles, enfantés par des querelles particulières, désolaient alors cette ville. Deux factions rivales, dont l'une avait pour chef le sieur de Crez, l'autre les sieurs de Las Crabères et de Mauran, frères, s'emparèrent des églises et des autres édifices publics, et s'y fortifièrent; de là elles se harcelaient mutuellement et pillaient impunément leurs concitoyens. Le marquis d'Antin se rendit en armes à Bagnères, en chassa les deux partis, et y mit garnison sous le commandement de M. de Saint-Sever. Les bannis n'étaient pas tous coupables des excès auxquels s'étaient portés les plus acharnés : ils demandèrent de rentrer dans leurs foyers, et cette grâce leur fut accordée, sauf aux chefs et à trente-six de leurs plus zélés adhérens. Ceux-ci voulurent essayer de rentrer par force, mais la ville était bien gardée : ils se jetèrent alors sur le plat pays, qu'ils dévastèrent; le maréchal de Saint-Luc, lieutenant général en Guienne, prit des mesures pour réprimer ces ravages : il

1661.

---

mée Guillelmina; et toutes quatre ont été ensevelies, la première dans l'église du susdit Saint-Vincent, et les trois au cimetière, le soir même; l'office fait par moi soussigné. A même heure sont tombées contre le pont de l'Adour, la maison de Jean Forcade et de Ramonet de Souriguère, dit Pourrachou, tailleur, ayant surpris sous les ruines cinq petits enfans dudit Forcade, et deux dudit Souriguère, et ensevelis au cimetière de ladite église le même jour, et le lendemain. DANCOS, prébendé et vicaire. »

apaisa les troubles, et punit d'un exil de trois ans les rebelles les plus opiniâtres.

Le présidial de Tarbes avait à peine sept ans d'existence, lorsqu'il fut supprimé, en 1663, par un édit royal, et la cour du sénéchal rétablie dans son ancien état.

1663.

Claude Mallier du Houssay, ambassadeur de France à Venise, avait remplacé Salvat d'Iharse le Jeune dans la chaire épiscopale de Bigorre; ce prélat joignait à de grandes vertus le goût des beaux arts et des lettres : il fonda en 1665 le collége de Tarbes, où il appela les pères de la doctrine chrétienne pour y professer les humanités, la philosophie et la théologie.

C'est sous le règne de Louis XIV que l'on exécuta enfin en Bigorre l'édit de Charles VII concernant la rédaction des coutumes locales; les députés de la vallée de Barèges, réunis en assemblée générale à Luz, le 2 juin 1670, procédèrent, en présence de Jean de Fornets, conseiller au sénéchal, à la rédaction des coutumes observées de tout tems dans leur vallée (4). Ces

1670.

(Note 4.) Nous allons transcrire les articles de cette coutume, et quelque fragment du procès-verbal qui les renferme :

« Du 2 juin 1670, devant Jean de Fornets, conseiller du roi en la sénéchaussée de Bigorre, ont été assemblés en la maison de ville de Luz en Barèges, au son de la cloche, et en la manière accoutumée, par assemblée générale de tous les consuls et habitans de ladite ville

coutumes, contenues dans vingt-cinq articles, furent quelques jours après approuvées, et

et villages de la vallée de Barèges..... pour délibérer sur la proposition..... de rédiger par écrit les articles de coutume et commun usage de tout temps observé..... d'un commun accord et consentement a été arrêté et délibéré : qu'attendu l'utilité résultante de ladite proposition, dont ladite assemblée d'habitans et tous eux en particulier sont parfaitement instruits et sçavans des articles des coutumes de ladite ville et vallée de Barèges, qui ont été de tous temps et sont maintenant, soient présentement rédigés par écrit pour maintenir le repos et la tranquillité publique dans ladite vallée, et dans les familles particulières d'icelle, nous priant à ces fins lesdits consuls et habitans desdits lieux, vouloir insérer lesdits articles de coutume en la présente délibération, ce que nous aurions accepté, et à l'instant dicté lesdits articles à Dominique d'Arroy, greffier au sénéchal, comme s'ensuit : »

I. Le premier né du mariage, soit mâle ou femelle, est héritier de toute sorte de biens, de quelle nature qu'ils soient, de souche ou avitins, c'est-à-dire, sans aucune différence, possédés par les père et mère, aïeuls et aïeules, ou autres en ligne supérieure et ascendante.

II. Le premier né, mâle ou femelle, ne peut être héritier s'il se trouve incapable : comme s'il est justement condamné à mort, aux galères perpétuelles; si de droit il est inhabile au mariage, furieux, prodigue, ou imbécille de sens et jugement, qu'on appelle en vulgaire du pays, *pec*, ou *taros*; mais tel inhabile, furieux, prodigue, imbécille ou taros, doit être nourri et entretenu dans la maison natale pendant sa vie : et après sa mort, la légitime doit rester dans la maison, à la charge de faire ses honneurs funèbres, et de faire prier Dieu pour son âme.

III. Si l'aîné de la maison se trouve incapable, inhabile ou imbécille, comme dessus est dit, le second frère ou autre, par ordre de primogéniture, s'il y en a, doit succéder et hériter des biens de la maison; et en défaut d'enfans descendans, les biens reviennent à la maison d'où ils sont sortis.

rendues exécutoires, selon leur teneur, par arrêt du parlement de Toulouse.

IV. Les héritiers de la maison et biens étant chefs ou pères de famille, ont la pleine administration ou usufruit desdits biens leur vie durant, et s'ils n'ont point d'enfans descendans de leur mariage, ils ne doivent disposer desdits biens que tant seulement de la moitié, et l'autre moitié doit revenir de plein à la maison de souche, préalablement dettes payées.

V. Les pères et mères héritiers des maisons, encore bien qu'ils constituent leurs aînés héritiers par pactes de mariage, peuvent, et ont la liberté d'aliéner ou échanger des biens de la maison en cas de besoin ou nécessité, ou s'il est trouvé convenable pour l'utilité de la maison.

VI. Quand un héritier de la maison et biens vient à décéder sans enfans de légitime mariage, la succession des biens et maison doit passer à son frère ou sœur, suivant l'ordre de primogéniture, ou en leur défaut au petit-fils aîné, ou fille aînée du père du décédé, ou autre degré plus éloigné, toujours en ligne descendante et ordre de primogéniture.

VII. Les pères et mères peuvent disposer des biens qu'ils ont acquis par travail et industrie, même des biens qui leur sont arrivés par légat, ou donation étrangère, en faveur de qui ils jugeront à propos, sans toutefois frauder leurs enfans.

VIII. Les pères et mères doivent bailler les légitimes égales à leurs enfans puînés, appelés en vulgaire du pays *esclaüs* et *esclabes*, gardant en cela le nombre d'enfans et facultés des biens de la maison : et non autrement, s'il n'est trouvé à propos par considération particulière comme par les plus proches parens.

IX. Si les gendres, qu'on entend dans ce pays ceux qui épousent les héritières ; et brus et *nores*, celles qui épousent des héritiers, n'ont point d'enfans ; après la mort d'un d'eux, le survivant ne peut disposer que de la quarte de la légitime ou constitution qu'il aura portée dans la maison de sa femme, et l'autre partie restante fait retour à la maison d'où elle est sortie, sans que les frères, sœurs, cousins, ou

Un brigand basque, nommé Audigeos, troublait alors le Bigorre en excitant à la révolte le

---

autres proches parens desdits gendres ou brus puissent rien prétendre de cette partie restante : et du total de ladite légitime ou constitution se distrait les fraix funèbres.

X. Les gendres ne peuvent aliéner les biens de leurs femmes, si ce n'est pour payer les dettes passives des maisons, ainsi qu'est trouvé convenable pour l'utilité de la maison.

XI. Si le gendre vient à décéder plutôt que sa femme sans laisser des enfans, ou faire testament ou autre dernière disposition, ceux qui ont droit de succéder audit gendre peuvent retirer l'entière constitution, qu'il aura portée dans la maison de sa femme, et non autre chose, sous prétexte de mélioration qu'il y pourrait avoir fait.

XII. Si les gendres ou brus se remarient ayant des enfans du premier lit, et que ces enfans viennent à décéder sans enfans légitimes, les enfans du second ou troisième lit ne pourront rien prétendre sur les biens de leurs frères utérins ou consanguins, du chef de leurs pères ou mères décédés ; mais la dot, constitution ou hérédité de leurs pères ou mères fait retour à la maison d'où elle est sortie.

XIII. Un puîné marié avec une puînée, vulgairement appelés *meytadés* ou *sterles*, ayant assemblé leurs constitutions de mariage pour les avoir en commun profit et commune perte, et venant à décéder l'un plutôt que l'autre sans enfans, le survivant peut disposer de la moitié de la constitution de son mariage, et l'autre moitié fait retour à la maison d'où elle est sortie.

XIV. Si l'un des *meytadés* vient à décéder plutôt que l'autre, ayant laissé des enfans, le survivant peut se remarier sur les biens du décédé, pour en avoir l'usufruit, en nourrissant lesdits enfans, jusqu'à ce qu'ils soient mariés ou majeurs, et en faisant toutefois bon et fidèle inventaire de tout le bien du décédé, sans aucune fraude pour lesdits enfans.

XV. Quand un des *meytadés* vient à décéder plutôt que l'autre, ne laissant des enfans, le survivant doit partager le bon et le mal de leurs constitutions également avec l'héritier du décédé ; et peut le survivant disposer de sa part des acquisitions, et de l'autre moitié restante de sa constitution, en faveur de qui bon lui semblera.

XVI. Un puîné ou une puînée, appelés en vulgaire du pays esclaü et esclabe, qui sortiront de la maison pour travailler, trafiquer, ou demeurer valet ou servante ailleurs, sans l'approbation et consentement du père et de la mère, ou de l'héritier de la maison, sont obligés de tenir en compte ce qu'ils ont gagné sur ce qu'ils peuvent prétendre de leur maison, tant moins de leur légitime.

XVII. Le droit de retrait lignager, qui est une faculté de racheter et retraire les biens fonds vendus, se prescrit dans l'an et jour indistinctement, tant pour les présens qu'absens, et est le plus proche de la maison qui a vendu, préféré à un autre moins proche.

XVIII. Titre clérical constitué aux aspirans à être prêtres, ne peut par eux être aliéné ni hypothéqué, ains en ont l'usufruit pendant leur vie, s'ils n'ont d'autre bénéfice capable de les nourrir et entretenir; et en cas de bénéfice, ou après leur décès, le titre clérical fait retour à celui, ou à l'héritier, de qui il a été constitué.

XIX. Les gendres, ou brus, qu'on appelle en langage vulgaire *nores*, ne succèdent point aux biens de leurs enfans mourant sans faire testament, mais bien les autres proches parens, héritiers des maisons où les gendres ou nores ont été mariés : et ne peuvent lesdits gendres et nores prétendre sur lesdits biens que tant seulement la répétition de leurs dots et légats, si l'on leur en a fait.

XX. Le payement du retour des constitutions se fait en pareils termes et espèces qu'ils ont été faits en conséquence des pactes de mariage.

XXI. En la vente du bétail à corne, on y demeure pendant la troisième partie de l'an, pour la maladie appelée *entée*.

XXII. Et en la vente du bétail à laine, on y demeure neuf jours pour la maladie appelée *amourredat*, et trois mois pour *l'entée*, si la meilleure partie du troupeau d'où le vendu est sorti, s'en trouve tachée.

XXIII. Ladite demeure s'entend depuis la délivrance faite, et entre gens du pays et hors de foire, s'il n'y a convention expresse du contraire.

core barbare et indompté (5), n'étaient que trop disposés à secouer le joug de toute dépendance : l'établissement de la gabelle fut dit-on l'occasion

---

XXIV. En gazailles de bétail, quel qu'il soit, on est obligé, en cas de perte, de rapporter la moitié de la chair et représenter la peau au gazaillant.

XXV. Un gendre laissant des enfans après la mort de sa femme dans la maison où il a été marié, ne peut retirer que la moitié de sa dot, s'il sort de la maison de sa femme : et si la *nore* laisse des enfans après la mort de son mari, elle en retire toute sa dot, sans toutefois qu'ils puissent faire préjudice à leurs enfans. »

« Tous les susdits consuls et habitans ont dit et déclaré que lesdits articles ont été de tout temps pratiqués, autorisés et approuvés par les rois de France, Angleterre, Navarre, et comtes de Bigorre, depuis quatre cents ans que le coutumier et les privilèges plus considérables ont été brûlés ou perdus par les guerres et autres accidens, et contiennent la véritable coutume et observance de ladite ville et vallée de Barèges, qu'ils désirent et entendent, sous le bon plaisir du roi et de la cour, qu'ils soient ores et à l'avenir exécutés comme ci-devant selon leur forme et teneur, à quoi ils se soumettent d'un commun consentement. »

M. Germain Noguez, de Luz, avocat au parlement de Toulouse, publia en 1760 un commentaire sur cette coutume, en un volume petit in-8.º

(NOTE 5.) Madame de Motteville, l'une des favorites d'Anne d'Autriche, mère de Louis XIV, était venue, au printemps de 1660, avec la duchesse de Navailles, passer quelques mois à Bénac, et ayant parcouru les domaines que le duc possédait en Bigorre, elle nous donne dans ses mémoires, une idée du caractère et des habitudes des vassaux de la maison de Montaut-Bénac.

« Le duc de Navailles, dit-elle, a beaucoup de bien en Bigorre ; il est seigneur du Lavedan, qui contient sept vallées, qui se forment dans le fond, et sont remplies de plusieurs châteaux et de bourgs.... Les églises y sont bien servies ; il y a plusieurs prêtres ; le peuple y

de leur soulèvement. Le gouverneur de Guienne envoya à Lourdes, où commandait le seigneur d'Ourout, une compagnie de dragons sous les ordres de M. de Laforêt pour réprimer leurs excès et les réduire à l'obéissance ; mais ces troupes ne suffisaient pas : des milices nationales furent levées dans le comté, et eurent ordre de marcher contre Audigeos, criminel de lèze majesté et perturbateur du repos public ; le calme ne fut rétabli qu'après plusieurs années de troubles, et les vallées ne furent point soumises à la gabelle.

Claude Mallier du Houssay avait résigné en 1668, moyennant une pension de six mille

---

est néanmoins méchant ; car la rusticité du climat les rend cruels; mais ils ne laissent pas d'être dévots à leur mode, et sur tous les chemins on rencontre plusieurs chapelles et des images de Notre-Dame. Les paysans sont tous grands, de bonne mine, et bien habillés. Ils allaient autrefois armés de pistolets et de poignards ; mais alors M. de Tharbe, leur évêque, leur avait deffendu d'en porter, à cause que souvent ils se tuaient les uns les autres, et se donnaient entr'eux de petites batailles. »

La révolte causée par Audigeos, commencée en 1665, durait encore en 1675. Germain d'Antin, seigneur d'Ourout, châtelain de Lourdes et commandant des vallées, avait arrêté le brigand en 1666; mais le prisonnier était parvenu à lui échapper.

Les sept vallées du Lavedan sont celles de Batsouriguère, Castelloubon, Davantaigue, Estrème de Sales, Azun, Saint-Savin, et Barèges : cette dernière avait depuis long-tems été cédée aux comtes de Bigorre.

livres, l'évêché de Tarbes à Marc son fils, sous l'épiscopat duquel le séminaire fut établi à Tarbes, et le couvent des capucins fondé par le juge-mage Jacques de Pujo, seigneur de Caixon. Marc Mallier étant mort en 1675 (6), son père désira reprendre l'évêché : les états de Bigorre demandèrent pour lui cette faveur au roi; mais le monarque la refusa, alléguant pour raison que les infirmités qui avaient engagé le prélat à se démettre de son siège et son grand âge, le rendaient impropre à reprendre ses fonctions, et il nomma Anne Tristan de La Beaume de Suze à ce diocèse, où le prélat ne vint jamais. Il fut remplacé deux ans après par François de Poudenx, homme plus illustre encore par ses lumières et sa connaissance profonde de l'antiquité, que par sa haute naissance; mais les discussions du roi avec Innocent XI, au sujet du droit de régale, retardèrent de plusieurs années le sacre de ce prélat (7).

1675.

1677.

(Nôte 6.) Il décéda à Auch le 4 mai, et fut enterré à Tarbes; il était premier aumônier de la duchesse d'Orléans. Son père ne mourut que six ans après, le 14 septembre 1681, à Paris, léguant par son testament deux mille livres au séminaire de Tarbes, qu'avait fondé son fils.

(Note 7.) Il ne fut sacré que le 4 août 1703; nommé à l'archevêché de Bordeaux, il aima mieux garder le siège de Tarbes, où il mourut le 24 juin 1716. Il était fils d'Etienne, vicomte de Pou-

Louis-Auguste de Bourbon, duc du Maine, fils naturel légitimé de Louis XIV, vint, accompagné de M.me de Maintenon sa gouvernante, chercher aux eaux minérales du Bigorre le rétablissement d'une santé faible et chancelante : les sources de Bagnères et les promenades qui environnent cette ville charmante, contribuèrent à raffermir sa constitution : les noms de Bourbon et de Maintenon désignent encore les sentiers que parcourait le jeune prince pour faire l'essai de ses forces renaissantes (8) ; mais aucun nom ne nous rappelle que c'est pour le conduire à Ba-

---

deux, seigneur de Saint-Cricq en Chalosse ; il eut pour successeur Anne-François-Guillaume du Cambout, nommé en 1718, sacré le 19 novembre 1719, mort le 8 juillet 1729.

(NOTE 8.) Le duc du Maine était à Bagnères dans les années 1675, 1677 et 1681, et se retira jouissant d'une santé robuste. Les eaux minérales de Bagnères produisirent d'aussi heureux effets sur le duc de Chartres, aïeul du duc d'Orléans existant ; il vint y chercher en 1746, de la santé et des forces : il ne pouvait, en y arrivant, marcher qu'avec des béquilles ; il s'en alla parfaitement guéri, grâce à la source du Pré, auprès de laquelle on grava ces vers, composés par le prince lui-même :

Adieu, cher bain du Pré ; adieu. Je me retire :
Charmé par tes bienfaits, je vais prendre ma lyre,
Pour chanter tes vertus, propres à tant de maux,
Pour te donner le nom de la reine des eaux.
Oui, mon aimable Pré, tu prolonges la vie ;
Oui, je dois aujourd'hui sans nulle flatterie,
Publier tes bontés, dire à tout l'Univers
Que ton eau peut guérir de mille maux divers.
Il est donc très-certain que du Pô jusqu'au Tage
Toute eau, même le vin, devrait te rendre hommage. »

lèges, à travers les montagnes, que Mme de Maintenon fit ouvrir le passage du Tourmalet. Henri de Grammont, marquis de Séméac, comte de Toulonjon et vicomte d'Asté (9), succéda en 1678 au marquis d'Antin, dans la charge de sénéchal et gouverneur pour le roi en Bigorre. Il fit bâtir à Séméac, où il n'avait alors qu'une petite citadelle féodale, un château magnifique, accompagné de superbes jardins, d'orangeries, de bosquets et de promenades

1678.

(NOTE 9.) Il était de la maison d'Auré-d'Asté, dont nous avons tracé la généalogie (*note* 14, *chap.* Ier *liv. VI*), et qui prit le nom de Grammont lorsque Menaud d'Aure, vicomte d'Asté, eut épousé Claire de Navarre, héritière de Grammont. Menaud mourut en 1534, et fut enterré dans l'église des dominicains de Bagnères : son fils Antoine Ier, comte de Grammont et de Guiche, vicomte d'Asté et baron des Angles, eut cinq enfans : 1.° Philibert, son successeur ; 2.° Théophile, comte de Toulonjon ; 3.° Marguerite, mariée au baron de Duras ; 4.° Suzanne, épouse du marquis de Montpezat, fondatrice du couvent des capucins de Médous ; 5.° Jean-Antoine, mort sans postérité. Philibert, époux de la belle Corizandre, héritière d'Andoins, maîtresse d'Henri IV, mourut en 1580, et fut père d'Antonin, duc de Grammont, lequel eut entr'autres enfans : 1.° Antoine II, maréchal de France, père d'Arnaud de Grammont, comte de Louvigny ; 2.° Henri, comte de Toulonjon, vicomte d'Asté, mort sans postérité en 1680 ; 3.° Charlotte-Catherine, marquise de Saint-Chaumont, qui succéda à son frère Henri ; 4.° Philibert, comte de Grammont, chevalier des ordres du roi, héritier d'Asté, marié à Elizabeth de Hamilton, dont il eut deux filles : l'aînée, héritière d'Asté, épousa le comte de Stafford.

Les armes d'Asté sont de gueules à trois flèches d'or posées en pal ; celles de Grammont sont d'or au lion d'azur, armé et lampassé de sable.

1680. délicieuses. A sa mort, arrivée en 1680, il fut enterré dans le couvent des capucins de Medous, fondé près d'Asté par sa grand'tante, Suzanne de Grammont, marquise de Montpezat. Il eut pour successeur Jean de Mua, baron de Barbazan-debat (10).

(NOTE 10.) Il paraît par quelques renseignemens qui nous ont été fournis, que la charge de sénéchal était devenue héréditaire, et que le baron de Barbazan-debat ne l'obtint que par cession de la maison de Grammont. On n'a point de liste complète des sénéchaux de Bigorre : en voici une moins défectueuse que celle de l'abbé Duco; nous l'avons dressée d'après divers titres.

1283. Osset d'Argelès.
1285. Pélerin de Lavedan.
1289. Osset de Bagnères.
1300. Dalmaas de Marciac.
1316. Pierre-Raymond de Rabastens.
1328. Guillaume de Causson, seigneur de Saint-Paul.
1361. Le baron de Bazilhac.
1384. Jean de Béarn, baron des Angles, seigneur de Castel-Geloux.
1391. Arnaud-Guillaume de Montlezun.
1401. Waïfer d'Anla, qui avait pour lieutenant Gui-Aner d'Anla.
1456. Raymond de Salignac.
1458. Sanche-Garcie d'Aure, vicomte d'Asté.
1478. Arnaud d'Estaing.
1486. Bernard, baron de Castelbajac.
1509. Gaston, baron de Castelbajac.
1512. Menaud de Navailles, baron de Hontan, seigneur de Vignoles, commandeur de Bessault.
1514. Jean d'Antin, baron d'Antin, de Bonnefont et des Affites.
1558. Arnaud, baron d'Antin, de Bonnefont et des Affites, chevalier des ordres du roi.
1576. Antoine, vicomte de Labatlut, qui avait pour lieutenant le seigneur de Horgues.

La révocation de l'édit de Nantes, et la ligue 1685. d'Augsbourg qui en fut la suite, donnèrent naissance à une guerre cruelle : la noblesse bigorraise combattit vaillamment sous les bannières royales : le duc de Grammont d'Asté, celui de Navailles de Bénac, et le comte d'Artagnan, maréchaux de France, le marquis d'Antin, lieutenant-général, les sieurs de Silhac, d'Andrest, de Baliron, de Puntous, de Pujo, de Bassillon, de la Bourdenne, de Trébons, étaient distingués par leur valeur dans les armées françaises.

1578. Bernard de Montaut, baron de Bénac.

1599. Philippe de Montaut, baron de Bénac; il avait pour lieutenant Germain I.er d'Antin, seigneur d'Ourout.

1613. Marc-Antoine de Campeils, baron de Luc; son lieutenant était François d'Antin, seigneur d'Ourout.

1650. Philippe de Montault, baron de Bénac et de Navailles, duc de Lavedan, pair de France; il eut pour lieutenant Germain II d'Antin, seigneur d'Ourout.

1657. Hector-Roger de Pardaillan, baron de Gondrin et de Montespan, marquis d'Antin.

1678. Henri de Grammont, marquis de Séméac, comte de Toulonjon, vicomte d'Asté; Jean-François d'Antin d'Ourout était son lieutenant.

1695. Jean de Mua, baron de Barbazan, seigneur de Sarniguet, qui eut pour son lieutenant Jean-Hector I.er d'Antin d'Ourout.

1704. Jean-Auguste de Mua, baron de Barbazan et de Sarniguet, colonel-général des dragons; son lieutenant fut Jean-Hector II d'Antin d'Ourout.

1780. Jean-Jacques de Mua, baron de Barbazan et de Sarniguet.

1785. Jean-Auguste, comte d'Angos, dernier sénéchal.

1692. Par édit du mois d'août 1692, le roi établit des maires perpétuels dans toutes les villes et communes de la France : ils avaient jusqu'alors été électifs ; mais l'inimitié ou l'extrême facilité des officiers municipaux pour les électeurs, selon qu'ils leur avaient refusé ou accordé leur suffrage, engagea le monarque à pourvoir à ces charges par d'autres moyens ; les communes du Bigorre se virent avec peine gouvernées par des officiers dont la nomination par le prince était une infraction à leurs privilèges ; elles réclamèrent contre cette mesure, et demandèrent par la suite que le mode de l'élection fut rétabli (11).

Des discussions s'élevèrent vers ce tems contre les consuls de Vic et le monastère de Saint-Lézer, au sujet d'un ancien usage qui devait sans doute son origine à une époque où le village, asservi par des ennemis de la foi, fut délivré de leur joug par les milices de Vic. La veille de la fête du saint, les consuls de Vic venaient avec une compagnie d'arquebusiers prendre possession pour vingt-quatre heures, du monastère,

___

(Note 11.) On lit dans le précis des délibérations des états de Bigorre tenus en 1789 : « MM. les députés de la ville de Bagnères ont présenté une requête au nom de leur communauté, pour supplier l'assemblée de..... procurer aux différentes municipalités du pays, le rétablissement dans le droit de choisir leurs officiers municipaux, et les membres de leurs conseils politiques. »

dont le prieur leur remettait les clefs, et hébergeait ensuite toute la troupe. François de Verniole, devenu en 1701 prieur claustral de Saint-Lézer, regarda cet usage comme contraire aux immunités de son monastère, et refusa de s'y conformer. Les consuls de Saint-Lézer étaient assujettis de leur côté à porter annuellement, le lendemain du jour des rois, aux consuls de Vic, treize gâteaux qu'ils leur présentaient à genoux (12); las de s'abaisser ainsi, ils imitèrent le prieur, et ne voulurent plus entretenir

1701.

(NOTE 12.) Les consuls de Saint-Lézer, en offrant les gâteaux, parlaient ainsi aux consuls de Vic : « Pax è bonas costumas qu'eb demandam : tretze cocas qu'eb portam ; detz qu'eb en dam, è tres que nou'n güardam. » Les consuls de Vic répondaient : « Pax et bonas costumas qu'eb accordam », prenaient les gâteaux et terminaient la cérémonie en invitant à un banquet les officiers de Saint-Lézer.

A propos de Saint-Lézer et du monastère qui y existait autrefois, nous remarquerons qu'il existe, dit-on, entre ce village et Vic, des ruines de constructions fort étendues, et décorées de colonnes dont on rencontre encore les fûts brisés : la cylindricité de ces tronçons, d'un assez fort diamètre, fait augurer qu'ils appartenaient à quelqu'un des ordres employés dans l'architecture romaine.

Et puisque cette petite digression nous a ramenés aux tems anciens, nous en profiterons pour placer ici encore une remarque sur quelques vestiges des siècles antiques, dont nous avons oublié de parler au premier livre de cet ouvrage : c'est que la formule *à guy l'an neuf*, conservée, quoique défigurée dans plusieurs provinces de la France, a aussi laissé des souvenirs en Bigorre, le *guy-ron-deu* de Tarbes n'est autre chose que la *guy-llon-né* du Lot-et-Garonne, le *guy-lan-leu* de l'Orléanais, le *guy-lan-neuf* du Laonnais. Cette observation se rapporte à la note 6 du chap. 3, liv. I.er.

de pareils usages. Ces difficultés occasionnèrent un procès qui fut porté à la cour des comptes de Pau ; mais le bon sens, dit l'auteur de nos annales, renvoya les ridicules prétentions des consuls de Vic, au siècle qui leur avait donné naissance.

Jean-Auguste de Mua, baron de Barbazandebat, colonel-général des dragons, avait succédé à son père dans la charge de sénéchal et gouverneur pour le roi en Bigorre. Voulant donner à la coutume de Lavedan, Lourdes, Rivière-Ousse, Saux, Adé, Ossun, les Angles et Bénac, le même caractère de fixité dont jouissait celle de Barèges, il la fit en 1704 rédiger en onze articles (13), par sa cour de

1704.

(Note 13.) Voici l'attestation du sénéchal qui contient cette coutume :

« Jean-Auguste de Mua, baron de Barbazan, premier capitaine mestre de camp général des dragons de France, et gouverneur pour le roi en Bigorre, à tous ceux qui ces présentes verront, salut. Savoir faisons et attestons à tous ceux qu'il appartiendra, que ledit pays, comté et sénéchaussée de Bigorre est composé partie de la plaine, partie de côteaux et vallons dans le Rustan, et partie des vallées et montagnes de Lavedan, baronnie des Angles, marquisat de Bénac, Ossun, Adé, Saux et Rivière-Ousse, observant le droit commun, en sorte que pour les successions, donations, institutions, légats, codicilles, substitutions, matières féodales, servitudes ; ventes, permutations, société, partages et autres contrats, les habitans y vivent et sont jugés suivant le droit des Romains, et les ordonnances, édits et déclarations de nos seigneurs rois, et arrêts généraux

justice, où le baron d'Aignan de Castelvieilh remplissait alors la grande judicature.

---

et règlemens de la souveraine cour du parlement de Toulouse; que lesdits pays des vallées de Lavedan, baronnie des Angles, Rivière-Ousse et marquisat de Bénac, vivent et sont régis et jugés suivant leur coutume non-écrite; mais qui a été si connue et inviolablement observée depuis plusieurs siècles, comme il paroît et se collige de grand nombre d'anciens actes, procédures et jugemens, qu'il n'est aucune mémoire du contraire, et qu'il n'a jamais paru ni été trouvé nécessaire de la faire rédiger par écrit, ainsi que la vallée de Barèges, qui est à l'extrémité du côté de midi, et confronte à l'Aragon, fut obligée de faire il y a environ quarante ans, à cause que la coutume et usage de ladite vallée sont différens des usages et coutumes desdites six vallées de Lavedan, baronnie des Angles, Rivière-Ousse, où la ville de Lourde est enclavée et comprise, et dudit marquisat de Bénac; suivant laquelle coutume dudit Lavedan, ville de Lourde, Rivière-Ousse, baronnie des Angles et marquisat de Bénac, nous avons vu pratiquer, observer et juger depuis notre fonction et ministère, et avons appris par tradition des anciens et de nos prédécesseurs, ce qui suit:

« I. Que les aînés, soit mâles ou femelles indifféremment, sont, par un fidéicommis perpétuel, les héritiers des maisons dont ils descendent, et des biens de souche ou avitins, à l'exclusion de tous leurs autres frères et sœurs cadets, qui chacun n'ont que leur légitime, telle que de droit, à régler suivant le nombre des enfans et portée desdits héritages; leurs pères et mères héritiers ou héritières coutumiers ne pouvant disposer ni donner que la seule quarte de leurs biens, y compris les frais funéraires et tous legs, tant pies qu'autres.

II. Lorsque lesdits aînés, qui ont recueilli les héritages par la force du fidéicommis coutumier, décèdent sans enfans, l'aîné des frères ou sœurs survivans à l'héritier, est appelé à la succession; à l'exclusion de tous les autres frères et sœurs qui n'y ont aucune part, même lorsque celui des frères et sœurs qui était le second par l'ordre de la naissance a prédécédé à son aîné, ayant néanmoins ledit second laissé

La maison de Pardailhan de Gondrin, devenue bigorraise en se fondant dans celle d'Antin,

des enfans légitimes à lui survivans ; l'aîné desdits enfans neveux de l'héritier coutumier, recueillit la succession de son oncle par la même coutume, à l'exclusion de tous les autres frères et sœurs dudit oncle aîné et qui étaient puînés au père desdits neveux.

III. Par la même coutume les légitimes sont reversibles, lorsque les légitimaires et leurs descendans viennent à mourir sans enfans; en sorte que lesdits légitimaires et leurs enfans ne peuvent, au préjudice du retour établi par la coutume, disposer que de la seule quarte de leur légitime, compris en cette quarte leurs frais funèbres et tous legs pies; les trois quarts desdites légitimes, si elles se trouvent en nature et non mangées ou consumées par les dettes et hypothèques desdits légitimaires, devant être rendus aux héritiers des maisons d'où lesdits légitimaires étaient sortis, à pareilles espèces et pacts qu'elles avaient été payées, et si lesdits légitimaires ou leurs descendans meurent sans avoir du tout disposé, toutes les légitimes font retour aux héritiers des maisons d'où lesdites légitimes étaient sorties, sans que les autres frères ni sœurs ni autres collatéraux desdits héritiers y aient aucune part.

IV. Les biens donnés et constitués en titre clérical esdits lieux coutumiers, font retour à l'aîné ou l'aînée desdites maisons, d'où lesdits biens donnés sont sortis, après le décès du clerc ou prêtre auquel ils ont été donnés, ne pouvant le clerc ou prêtre légitimaire disposer que de la quarté de sa légitime seulement, y compris les fraix funèbres.

V. Comme aussi attestons qu'ès susdits lieux de coutume, les pères qui sont allez gendres épousant des héritières, ne succèdent pas à leurs enfans, ni ès hérédités ni ès légitimes qu'ils ont reçues soit de leur mère héritière, aïeuls, aïeules et autres leurs parens maternels. Non plus que les mères, brus ou nores qui ont épousé des héritiers, ne peuvent non plus succéder esdits lieux de coutume aux hérédités et légitimes advenues à leurs enfans du chef de leur père, aïeuls et autres leurs parens paternels : mais tels gendres et brus sive nores, sont obligés, après le décès de leurs enfans et descendans de leurs maria-

s'était distinguée par ses longs et nombreux services : Louis XIII avait en 1615, érigé en mar-

ges, de se retirer avec leurs légitimes qu'ils ont portées esdites maisons où ils sont allés mariés, et laisser l'hérédité au collatéral qui se trouve l'aîné, ou représentant l'aîné ou l'aînée desdites maisons ; et toutes les acquisitions que tels gendres ou brus ont fait dans lesdites maisons où ils ont épousé des héritiers ou héritières, cèdent et appartiennent auxdits héritiers ou héritières, qui peuvent toutefois en disposer comme il leur plaît, de même que de la quarte de leurs héritages, et tous les acquêts passent à l'aîné mâle ou femelle, qui se trouve de l'estoc ou race desdites maisons.

VI. Nous attestons aussi que la règle *paterna paternis, materna maternis*, est extrêmement observée esdites vallées du Lavedan, baronnie des Angles, Lourdes, Rivière-Ousse et marquisat de Bénac ; en sorte que jamais les frères consanguins n'y succèdent aux utérins, ni les utérins aux consanguins, mais les biens extants doivent toujours revenir à celui qui se trouve descendant de la maison d'où ils étaient sortis ou de la succession de laquelle il peut être question : ensorte qu'on n'a aucun égard au double lien ni au plus fort degré de parenté. Mais telles hérédités, successions, honneurs, dignités et privilèges sont déférés à un collatéral, qui ne sera pas parent quelque fois au quatrième ni cinquième degré du défunt par le côté de son père, au préjudice des frères et sœurs utérins du même décédé, de la succession duquel il sera question. Et il en est de même en cas pareil en faveur des utérins contre les consanguins, lorsque les biens qui composent la succession dont il s'agit, sont venus de la mère, ou maison dont elle est sortie.

VII. Le pécule castrense ou quasi-castrense, qui consiste en acquêts faits à la guerre ou autrement par les fils de famille ou gendres, nobles, docteurs, avocats, médecins, prêtres ou autres personnes sacrées, est excepté de la coutume ; en sorte que telles personnes nobles ou de caractère et profession distinguée peuvent disposer de leur pécule comme il leur plaît, ainsi que de la seule quarte de leurs héritages et légitimes, les frais funèbres compris en cette disposition.

quisat la baronnie d'Antin, en faveur d'Hector-Roger, sénéchal et gouverneur de Bigorre;

VIII. Mais dans la ville de Lourdes, il y a une seule rue appellée du bourg, où les femelles sont exclues des successions de leur père, mère et aïeuls, par les mâles, à l'aîné desquels telles successions sont toujours conservées, à l'exclusion des cadets mâles; et toutes les filles et autres enfans mâles cadets, n'ont que leurs légitimes telles que de droit : à moins que leurs père et mère héritiers n'aient disposé de la quarte de leurs biens en leur faveur, comme ils le peuvent au delà du droit de légitime dû à leurs dits enfans.

IX. Dans tous lesdits pays coutumiers, les enfans légitimaires qui quittent leurs maisons natales pour aller demeurer en service, valets ou servantes, ou autrement sans avoir le consentement de leurs père et mère héritiers, et pendant qu'ils vivent, sont tenus de rapporter ou précompter sur leurs légitimes, les salaires qu'ils ont gagnés, et acquêts qu'ils ont faits, si leurs père et mère héritier ou héritière, ne le leur quittent et relâchent.

X. Audit quartier et district de Rivière-Ousse et marquisat de Bénac, les gendres, et les brus, *sive* nores, peuvent instituer tel de leurs enfans ou petit-fils qu'il leur plaît pour héritiers de leurs dots et légitimes qu'ils ont porté ès maisons où ils sont allés gendres ou brus, en laissant toutefois la légitime telle que de droit à leurs autres enfans; et si lesdits gendres ou brus n'en ont pas disposé ou par contrat, donations, testamens ou codicilles, tous leurs enfans partagent également la légitime de leurs pères gendres, et la dot de leurs mères brus ou nores; à la différence des vallées du Lavedan et de ladite baronnie des Angles, où les aînés, soit mâles ou femelles, succèdent aux dots et légitimes, tout comme aux biens des maisons dont ils se trouvent les aînés, à l'exclusion de leurs frères et sœurs cadets.

XI. Finalement nous faisons foi et attestons qu'en tous les susdits lieux de coutume dans cette sénéchaussée, le retrait lignager des fonds vendus et aliénés hors desdites maisons, a lieu comme dans le reste de ce pays dans l'an et jour en faveur des proches parens, en remboursant et indemnisant en tout les acheteurs, suivant les lois et

Louis-Antoine, son petit-fils, s'était illustré dans les dernières guerres : Louis XIV, pour l'en récompenser, érigea en 1711, en duché-pairie, le marquisat d'Antin (14), auquel il réunit diverses baronnies, terres et seigneuries.

1711.

---

conventions des contrats de vente, en sorte pourtant qu'ès susdits lieux de coutume, celui qui a l'espérance de la succession du vendeur, est toujours préféré ; le retrait lignager étant traité par les mêmes règles que la succession, quant au lignage et à la qualité des personnes retrayantes, et non au temps, parce que la succession peut être demandée dans trente ans depuis son échute et ouverture; au lieu que le retrait lignager ne peut être demandé que dans l'an et jour, et en remboursant à l'acheteur l'entier prix, salaire du contrat de vente, lods et actes, s'il y en a, méliorations, et autres loyaux coûts, et en suivant les lois et conventions du contrat de vente. »

« En foi de tout ce-dessus avons fait dresser les présentes signées de notre lieutenant-général et autres magistrats, anciens avocats et procureurs de notre cour. A Tarbes, le 15 juillet 1704. D'AIGNAN DE CASTELVIEILH, juge-mage ; DE SÉRIGNAN, conseiller ; DUFOURC, conseiller ; DE SALLES, conseiller ; VIDAL, avocat ; LAMARQUE, avocat; LAPORTE, avocat ; DUBARRI, avocat ; DUBOÉ, avocat ; SÉRIGNAN, avocat ; DUFOURC, procureur ; RAMONAVÉ, procureur ; DUBOÉ, procureur ; BORGELLA, procureur ; VERGÈS, procureur ; d'INTRANS, procureur ; LACROIX, procureur ; CARLÉS, procureur, ainsi signés. »

(NOTE 14.) L'origine de la maison d'Antin est fort ancienne : Raymond-Arnaud baron d'Antin, est mentionné en 1060 dans les titres de l'abbaye de Simorre. Comte-Bon I er baron d'Antin, assista en 1096 à la dédicace de l'abbaye de Saint-Pé. Comte-Bon II fut témoin de l'hommage du seigneur de Canet à Pierre de Marsan, en 1146. Comte-Bon III est nommé en 1207 dans les titres de l'abbaye de Berdoues. Raymond, baron d'Antin, suivit le parti de Gaston de Moncade contre Esquivat de Chabannes, et fut compris en 1256 dans leur accommodement. Pierre I.er baron d'Antin, mort

Louis XIV mourut le 1.er de septembre 1715, après un règne de soixante-douze ans, le plus

après 1281, eut entr'autres enfans : 1.º Comte-Bon IV, baron d'Antin, mort avant 1291 ; 2.º Pierre d'Antin, seigneur d'Ours, qui signa en 1292 la réclamation de la noblesse de Bigorre en faveur de Constance de Moncade. Comte-Bon IV fut père de Comte-Bon V, baron d'Antin et de Bonnefont, seigneur de Castera, marié à Condorine de Preissac, mort après 1340, père de Comte-Bon VI, dit le Jeune, qui vivait en 1353, lequel eut pour fils Comte-Bon VII, qui épousa l'héritière des Afîtes, et mourut après 1400 ; celui-ci eut plusieurs enfans, entr'autres : 1.º Arnaud I.er mort avant son père, laissant un fils, Arnaud II, lequel fut père de Jeanne, son héritière ; celle-ci fut mariée à son grand oncle Pierre ; 2.º Comte-Bon, seigneur de Bonnefont, Clarens et Bourrepaux, mort sans enfans ; 3.º Pierre II qui hérita de son frère Comte-Bon et de son neveu Arnaud II, en épousant Jeanne, fille de ce dernier, héritière d'Antin et des Afîtes. Pierre II, mort après 1480, fut père d'Arnaud III, mort après 1504, père de Jean, baron d'Antin, de Bonnefont et des Afîtes, sénéchal de Bigorre, mort en 1531, lequel eut pour fils Arnaud IV, chevalier des ordres du roi, sénéchal et gouverneur de Bigorre, mort après 1571, laissant entr'autres enfans : 1.º Jeanne, héritière d'Antin, morte en 1610; 2.º François d'Antin, tige des seigneurs d'Ourout.

Jeanne porta l'héritage d'Antin dans la maison de Pardailhan de Gondrin, en épousant Hector de Pardailhan, baron de Gondrin et de Montespan : de ce mariage naquit Antoine-Arnaud, baron d'Antin et de Gondrin, mort en 1624, qui eut pour fils Hector-Roger, marquis d'Antin, chevalier des ordres du roi, sénéchal et gouverneur de Bigorre, mort avant 1661, père de Louis-Henri, mort en 1702, lequel fut père de Louis-Antoine, chevalier des ordres du roi, en faveur duquel fut créée la duché-pairie d'Antin. Louis-Antoine mort après 1724, avait eu entr'autres enfans, 1.º Louis I.er marquis de Gondrin, mort en 1712; 2.º Gabriel, marquis de Bellegarde, mort en 1719 sans postérité. Louis I.er fut père de Louis II de Pardailhan de Gondrin, duc d'Antin et d'Epernon, pair de France, lequel eut

brillant qui fut jamais, laissant son nom à un siècle que des génies et des talens supérieurs dans tous les genres, avaient illustré.

***

pour fils Louis III, marquis de Gondrin : cette famille illustre s'éteignit en 1735.

Les lettres d'érection de la duché-pairie d'Antin, données à Marly au mois de mai 1711, enregistrées le 5 juin suivant, réunissaient les baronnies, terres et seigneuries de Belle-Isle, Miélan, Tuillerie de Pis, Certias et leurs dépendances, au marquisat d'Antin, déjà fort étendu.

L'écu d'Antin est d'or à la clef de sable en pal, adextrée de trois tourteaux de gueules posés deux et un.

CHAPITRE III.

Louis XV. — Bureau des finances. — Maréchaussées. — Confirmation de privilèges. — Construction de routes, ponts et chaussées. — Route d'Argelès à Barèges. — Le pont de Tarbes. — Réclamations de la sénéchaussée sur les atteintes portées à son ressort. — Pacte de famille. — Nouvelles coutumes de Barèges et Lavedan. — Suppression des jésuites.

Louis XV ayant succédé à son bisaïeul, crut favorable à l'administration de ses finances, de démembrer des généralités de Bordeaux et de Montauban, quelques provinces, pour en former une nouvelle généralité ; c'est ce qu'il fit par édit du mois d'avril 1716, qui établissait à Auch une généralité et bureau des finances, dans le ressort de laquelle se trouva compris le comté de Bigorre, dépendant précédemment de celle de Bordeaux.

1716.

Un sous-brigadier et une brigade de maréchaussée, sous les ordres du lieutenant d'Auch, qui dépendait de la prévôté-générale de Béarn, furent institués à Tarbes par l'édit de mars 1720, qui réorganisait toutes les maréchaussées du

1720.

royaume : une seconde brigade fut ensuite établie à Rabastens.

Le monarque confirma par lettres-patentes données au mois d'octobre 1728, tous les privilèges et franchises du comté de Bigorre, tels qu'ils avaient été accordés et reconnus par les rois ses prédécesseurs, pourvu néanmoins qu'ils n'eussent été révoqués par aucun édit, déclaration ou arrêt (1).

1728.

(Note 1.) « Louis, par la grâce de Dieu roi de France et de Navarre, à tous présens et à venir salut. Nos chers et bien amés les habitans de notre pays de Bigorre, nous ont fait représenter que pour récompense de leur zèle et de leur fidélité, et en considération de la pauvreté de leur pays et des inconvéniens auxquels il est exposé, les rois nos prédécesseurs leur ont accordé divers privilèges, dans lesquels ils ont été maintenus par lettres-patentes du feu roi de glorieuse mémoire, notre très-honoré seigneur et bisaïeul, du mois de juin 1646, et que pour s'assurer la jouissance de ces privilèges ils ont cru devoir recourir aux lettres qu'ils nous ont très-humblement fait supplier de leur accorder ; à ces causes, et pour les motifs et considérations qui ont donné lieu à la concession desdits privilèges, et qui ont engagé le feu roi notre bisaïeul à les confirmer, et voulant donner aux exposans des marques de notre protection, et reconnaître leur fidélité et leur attachement à notre service, de l'avis de notre conseil, qui a vu lesdites lettres-patentes du feu roi notre bisaïeul, du mois de juin 1646, cy-attachées sous le contre-scel de notre chancellerie, nous avons de notre grâce spéciale, pleine puissance et autorité royale, agréé confirmé et continué, et par ces présentes signées de notre main, agréons, confirmons et continuons auxdits exposans, les privilèges, franchises et exemptions qui leur ont été accordées par lettres-patentes des rois nos prédécesseurs, pour en jouir par eux et leurs successeurs à l'avenir, tout ainsi qu'ils en ont cy-devant bien et düement jouy ou dû jouir, pourvu toutefois que lesdits privilèges n'ayent été révoqués

Le règne de Louis XV fournit peu d'évènemens à l'histoire du Bigorre. Ce monarque, adoré de ses sujets, en avait reçu le surnom précieux de bien-aimé. Doué de talens supérieurs et de connaissances étendues, il appliquait tous ses soins au bien de ses peuples. Il fit construire de grands chemins, des ponts et des chaussées dans toutes les provinces; l'intendant de Gascogne, Antoine Mégret d'Etigny, en fit exécuter d'admirables dans le Bigorre, l'une des provinces confiées à son administration, et dont il semblait s'occuper avec une attention particulière. Ce que son génie concevait et projetait, un homme d'un grand mérite était prêt à l'exécuter: c'était l'ingénieur Polard (2), dont le nom est

---

par aucuns édits, déclarations et arrêts. Si donnons en mandement à nos amés et féaux conseillers les gens tenans nostre chambre des comptes à Paris, présidens trésoriers de France et généraux de nos finances à Auch, et à tous autres nos officiers et justiciers qu'il appartiendra, que ces présentes ils ayent à faire enregistrer, de leur contenu faire jouir et user lesdits exposans et leurs successeurs pleinement, paisiblement et perpétuellement, cessans et faisant cesser tous troubles et empêchemens contraires, car tel est notre plaisir; et afin que ce soit chose ferme et stable à toujours, nous avons fait mettre notre scel à ces présentes, données à Fontainebleau au mois d'octobre l'an de grâce 1728, et de notre règne le quatorzième. »

Ces lettres furent enregistrées à la chambre des comptes le 18 juin 1729, et le 20 décembre suivant au bureau des finances de la généralité d'Auch.

(Note 2.) On voit encore à Barèges le bain de Polard. Cet ingénieur avait tracé, d'après les vues de M. d'Etigny, le plan d'un

resté à quelques unes des constructions qu'il dirigea. Une route, prodige de l'art, fut taillée dans le flanc des rochers du Lavedan, et suspendue à une hauteur immense sur des précipices au fond desquels le Gave roule avec fracas, pour conduire de Pierrefite jusqu'à Barèges, dont on voulait enfin utiliser les sources (3) : des établissemens thermaux recueillirent ces eaux précieuses. Des routes magnifiques rappelèrent dans tout le Bigorre, ces belles voies que les Romains y avaient jadis tracées, et dont quelques restes de chaussées consacrent encore le souvenir (4).

1732.

1735.

---

canal de navigation, formé par le Gave de Barèges, depuis Lourdes jusques à Peyreborade, qui aurait ouvert des débouchés aux produits de l'industrie de la contrée ; la mort de l'intendant vint arrêter l'exécution de ses projets.

(NOTE 3.) Cette route, commencée en 1732, ne fut terminée que vers 1746. Les premiers bains construits à Barèges furent ceux de l'Entrée, du Fond, de Polard; de la Chapelle, et les trois douches, en 1735 ; celui de Gensy ne date que de 1775, et les piscines de 1777.

(NOTE 4.) On trouve de pareilles chaussées non loin de Tournay, et dans la lande de Capvern, sur une route appelée encore de nos jours *Césarée*; l'Estelon de Vielle, dont nous avons parlé note 4, chapitre 2, livre II, indique le passage d'une voie romaine dans l'endroit où il se trouve placé ; des fouilles y découvriraient sans doute des chaussées; la tradition place encore une ancienne voie à une lieue au nord de Lourdes, auprès d'une métairie nommée *Strata*, qu'on prétend occuper la place d'une ville antique.

Toutes ces indications ne sont, à notre avis, que divers points d'une même voie, que nous croyons être celle qui, d'après l'Itinéraire

Le pont de Tarbes, voté par les états, se construisait en même tems sous la direction de l'architecte Bayron; l'évêque Charles-Antoine de La Roche-Aimon en avait posé, au mois de juillet 1734, la première pierre, sous laquelle il avait

d'Antonin, conduisait de Dax à Toulouse, en passant par Bénéharnum ou Lescar, Oppidum Novum, Aquas Convenarum, Lugdunum ou Saint-Bertrand, etc. Il est évident que le texte de l'Itinéraire est altéré quant au nombre des milles, puisque d'abord le total des distances détaillées n'est pas le même que la distance totale indiquée, et qu'en second lieu cette distance, loin de pouvoir être seulement de cent trente milles, serait, d'après la valeur du mille romain calculée par Cassini, d'environ deux cent trente milles : l'indication des distances ne peut donc nous être d'aucun secours pour déterminer les lieux où passait la voie dont il s'agit; mais la considération des vestiges que nous avons rappelés, combinée avec la connaissance de quelques points, tels que Lescar, et Saint-Bertrand ou Valcabrère, leur position respective et l'ordre dans lequel sont nommées les villes de passage dans l'Itinéraire, ne nous laissera plus de doute que la voie romaine qui allait de Lescar à Valcabrère, ne passât à la *Strata*, et de là, presque en droite ligne, par l'Estelou de Vielle, à Capvern, l'ancien *Aquæ Convenarum* de l'Itinéraire, le *Therma Onésioon* de Strabon. De cette grande voie militaire, des voies particulières, des *tramites*, des *actus*, des *itihera* devaient aboutir aux lieux circonvoisins; un semblable chemin passait sans doute à Burg, où l'on en rencontre des vestiges; un autre allait peut-être à Campan, où l'on a, dit M. Millin, trouvé une pierre dont l'une des faces demi-cylindrique porte cette inscription :

```
IMPE. CAE
SARI . . N.
AVRE . VAL.
MAXIMI
ANO . PIO.
```

placé une médaille d'or aux armes de Bigorre : les travaux en furent terminés en 1743 (5).

1743.

Un Bigorrais, le seigneur d'Ossun (6), distin-

(NOTE 5.) M. Deville se scandalise de ce qu'au lieu du nom des maçons qui construisirent ce pont, on ait gravé sur une pierre carrée qui forme l'un des panneaux d'un piédestal placé au milieu du parapet méridional, le nom des consuls de Tarbes qui obtinrent des états l'établissement de ce pont, à la place de celui de bois qui existait auparavant. Il craint que, ne lisant ni le millésime 1743, ni le titre de *monsieur* qui précède chaque nom, le voyageur, oubliant que l'histoire de la France lui offre des officiers municipaux décorés du titre de consuls, n'aille péniblement rechercher dans les fastes consulaires de l'ancienne Rome les noms de Torné, Cames, Décamps et Carbon, dont les trois premiers n'ont guères une tournure romaine, et que les anciens maîtres du monde n'auraient pas assemblés par quatre. M. Deville veut les remplacer par ceux des entrepreneurs Périés et Sabathier, de l'architecte Bayron, et des maçons les frères Claverie, et ne rien accorder à la mémoire des administrateurs zélés qui surent reconnaître et plaider aux états les intérêts de leur ville, et obtenir de la province la réalisation du projet qu'ils avaient conçu. Faut-il dans les entreprises utiles ne voir que la main qui exécute, et oublier celle qui traça les plans ?

Puisque nous parlons des consuls de Tarbes, nous dirons ici que leur costume était une simarre mi-partie de bleu et de rouge, sur le dos de laquelle étaient brodées les armes de la ville : ces armes étaient, d'après des renseignemens dont nous n'avons pu vérifier l'exactitude, un écu écartelé au 1.er et 4.e de gueules, au 2.e et 3.e d'or plein.

(NOTE 6.) La maison d'Ossun est ancienne et illustre : Raymond d'Ossun est inscrit au nombre des seigneurs bigorrais qui en 1096 assistèrent à la dédicace de l'église de Saint-Pé. Un autre Raymond d'Ossun rendit en 1283 hommage à Constance de Moncade. Pierre d'Ossun qui fut surnommé le Vaillant, chevalier de l'ordre du roi, capitaine de cinquante hommes d'armes, se distingua à la bataille de Cérisoles en 1544, et dans toutes les guerres qui suivirent jus-

gué à la cour de France par un mérite supérieur dans les affaires, et que le monarque honorait du titre de sage, avait obtenu de ce prince l'érection en marquisat de ses terres d'Ossun, Azereix et Barthrez, avec concession de haute-justice, et le ressort immédiat de celle-ci au parlement de Toulouse : la sénéchaussée de Tarbes se trouvait par cette dernière grâce dépouillée d'une partie de ses privilèges, ayant jusqu'alors eu ces terres sous sa juridiction, directement ou par appel : des concessions semblables avaient précédemment enlevé à son ressort les seigneuries de Lavedan et d'Antin, érigées en duchés-pairies ; mais ayant perdu cette dignité, ces terres avaient repris leur an-

---

qu'en 1562, qu'il mourut de douleur d'avoir été entraîné par les fuyards à la bataille de Dreux. Un autre seigneur d'Ossun combattit vaillamment à Jarnac, en 1569, et mourut peu après d'une blessure qu'il y avait reçue. Le marquis d'Ossun, ambassadeur à Madrid, Naples et Parme, en 1761, laissa un fils, dont la fille épousa le duc de la Force.

Les armes d'Ossun sont d'or, à un ours passant de sable.

Les paysans du marquisat d'Ossun ont long-tems conservé, et quelques-uns conservent encore un costume gracieux, dont l'origine est fort ancienne, à ce qu'observe le voyageur Swinburne : « In the district of Ossun the men still adhere to the mode of dress that prevailed in the reign of Henry the fourth, and probably in times of much greater antiquity : a small round bonnet, a brown jacket and doublet laced down the seams with white, red cuffs and trunk-hose, distinguish them from all their neighbours. »

cienne dépendance. La sénéchaussée de Bigorre était encore menacée de voir substituer des justices royales, ressortissant directement au parlement, aux justices communales qui demeuraient dans son ressort. Les officiers de cette cour crurent devoir réclamer contre ces atteintes portées à leur juridiction, et ils supplièrent le parlement de Toulouse de refuser à l'avenir l'enregistrement des concessions royales, qui contiendraient de pareils démembremens.

Le marquis d'Ossun fut employé à négocier avec l'Espagne, Naples et Parme, le fameux pacte de famille par lequel toutes les branches régnantes de la maison de Bourbon s'engageaient à former entr'elles une ligue étroite qui aurait pour ennemis communs les ennemis de l'une quelconque des puissances contractantes : ce traité célèbre fut signé à Paris le 16 août 1761. 1761.

C'est vers ce tems que Despourrenx écrivait, dans la langue née au moyen âge du latin et du celtique, et parlée encore de nos jours dans nos montagnes, ces poésies érotiques que chante le paysan bigorrais, et dans lesquelles le littérateur aime à retrouver à la fois et la simplicité du vieux langage et l'harmonie des langues polies.

L'année 1764 est mémorable par la suppression en France des jésuites, dont les constitutions avaient, par arrêt du parlement de Paris, 1764.

été déclarées contraires au bon ordre, à la discipline ecclésiastique et aux lois du royaume : le pape Clément XIII voulut relever leur institut; mais sa bulle fut supprimée par un nouvel arrêt, et les biens ecclésiastiques enlevés aux jésuites; cette compagnie eut à délaisser dans le Bigorre, le prieuré de Madiran, qu'elle possédait depuis 1625.

1765.

Les rédactions des coutumes locales de Barèges et de Lavedan, faites en 1670 et 1704, ainsi que nous l'avons marqué plus haut, n'avaient pas reçu un caractère d'authenticité contre lequel les justiciables n'eussent eu rien à prétendre; aussi de grandes difficultés s'étaient-elles rencontrées dans leur application, surtout de la part des nobles, qui ne voulaient point, dans la disposition de leurs biens de Lavedan, reconnaître l'empire d'une coutume à laquelle ils ne s'étaient jamais soumis. Les états de Bigorre pour remédier à ces inconvéniens, résolurent de supplier le roi de vouloir bien ordonner une nouvelle rédaction de ces coutumes, et pourvoir à leur exécution. Le monarque, par lettres-patentes de 1766 (7), commit deux con-

1766.

(Note 7.) « Louis, par la grâce de Dieu, roi de France et de Navarre, à nos amés et féaux les sieurs de Lacarry et de Coudougnan conseillers en notre cour de parlement à Toulouse, salut. Les gens des trois états de notre pays et comté de Bigorre, nous ont fait exposer

seillers du parlement de Toulouse pour procéder à la nouvelle rédaction, en présence des trois états des terres coutumières, des syndics

que, sur l'ordre des successions et sur quelques autres matières, la vallée de Barège, la vallée de Lavedan, la ville de Lourde, le pays de Rivière-Ousse, la baronnie des Angles, et le marquisat de Bénac, dépendant dudit pays de Bigorre, sont en possession d'être régis par des coutumes locales et particulières, sans qu'il paraisse néanmoins que ces coutumes aient jamais été légalement rédigées, ce qui occasionne journellement des contestations, tant sur l'étendue que sur les dispositions de ces coutumes; qu'il est surtout prétendu de la part des nobles, qu'ils ont la liberté de disposer, suivant la disposition des loix romaines, de leurs biens situés dans la vallée de Lavedan et autres pays coutumiers, sans qu'ils soient tenus de reconnaître à cet égard l'autorité d'une prétendue coutume à laquelle ils ne se sont jamais soumis; que dans cet état, il est intéressant, pour le repos et la tranquillité des habitans du pays et comté de Bigorre, que les coutumes de la vallée de Barège, de la vallée de Lavedan, de la ville de Lourdes, du pays de Rivière-Ousse, de la baronnie des Angles et du marquisat de Bénac, soient incessamment rédigées dans les formes prescrites par nos ordonnances, et puissent acquérir par ce moyen le degré d'authenticité, de certitude et de stabilité qui convient à une loi destinée à disposer de la fortune de nos sujets; que tel est le vœu des anciennes ordonnances, notamment de l'ordonnance du mois d'avril 1453, qui a ordonné la rédaction des coutumes dans tout le royaume; sur quoi lesdits gens des trois états du pays et comté de Bigorre nous auraient très-humblement supplié de vouloir sur ce leur pourvoir. A ces causes, voulant favorablement traiter les habitans de notre province de Bigorre, et obvier à la multiplicité des procès et à l'incertitude des jugemens, de l'avis de notre conseil, nous vous avons commis, et par ces présentes, signées de notre main, vous commettons pour convoquer et faire assembler en la ville de Tarbe les gens des trois états de la vallée de Barège, de la ville de Lourde, de la vallée de Lavedan, du pays de Rivière-Ousse, de la baronnie

des états de Bigorre, et des officiers de la sénéchaussée de Tarbes. Le nouveau cahier des coutumes, commun à toutes les terres coutu-

des Angles et du marquisat de Bénac, comme aussi les syndics des états de Bigorre, et les officiers de la sénéchaussée de Tarbe ; en leurs personnes ; sans en recevoir aucuns par procureur, sinon qu'il y eut excuse légitime, lesquels seront par vous contraints à comparoir ; savoir, les gens d'église par prise et saisie de leur temporel, et les personnes laïques par saisie de leurs biens et ajournement personnel, si besoin est ; auquel effet vous enjoignons de vous transporter, le plutôt que faire se pourra, en ladite ville de Tarbe ; et vous permettons de désemparer notre cour de parlement de Toulouse durant le temps de la séance d'icelle, pour, en présence desdits gens des trois états, syndics et officiers, faire lire, accorder, et rédiger par écrit les coutumes desdites vallées de Barège, Lavedan, ville de Lourde, pays de Rivière-Ousse, baronnie des Angles et marquisat de Bénac ; et ensuite faire publier et enregistrer lesdites coutumes, ainsi accordées et rédigées, en la sénéchaussée de Tarbe, et les rapporter pareillement à notre cour de parlement à Toulouse, pour y être enregistrées et homologuées ; et si dans le cours de ladite rédaction il survenait sur quelques uns des articles desdites coutumes des oppositions et contradictions de la part de la plus grande et saine partie des gens d'église, des nobles, ou des gens du tiers-état, et que la difficulté ne puisse point être levée en ladite assemblée, vous mandons de dresser procès-verbal desdites oppositions, et icelui avec votre avis envoyer en notre conseil pour y être par nous pourvu ainsi qu'il appartiendra ; et après lesdites rédaction, publication et homologation, voulons et ordonnons lesdites coutumes être gardées et observées inviolablement de point en point comme loi perpétuelle et irrévocable ; sans qu'il puisse y être contrevenu ; auquel effet, de notre certaine science, pleine puissance, et autorité royale, nous les avons dès à présent ratifiées, autorisées et approuvées ; ratifions, autorisons et approuvons par ces présentes. Défendons à tous avocats, procureurs, praticiens et autres nos sujets dudit pays, de permettre qu'il en soit allégué d'autres ; et

mières du Bigorre, fut terminé au mois de décembre 1768, et enregistré au commencement de l'année suivante, par le parlement de Toulouse (8).

1768.

La petite-vérole enleva Louis XV, le 10 mai 1774, après 58 ans d'un règne qui fut encore brillant après le plus brillant des règnes.

1774.

---

sans y avoir égard, leur enjoignons de juger conformément auxdites coutumes rédigées, enregistrées et homologuées : mandons en conséquence à nosdits amés et féaux conseillers, les gens tenant notre cour de parlement à Toulouse, de lire, publier et enregistrer ces présentes, et de tenir la main à leur exécution ; et à tous nos autres justiciers, officiers et sujets, qu'en ce faisant, à vous ils obéissent et entendent diligemment. Donné à Versailles le 26 janvier, l'an de grâce 1766, et de notre règne le cinquante-unième. »

Ces lettres furent enregistrées au parlement de Toulouse le 10 février suivant.

(NOTE 8.) On procéda à la formation de ce cahier, après l'examen des anciennes rédactions, de titres, mémoires et projets divers, communiqués par quelques députés. On distribua les articles adoptés, en neuf titres, dont voici le tableau :

Titre I. Sur l'ordre de succession des ecclésiastiques non nobles : quinze articles.

Titre II. Des personnes nobles, soit ecclésiastiques soit laïques : un article, qui les dispense de la coutume.

Titre III. Des successions en ligne directe : onze articles.

Titre IV. De la légitime, supplément et retour d'icelle : sept articles.

Titre V. Des successions en ligne collatérale : cinq articles.

Titre VI. Des gendres et brus : vingt-un articles.

Titre VII. Des puinés mariés ensemble, appelés vulgairement sterles : dix-sept articles.

Titre VIII. Du retrait lignager : un article.

Titre IX. Des cas omis et non prévus : un article, qui veut que ces cas soient jugés conformément au droit écrit.

CHAPITRE IV ET DERNIER.

Louis XVI. — Etablissemens de Barèges réparés. — Haras royal à Tarbes. — Hôpital de Barèges. — Réunion des Quatre-Vallées et du Nébouzan au Bigorre. — Convocation des Etats-généraux de France. — Députés du Bigorre. — Coup d'œil sur l'ancien régime politique. — Sa réforme. — Division de la France en départemens. — Abolition des anciennes institutions. — Le Bigorre perd son nom : fin de l'histoire du Bigorre.

LOUIS XVI remplaça sur le trône son aïeul. Les Bigorrais s'empressèrent de faire présenter au nouveau monarque les lettres de son prédécesseur qui les maintenaient dans leurs privilèges et franchises, pour en obtenir la confirmation.

Quelques uns des établissemens thermaux de Barèges qui avaient besoin de réparations importantes, furent restaurés en 1777 par les soins de M. Moisset, sous-ingénieur de la province, et les piscines construites. Sept ans après s'établit à Tarbes, par les soins du duc de Polignac, ce haras royal devenu aujourd'hui si magnifique. Vers cette dernière époque, fut élevé, ou plu-

1777.

1784.

1785.

tôt rebâti, aux frais de la province, l'hôpital militaire de Barèges, voué au soulagement des défenseurs de la patrie, dont nos eaux devaient cicatriser les blessures (1).

Le Nébouzan et le pays des Quatre-Vallées avaient chacun des états particuliers, présidés, les premiers par l'évêque de Nisos, les autres par le sénéchal des vallées, qui jouissaient des mêmes prérogatives que ceux du Bigorre : le roi, qui avait déjà incorporé ces deux fiefs au commandement militaire de Bigorre, exercé par le comte de Gontaut-Biron, proposa en 1789, leur réunion aux états de Bigorre : ils déférèrent à ses désirs, sauf le maintien de leur constitution, régime et administration. Ils accueillirent de même le vœu des principaux habitans de Rivière-Basse d'être aussi réunis au

1789.

(Note 1.) Il existait à Barèges un hôpital en 1760, et il y avait même dès-lors un médecin de l'hôpital nommé par le roi, et, à ce que nous croyons, depuis 1749 : c'était Antoine de Bordeu, connu par plusieurs ouvrages sur les eaux minérales du Bigorre dont il avait été établi intendant par lettres-patentes, sur la présentation de M. de Sénac, premier médecin du roi, qui avait représenté au monarque : « Que les eaux de Barèges et de Saint-Sauveur dans le Bigorre étant d'une très-grande utilité pour le public, ... et dont l'administration devait être dirigée par une personne de confiance qui connût parfaitement la propriété de ces eaux ; il croyait qu'on ne pouvait proposer un meilleur sujet que le sieur de Bordeu, médecin de l'hôpital dudit Barèges, dont la probité et l'expérience étaient aussi connues que son zèle. »

Bigorre, sous la condition que cette réunion ne pourrait être onéreuse à la province.

Nous ne rappellerons par les causes assez connues de la convocation des états-généraux de France. M. Necker dicta l'édit qui les assemblait à Versailles, et établissait la double représentation du tiers-état (2). Les députés des communes du Bigorre réunis en assemblée générale à Tarbes, sous la présidence de M. Lassus de la Devèze, juge-mage, élurent MM. Dupont de Luz, et Barère de Vieuzac, pour les représenter; le baron de Gonnés fut désigné par la noblesse, que présidait le comte d'Angos, sénéchal; le clergé choisit l'abbé Rivière, curé de Vic. Nous nous abstiendrons de rapporter les suites de

---

(NOTE 2.) Aux états provinciaux de 1789, le tiers-état de Bigorre avait fait des propositions qui tendaient à lui assurer une puissance propre à balancer celle des autres ordres, mais que la noblesse et le clergé avaient rejetées jusqu'à plus ample connaissance de cause. Voici les demandes du tiers-état, telles qu'elles se trouvent consignées dans le précis des délibérations :

« 1.º Une nouvelle constitution d'états provinciaux, dans laquelle les trois ordres de la province soient également représentés. »

« 2.º Que les ordres de l'église et de la noblesse soient réunis pour n'en former qu'un séparé des communes, et n'ayant qu'une voix comme elles. »

« 3.º Que chacun des ordres élira en particulier ses représentans ou députés aux états-généraux. »

« 4.º Que tous les ordres contribueront à toutes les charges, en proportion de leurs facultés et de leurs biens, de quelque nature qu'ils soient, à compter de l'année 1790. »

cette assemblée des états-généraux : contentons-nous de dire que transformée en assemblée nationale, elle commença la trop célèbre révolution française, qui anéantit l'ancien régime.

Jettons ici un coup d'œil sur ce régime près de disparaître devant une constitution nouvelle qui renversait tous les préjugés, toutes les habitudes que tant de siècles avaient établies.

L'administration politique du Bigorre était le résultat de la combinaison des intérêts du pays avec ceux du souverain. Le gouvernement avait ses agens : c'étaient les subdélégués de l'intendant d'Auch; il n'y en eut d'abord qu'un seul, qui par la suite demanda et obtint un collègue. Un syndic général de la province et un syndic de la noblesse, nommés triennalement par les états, veillaient à ce que les droits des Bigorrais fussent toujours respectés par ces chefs politiques; les syndics étaient les représentans des états dans l'intervalle de leurs sessions, et ils étaient chargés de pourvoir à l'exécution de leurs délibérations : les états concouraient donc avec les officiers du roi à l'administration publique du comté.

Ce concours était encore plus sensible dans le maniement des finances : le commissaire du monarque venait exposer aux états les besoins du trésor royal; ce commissaire fut pendant long-tems le sénéchal. Le commandant militaire fut dans les derniers tems investi de cette délégation. Les états, divisés en trois chambres, savoir: celle du clergé, composée de l'évêque et de sept abbés ou prieurs, celle de la noblesse, composée de douze barons, et celle du tiers état, où étaient réunis vingt-neuf députés des communes (3), délibéraient sur la demande du gouvernement, et établissaient le budget général des

---

(Note 3.) Nous indiquons la composition de ces états d'après les renseignemens que nous en a fournis le dernier syndic-général. Piganiol de la Force n'y comprend que quatre abbés, deux prieurs, un commandeur, onze barons, et les députés des communes. Le voyageur Swinburne, qui était à Tarbes en 1776, en parle en ces termes :

« The general assembly of states of Bigorre meets annually at Tarbes; whose prelate is their perpetual president; the other members are seven abbats or priors, two commanders of the order of Maltha, twelve barons, and twenty-eight deputies of towns. Each branch of administration has his vote, and two out of the three suffice to carry a point. In these assemblies all public business is discussed, and all assesments made. In countries that enjoy the privilege of meeting annually, taxation and expenditure are generally managed in a manner less onerous to the subject than in those provinces wich, having been long the peculiar domain of the french monarch, or acquired by conquest, retain no traces of liberty, and are abandoned to the mercile rules of financers. The little freedom still apparent in Bigorre is the ghost of that constitution which the ancien inhabitants maintainend in full force against the efforts of several races of sovereings, all of whom felt a desire of subverting it, but either failed in the attempt, or foresaw that their safety depended upon their compliance with the established regulations. » *A journey from Bayonne to Marseille.*

recettes à effectuer pour satisfaire aux besoins du trésor royal et subvenir aux dépenses de la province ; ils nommaient leur trésorier, chargé de verser les fonds accordés au roi, entre les mains du trésorier des finances de la généralité d'Auch, et de fournir aux dépenses locales sur les mandats des subdélégués.

Le gouvernement militaire, long-tems exercé par le sénéchal, était depuis quelque tems distrait de sa charge, et le comte de Gontaut avait reçu le titre de commandant pour le roi en Bigorre, sous l'autorité du gouverneur de Guienne.

Quant à l'ordre judiciaire, outre la cour du sénéchal, où la justice se rendait en son nom, et à laquelle ressortissaient toutes les justices seigneuriales et communales, sauf quelques exceptions, il existait encore des tribunaux royaux civils dans quelques villes principales, telles que Bagnères, Tournay, Trie, Rabastens, qui ressortissaient directement, ainsi que le sénéchal, au parlement de Toulouse. Auprès de tous ces tribunaux se trouvaient des procureurs et avocats du roi, qui correspondaient avec le procureur-général de Toulouse.

L'ordre ecclésiastique avait conservé son antique hiérarchie : l'évêque, suffragant d'Auch, avait sous lui les archidiacres, les archiprêtres et les curés.

Un instant d'enthousiasme suffit pour abattre cet ordre de choses qui avait traversé tant d'âges : une administration plus appropriée au gouvernement d'un grand état, vint prendre sa place (4); mais la fureur de tout régénérer emporta les législateurs au delà des bornes que traçait la sagesse ; et l'on travaille encore de nos jours à rectifier les défauts de l'édifice politique qu'ils construisirent.

(Note 4.) L'abbé Torné, prédicateur du roi, et depuis évêque constitutionnel de Bourges, prononça à Tarbes, le 24 mai 1790, un éloge de la nouvelle constitution française, où il développa successivement les avantages du nouveau régime, dans toutes les branches de la révolution. La distinction des ordres, division grotesque, disait-il, établie depuis des siècles par une antique barbarie, avait été remplacée par une égalité fraternelle : il voulait cependant que le clergé conservât encore une prééminence dans la distribution de la nation par *classes utiles*. Les municipalités avaient été arrachées à l'usurpation des nobles et du gouvernement ; les provinces, jusqu'alors étrangement bigarrées de privilèges divers, avaient été ramenées à l'uniformité de gouvernement, et dépouillées de leur esprit de corporation : heureux et mille fois heureux, s'écriait-il, le jour où ce pays a perdu le nom de Bigorre, pour être un département sous la pompeuse dénomination de Hautes-Pyrénées. Les états-généraux, la royauté, les ministres, la liberté individuelle, celle de la presse, les finances, la féodalité, l'agriculture, le commerce, les arts, la magistrature, le clergé, l'armée, les gardes nationales, le serment civique et fédératif, furent également passés en revue ; les anciennes institutions vouées au mépris ; et les nouvelles comblées d'éloges.

Toute la France fut divisée en départemens, 1790.
et il n'y eut plus alors de distinction de provinces : le comté de Bigorre, devenu département des Hautes-Pyrénées (5), fut partagé en

(Note 5.) L'assemblée nationale nomma dans son sein un comité chargé de préparer le travail de la nouvelle division du royaume : le but était de simplifier l'administration, et de partager la monarchie en parties à-peu-près égales, en respectant cependant autant que possible les anciennes limites des provinces. M. Bureau de Puzy, indiquant en conséquence un projet général de division, présenta, quant au Bigorre, l'idée de sa réunion aux Quatre-Vallées pour en former un département de 260 lieues carrées. Avant de se livrer aux détails de cette opération, l'assemblée décréta, le 9 janvier 1790, que les députés intéressés à chaque département, fourniraient dans le délai de quatre jours le tableau énonciatif de leurs limites avec les départemens circonvoisins, faute de quoi le comité serait autorisé à les tracer lui-même.

Le 28 janvier, commencèrent les discussions concernant le Bigorre, à l'occasion du décret du département d'Armagnac, et de ses limites avec celui de Bigorre : les communautés de Rivière-Basse avaient été attribuées au premier par la convention des députés respectifs ; mais le comité jugeait que l'intérêt de ces communes était de faire partie du Bigorre, et la discussion ayant été continuée le 4 février, pour le décret du Bigorre, M. Dupont de Luz représenta que les communes de Rivière-Basse énonçaient le vœu d'être réunies au département de Tarbes, et qu'en signant la convention avec les députés d'Armagnac, il n'avait consenti à leur incorporation à celui d'Auch, que parce que ces députés l'avaient induit en erreur sur les dispositions de ces communes, et que ces communes elles-mêmes avaient été trompées par la fausse assurance que le Bigorre ne formerait point de département. M. Gossin, rapporteur du comité, exposa, quant à la distribution en districts, que plusieurs villes réclamaient d'en être les chefs-lieux : « La ville de Rabastens, dit-il, fait valoir sa situation sur plusieurs grandes routes, ses marchés, et l'établissement d'une justice

cinq districts, Tarbes, Bagnères, Argelès ou la Montagne, Vic, et Labarthe ou les Quatre-

royale ; la ville de Saint-Sever invoque le titre de capitale du Bustaing, et la facilité de faire des établisemens publics dans un riche couvent de bénédictins établi dans cette ville. Trie, siège d'une grande subdélégation et d'une justice, demande comme une indemnité l'établissement d'un district. Tournay soutient la même demande d'après l'établissement d'une justice royale qu'elle a dans son sein, ses marchés et sa population. Lannemezan, Campan, réclament aussi des districts : enfin, Castelnau dans Rivière-Basse fait la même demande ; mais le comité a pensé que ces villes étant placées dans les extrémités et n'étant pas les plus considérables, devaient céder les établissemens de districts aux villes plus peuplées et plus centrales, telles que Bagnères, Lourdes, Argelès, Tarbes et Vic, sauf au département à juger si Trie pouvait avoir un sixième district, en réunissant des communautés voisines qui pourront s'annexer à l'avenir au département du Bigorre. »

M. Gossin termina son rapport par un projet de décret qui, mis aux voix, fut décrété ainsi qu'il suit :

« L'assemblée nationale décrète, d'après l'avis du comité de constitution : 1.º que le département du Bigorre, dont la ville de Tarbes est le chef-lieu, sera divisé en cinq districts, savoir, ceux de Tarbes, de Vic, de la Montagne, de Bagnères et des Quatre-Vallées. 2.º Les chefs-lieux des districts sont, Tarbes, Vic, Bagnères, Lourdes pour le tribunal de justice, et Argelès pour l'administration, et La Barthe de Nestes pour le siège de l'administration. 3.º L'assemblée des électeurs des Quatre-Vallées, tenue à La Barthe de Nestes, déterminera si le siège de la justice du district sera à La Barthe ou dans tout autre lieu. 4.º L'assemblée de département déterminera à la première session, s'il est convenable de former un sixième district à Trie ou dans toute autre ville du département, sauf, en faveur des villes de ce département qui n'ont pas de district, la répartition, s'il y a lieu, des établissemens qui seront déterminés par la constitution. »

Le nom de Hautes-Pyrénées fut bientôt après substitué à celui de Bigorre.

Vallées, gouvernés par des directoires particuliers qui relevaient du directoire du département. L'administration de la justice fut confiée à des tribunaux établis dans chaque district. Toutes les distinctions de la noblesse furent abolies. L'assemblée nationale voulut completter la réforme générale en composant la constitution civile du clergé, où les droits de la hiérarchie et de la discipline ecclésiastiques furent méconnus : l'évêque de Tarbes, François de Gain-Montaignac, refusa noblement d'y adhérer avant d'y avoir été autorisé par le souverain pontife (6).

(Note 6.) La déclaration qu'il adressa aux administrateurs du département peint un caractère élevé qui a sacrifié sans murmure ses intérêts privés, mais qui défend avec fermeté les droits du ministère dont il est investi ; nous en transcrirons quelques fragmens :

« Après avoir cherché la vérité dans les sources les plus pures, après en avoir conféré avec mon vénérable presbytère, le clergé de mon église cathédrale et plusieurs de mes respectables coopérateurs, j'ai reconnu que le plan d'organisation ecclésiastique adopté par l'assemblée nationale contient des dispositions trop essentiellement et trop intimément liées avec le gouvernement spirituel de l'église, pour qu'il me soit permis par mon seul jugement particulier, de l'admettre ou de le rejeter. »

« Si d'un côté plusieurs de ces dispositions m'ont paru attaquer les fondemens de la hiérarchie et les bases essentielles du gouvernement spirituel de l'église ; d'un autre côté aussi je n'ai pas oublié que quoique premier pasteur dans mon diocèse, je suis cependant moi-même pasteur subordonné, dans l'église de Dieu, à mes supérieurs dans l'ordre hiérarchique ; que l'esprit privé n'a conduit que trop souvent

Nous terminerons l'histoire du Bigorre à cette époque, alors que toutes ses institutions y fu-

à l'erreur et à l'obstination ; que la voie de l'autorité établie par Jésus-Christ dans son église, est la seule qui puisse me servir de règle et de guide, comme à tous les fidèles, et que cette autorité seule peut légitimer un changement de discipline générale, qui est sans exemple dans nos annales. »

« Dès-lors, messieurs, j'ai dû suspendre mon obéissance, et je n'ai eu qu'un vœu à former et à énoncer, celui du concours nécessaire de la puissance ecclésiastique avec la puissance temporelle. »

« Le jugement du saint-siège uni à l'épiscopat sera donc ma loi suprême, et je me ferai un devoir de m'y soumettre dans cette circonstance si intéressante, comme dans toutes celles qui auront un véritable rapport avec les droits de l'autorité spirituelle. »

« Ami de la paix, de l'ordre et des lois par caractère, par principes, par sentiment, par devoir, je ne formerai d'autres désirs que ceux qui peuvent tendre au maintien et à la propagation de la foi catholique, par le zèle éclairé et par les exemples de ses ministres ; je n'aurai rien à désirer pour moi-même si les Français sont heureux dans le sein d'une liberté sage et dirigée par les lois, et si leur roi jouit enfin sans trouble de leur respect, de leur amour et de leur fidélité ; car après cela que peut souhaiter de plus un évêque qui aime sa religion, sa patrie et son roi ?

« Aurais-je besoin de vous assurer qu'aucun regret sur les prétendus avantages dont je jouissais, n'a pu souiller ma démarche auprès de vous ? La cause que je défends est trop belle, elle est d'un ordre trop relevé pour pouvoir s'allier à des intérêts d'une valeur si mince et si fugitive ; je sais que je me dois tout entier à ma patrie, et je suis prêt à lui sacrifier tout ; mais je ne lui dois ni mon honneur ni ma conscience. L'un et l'autre m'imposent aujourd'hui la loi d'attendre que l'Eglise ait prononcé, avant de me rendre à votre invitation ; et j'espère que Dieu me fera la grâce de soutenir les droits invariables de sa religion sainte avec sagesse et modération, mais avec courage, fermeté et persévérance. »

rent remplacées par des institutions nouvelles, que son nom disparut, que le Bigorre en un mot cessa d'exister.

« La réunion de tant de motifs, si justes, si raisonnables, et dont aucun ne présente même l'apparence d'une résistance repréhensible, doit provoquer votre condescendance jusqu'au moment où la loi de l'Eglise et celle de l'Etat, lorsqu'elle sera complette dans toutes ses parties, auront prononcé que je peux et que je dois exécuter les nouveaux décrets concernant la constitution du clergé : à cette époque il me sera donx de prévenir votre vœu, et de me féliciter avec vous de n'être plus arrêté par aucun obstacle. »

« M. de Montaignac, enlevé à son siège, fut remplacé par M. Molinier, évêque constitutionnel. Tarbes avait eu jusqu'alors soixante-sept évêques connus, dont voici la suite chronologique :

3 .. Saint Justin.
485. Saint Fauste.
506. Aper.
512. Nebridius.
541. Julien.
580. Amélius I.er
840. Géraud I.er
877. Sarstonus.
878. Saint Laudéol.
970. Bernard I.er
1000 Amélius II de Lavedan.
1036. Richard.
1056. Héraclius I.er
1073. Ponce.
1080. Hugues I.er
1083. Othon.
1096. Bernard II d'Azereix.
1097. Héraclius II.
1097. Guilhaume I.er
1145. Bernard III, Lobat de Montesquiou.
1175. Arnaud - Guillaume I.er d'Ozon.
1181. Raymond-Arnaud I.er de Mont d'Arras.
1200. Arnaud-Guillaume II, de Biran.
1224. Amanieu de Grésignac.
1227. Hugues II de Pardailhan.
1245. Arnaud-Raymond I.er de Coarraze.
1261. Arnaud de Miossens.
1268. Raymond-Arnaud II de Coarraze.
1308. Géraud II de Doulcet.
1316. Guillaume II, Hunaud de Lanta.
1340. Pierre-Raymond de Montbrun.
1353. Guillaume III,
1362. Bernard IV.
1374. Gaillard de Coarraze.
1392. Renaud de Foix-Castelbon.
1399. Bernad V, Adelbert.
1406. Chrétien.
1406. Pierre I.er de Langlade, de Montbrun.
1408. Bernard VI.
1417. Bonhomme d'Armagnac.
1428. Raymond-Bernard.

1432. Jean I.er
1440. Roger I.er de Foix-Castelbon.
1463. Pierre II, de Foix-Grailly.
1470. Arnaud-Raymond II de Palatz.
1476. Menaud I.er d'Aure.
1490. Menaud II d'Aure.
1508. Thomas de Foix-Grailly.
1514. Roger II de Montault-Bénac.
1517. Menand III de la Martonie.
1524. Gabriel de Grammont.
1539. Antoine de Castelnau de Tursan.
1551. Louis de Castelnau de Tursan.
1556. Gentien d'Amboise du Belin.
1576. Jean II, d'Harismendy.
1577. Salvat I.er d'Iharse.
1602. Salvat II d'Iharse.
1649. Claude Mallier du Houssay.
1668. Marc Mallier du Houssay.
1675. Anne-Tristan de la Baume de Suze.
1677. François de Poudenx.
1718. Anne-François Guillaume du Cambout.
1729. Charles-Antoine de la Roche-Aymond.
1741. Pierre III, Beaupoil de Saint-Aulaire.
1751. Pierre IV, La Romagère de Ronssécy.
1769. Michel-François-Couet du Viviers de Lorry.
1786. François de Gain de Montaignac.

FIN DU SECOND ET DERNIER VOLUME.

TABLE

DES CHAPITRES DU SECOND VOLUME.

LIVRE CINQUIÈME.

PRÉCIS DES ÉVÉNEMENS DEPUIS LES QUERELLES DE LA SUCCESSION DE PÉTRONILLE JUSQU'À LA LEVÉE DU SÉQUESTRE DES ROIS DE FRANCE.

                                                                                           Pages.

CHAPITRE PREMIER. — *Gaston de Moncade dispute le Bigorre à Esquivat de Chabannes : arbitrage du comte de Foix. — Mariage d'Esquivat. — Il succède en Conserans. — Hommage immédiat du Bigorre acquis à la France. — Cession simulée du comté à Simon de Montfort. — Règlement politique de Bagnères. — Hospitaliers de Saint-Jean à Aureillan. — Les droits de Montfort passent à la Navarre. — Mort et testament de Mathe. — Esquivat acquiert la vallée de Barèges. — Anecdote du tems. — Mort d'Esquivat : son testament* 1

CHAP. II. — *Prétentions de Constance et de Laure. — Décision des États. — Démarches de Laure. — Constance remet le comté au roi d'Angleterre. — Elle lègue ses droits à sa sœur. — Six prétendans à la succession de Bigorre. — Discussions sur la suzeraineté. — Constance reprend le comté. — Elle est dépossédée. — Protestations des États.* 45

CHAP. III. — *L'église du Puy en possession du Bigorre. — Réclamations de Constance. — Opposition de ses compétiteurs. — Délais. — Protestation du comte de Foix, procureur de Constance. — Le comté remis au procureur de la reine Jeanne. — L'hommage immédiat revient à la couronne de France.* . 61

CHAP. IV. — *Séquestre des rois de France. — Les prétendans ajournés aux parlemens. — Enquête sur la valeur du com-*

té.— Confirmation de privilèges.— Destruction des templiers.— Louis Hutin.— Les comtes de Foix conservent seuls leurs prétentions sur le Bigorre.— Querelles de Barèges et Broto.— Charles le Bel.— Règlement pour le clergé.— Philippe de Valois.— Lettres d'abonnement.— Querelles du Lavedan et Aspe.— Episcopat de Montbrun.— Etablissement des archiprêtrés.— Absolution du Lavedan.— Affaires de France : traité de Bretigny.— Le Bigorre remis aux Anglais.— Bagnères pris par Trastamara.— Les Bigorrais secouent le joug anglais.— Le duc d'Anjou les soutient : siège de Lourdes, de Mauvezin.— Schisme religieux.— Le Bigorre entièrement enlevé aux Anglais.— Restitué à ses souverains légitimes. 67

LIVRE SIXIÈME.

PRÉCIS DES ÉVÉNEMENS DEPUIS LA LEVÉE DU SÉQUESTRE JUSQU'A LA RÉUNION DU BIGORRE A LA COURONNE DE FRANCE.

CHAPITRE PREMIER.— Jean de Foix-Grailly.— Gaston : il sert le roi de France, et lui fait hommage.— Parlement de Toulouse.— Exploits du comte.— Edit sur les coutumes.— Affaires de Navarre.— Gaston est fait pair de France.— Il meurt.— François Phébus règne sous la tutelle de Magdelaine.— Il devient roi de Navarre.— Sa mort.— Catherine.— Jean de Narbonne lui dispute la succession de Bigorre.— Conspiration découverte et punie.— Hommage de Lavedan.— Mariage avec Jean d'Albret.— Suite des querelles avec la maison de Foix-Narbonne.— Perte de la Navarre.— Mort de Catherine. 117

CHAP. II.— Henri d'Albret sous la curatelle d'Alain.— Prétentions de Lautrec.— Tentatives sur la Navarre.— Succession d'Albret.— Guerres d'Italie.— Henri prisonnier à Pavie.— Son évasion.— Son mariage avec Marguerite.— Nouvelles doctrines religieuses.— Mariage de Jeanne d'Albret.— Naissance de Henri de Bourbon.— Mort d'Henri d'Albret : Jeanne succède avec Antoine de Bourbon.— Protection accordée aux Huguenots.— Mort d'Antoine. Jeanne règne seule.— La réforme s'introduit en Bigorre.— Jean Guilhem.— Sarlabous envoyé à Tarbes.— Arrivée de Montgommery.— Ravage du Bigorre.— Sièges de Tarbes.— Paix.— Siège de Rabastens.— Mort de Jeanne. 149

Chap. III.— Henri de Bourbon.— Son mariage.— La St.-Barthélemi.— Sarlabous à Tarbes.— Siège de Lourdes.— Prise de St.-Sever.— Négociations avec le Béarn.— Lizier à Tarbes.— Préparatifs de Grammont.— Mort de Baudéan et de Lizier.— Siège de Tarbes.— Négociations.— Nouveaux troubles.— Paix.— Formation de la ligue.— Catherine régente.— Abus dans l'église.— Aquisition de l'usufruit des Quatre-Vallées.— Les ligueurs en Bigorre.— Tentatives sur Tarbes.— Henri devient roi de France.— Il déclare son domaine particulier non réuni à la couronne.— Siège de Tarbes par les ligueurs.— Arrivée de Villars.— Siège de Lourdes.— Les ligueurs entièrement chassés.— Edit qui réunit le Bigorre à la couronne de France. . . 199

LIVRE SEPTIÈME.

PRÉCIS DES ÉVÉNEMENS DEPUIS LA RÉUNION DU BIGORRE A LA COURONNE, JUSQU'A SON ORGANISATION EN DÉPARTEMENT DES HAUTES-PYRÉNÉES.

Chapitre premier.— Etat politique du Bigorre.— Mort de Henri IV.— Extinction de la maison de Bourbon-Lavedan.— Louis XIII.— La présidence des Etats de Bigorre déférée à l'évêque.— Première histoire écrite de Bigorre.— Nouvelles guerres de religion.— Montblanc en Barèges.— Précautions contre l'armée de Rohan.— Le sénéchal de Bigorre réduit aux Etats aux fonctions de commissaire du roi. 241

Chap. II.— Louis XIV.— Confirmation de privilèges.— Duché-pairie de Lavedan.— La cour sénéchale érigée en présidial.— Traité des Pyrénées.— Troubles à Bagnères.— Suppression du présidial.— Fondation du collège de Tarbes.— Rédaction de la coutume de Barèges.— Soulèvement du Lavedan. — Le séminaire de Tarbes. — Les capucins. — Embellissemens de Séméac. — Medous. — Guerriers bigorrais. — Maires héréditaires. — Discussions entre Vic et Saint-Lézer. — Anciens usages. — Coutume de Lavedan. — Antin érigé en duché-pairie. 257

CHAP. III. — Louis XV. — Bureau des finances. — Maréchaussée. — Confirmation de privilèges. — Construction de routes, ponts et chaussées. — Route d'Argelès à Barèges. — Le pont de Tarbes. — Réclamations de la sénéchaussée sur les atteintes portées à son ressort. — Pacte de famille. — Nouvelles coutumes de Barèges et Lavedan. — Suppression des jésuites. 284

CHAP. IV ET DERNIER. — Louis XVI. — Etablissemens de Barèges réparés. — Haras royal à Tarbes. — Hôpital de Barèges. — Réunion des Quatre-Vallées et du Nébouzan au Bigorre. — Convocation des Etats-généraux de France. — Députés du Bigorre. — Coup d'œil sur l'ancien régime politique. — Sa réforme. — Division de la France en départemens. — Abolition des anciennes institutions. — Le Bigorre perd son nom : fin de l'histoire du Bigorre. 296

FIN DE LA TABLE DES CHAPITRES DU 2.ᵉ ET DERNIER VOLUME.

BAGNÈRES, IMPRIMERIE DE L.-M. DOSSUN.

$$
\begin{array}{r}
350 \\
\underline{12} \\
700 \\
350 \\
\hline
2800
\end{array}
\qquad 3:100 :: 48000 \mid \dfrac{3}{16}
$$

$$4500$$

$$
\begin{array}{r}
67 \\
4200 \\
\hline
134 \\
268 \\
\hline
281400
\end{array}
\mid 3 \qquad
\begin{array}{r}
2.67 \\
336 \\
288 \\
\hline
3216
\end{array}\mid 3 \;\; 107200
$$

$$93800$$

www.ingramcontent.com/pod-product-compliance
Lightning Source LLC
Chambersburg PA
CBHW071258160426
43196CB00009B/1342